U0505349

冷战后的日本与
中日关系研究丛书

战后日本的
联合国外交研究

理论与实践

寇建桥◎著

上海人民出版社

编委会名单

主编：胡令远

顾问：郑励志　林尚立

编委：（以姓氏笔画为序）

王广涛　王　勇　包霞琴　李　玉　李　薇　杨伯江
杨栋梁　吴心伯　吴寄南　胡令远　贺　平　徐　平
高　兰　高　洪　郭定平　朝东育　蔡建国　臧志军
樊勇明

丛书序

以冷战结束为分际，世界政治、经济之理念与格局均发生巨大而深刻的变化。塞缪尔·亨廷顿指出，21世纪国际政治角力的核心单位不再是国家，而是文明，是不同文明间的冲突。"冲突的主要根源将是文化，各文明之间的分界线将成为未来的战线。"

冷战结束后，伴随着民族主义的抬头，经济全球化、国际化浪潮的风起云涌及其逆流，风云际会借势崛起的新兴国家群体的快速发展，美国、欧洲、俄罗斯等进入多事之秋，实力相对走低，加之恐怖主义等非传统安全因素的急剧上升——等等一系列要素，催生了新的国际格局和地缘政治版图。在巨大而深刻的变化背后，作为推手的原动力究竟为何？其在多大程度上能够印证亨廷顿"文明的冲突与世界秩序的重建"，目下尚难给出确切答案。

在以断言"冷战"结束标志历史终结而暴得大名的弗朗西斯·福山看来，苏联解体、东欧剧变、冷战结束，标志着共产主义的终结，历史的发展只有一条路，即西方的市场经济和民主政治。人类社会的发展史，就是一部"以自由民主制度为方向的人类普遍史"。自由民主制度是"人类意识形态发展的终点"和"人类最后一种统治形式"。但反观冷战后国际政治的实践，历史不仅并未沿着福山所指方向顺利前行，反而是其结论或正在被终结。所以，近年福山也不得不由未终结的历史引申出他对未来的预测。其指出，全球政治未来的重要问题很简单：那就是谁的模式会奏效？如果"一带一路"倡议达到中国策划者的预期，那么从印度尼西亚到波兰，整个欧亚大陆将在未来二三十年内发生变化。对此，世人足可拭目以待。

弹指间冷战结束已三十余年，旧秩序与新常态，现实与历史的交错与蝉蜕，特别是近年，世界的各种变化令人眼花缭乱乃至瞠目结舌。由历史的巨眼以观之，这或许是一种征兆——所谓"风起于青蘋之末"：冷战结束后，一方面伴随着以 IT 为代表的科技的巨大进步和人类社会自身的发展，人们的生活方式、思维模式必然发生相应的变化，并投射到国家间乃至不同文明间的关系上。与此同时，世界政治权力观念的变化与权力转移也会成为伴生物。而具有古老文明并焕发出新的生机的中国的崛起，是冷战结束后世界与世推移的最大变量。百年变局的中国梦，首先是中国自身的变化外化为推动世界变革的内在逻辑与动力。中国曾经为人类与世界文明做出过杰出的贡献，但那既不是历史的绝唱也非余响，在实现中华民族伟大复兴的同时造福人类，两者既互为表里，更并行不悖。

在战争与和平、全球治理等关乎人类命运与前途的重大历史与现实课题方面，当世界的目光更多地聚焦中国时，中国提出了"构建人类命运共同体"的历史与哲学命题，并辅之以"一带一路"作为践行平台，获得世界积极回应。其中，推动建设相互尊重、公平正义、合作共赢的新型国际关系，不言而喻是摒弃冷战思维、避免"修昔底德陷阱"的重要理念与路径选择。

构建人类命运共同体和新型国际关系，是全人类共同努力的一个历史性过程。其中，中国的一代学人，无疑对此肩负着重要的历史使命。千里之行，始于足下。作为以日本和中日关系为术业的专门研究机构，复旦大学日本研究中心将以日本为案例，探究构建人类命运共同体与新型国际关系的理论建设、实践路径等。此即出版本套丛书之初心。

冷战结束后，日本的政治、经济、社会意识等均发生了重大变化，并对中日关系产生了深远影响。随着中日两国综合国力的逆转，中日关系也随之发生了急剧而深刻的变化。面对这一历史性重大变局，需要两国发挥高度政治智慧。如何使中日关系平稳度过焦虑期，在新的历史条件下达成新的平衡，从而行稳致远，这不仅事关两国人民的根本福祉与利益，同时对于东亚地区乃至世界的和平与繁荣，均具有重大意义。

我国学界虽然对战后至冷战结束的日本及中日关系研究成果甚丰，但对冷战后三十余年来的日本与中日关系的变化及未来趋势尚缺乏系统而深入的研究。本套丛书，拟从举凡政治、经济、外交、社会、文化诸方面，对冷战后的日本与中日关系作一系统梳理与分析，以求抛砖引玉之效。

本套丛书，以复旦大学日本研究中心专职研究人员的专著为主，以中心兼职研究员、中心的博士后和培养的博士生之专著为辅构成系列。此外，对本中心具有特殊价值或纪念意义的论文集，也适当择取阑入。

本套丛书延聘国内外资深专家学者为顾问和编委，惠予指导与监督。

2020 年，复旦大学日本研究中心将迎来创建 30 周年，这套丛书也是向本中心发展历史上这一重要节点的献礼之作。

30 年来，复旦大学日本研究中心的成长，离不开中日两国众多相关机构与友人的鼎力支持与指导，我们期待能以高水平、高质量的系列研究成果，以副大家多年来给予的厚望与厚爱！

未来的中国不仅在经济上继续造福世界，更要在思想和理念上为人类的进步提供航路上的灯塔，做出应有贡献！

"不积跬步，无以至千里"，而"路漫漫其修远兮，吾将上下而求索"！

是为序。

复旦大学日本研究中心主任　胡令远

目　录

第一章

绪　论

第一节　问题的提出及选题意义

一、问题的提出

联合国已成立七十余年，日本亦围绕"入常"目标发起过几轮冲击，本书意在用国际关系相关理论分析战后日本的联合国外交演变过程。所谓联合国外交，就是一个国家基于自身利益的考量，围绕联合国展开的外交行动，其目的主要是通过联合国的舞台，开展各类外交活动提高本国的国际地位，以实现自身国家战略的手段和行为。战后，日本在不同历史时期，提出了不同的发展战略，其中既有连续性，也有每个阶段的特点。而联合国外交，则是其中一个重要的方面，或者说可以在一定程度上反映日本的对外战略。

第一阶段从战后初期到 20 世纪 60 年代中期，日本开展联合国外交的主要目的是通过联合国这个舞台实现回归国际社会。这一阶段日本为了加入联合国而不得不与苏联建交，主要特点是追随美国，阻挠中华人民共和国恢复在联合国的合法席位，日本通过加入主要国际组织，快速发展经济，迅速实现对国际社会的回归。

第二阶段从 20 世纪 60 年代后期到 80 年代末，日本开展联合国外交的主要目的是实现由经济大国向政治大国转变。随着经济实力的增强，大国意识觉醒，日本的联合国外交表现在维持日美同盟的基础上，更加注重外交的独立自主性，这一阶段日本主要通过加大对外援助，以经济为手段扩大在联合国的影响，谋取政治大国地位。

第三阶段是冷战结束后至今，这一时期日本联合国外交的核心目标是成为安理会常任理事国。日本通过努力删除"敌国条款"，派自卫队参加联合国维和行动，在联合国出钱出力做贡献，同时通过日本政府发展援助（Official Development Assistance，也称作日本政府开发援助，简称 ODA）争取发展中国家的支持，积极倡导推进联合国安理会的改革，先后三次向安理会常任理事国目标发起冲击。联合国成立七十余年来，联合国改革和日本"冲常"行动引起了各国的极大关注。

本书所要解释或回答的中心问题是：战后日本联合国外交是如何演进的？是何种因素影响或决定了日本联合国外交行为的转变？战后日本联合国外交的各个阶段，可以用何种理论来解释其外交行为，是否存在解释战后日本联合国外交的新路径？

二、选题的意义

本书研究战后日本联合国外交的价值主要体现在以下几个方面：

首先，通过梳理战后日本联合国外交的变化趋势，特别是通过分析近年来的最新变化和趋势，能够让我们更好理解日本联合国外交政策，以及这种政策形成的背景、原因和过程，为预测今后日本可能采取的联合国外交行为提供依据。

其次，帮助我们理解和把握日本外交的整体框架。日本的联合国外交可以说是日本外交整体性质及变化的一个反馈，或者可以说，日本联合国外交行为及变化在很大程度上受到日本外交行为和变化的影响。当然，由于外交行为具有一定的特殊性，日本联合国外交与日本外交的整体变化也会有一些性质及时间上的差异，分析说明这种差异也是本书的目的之一。总体而言，战后日本联合国外交行为的演变同日本整体外交的演变关系密切且互相影响。本书对日本联合国外交进行深化研究和探讨，旨在对研究日本整体外交行为提供参考。

第三，为了能够以更加严密的思维和逻辑清楚地阐明战后七十余年日本联合国外交行为的变化，本书突破了以往对日本联合国外交就事论事的解释模式，从国际关系理论的分析视角解释战后日本联合国外交行为的变化。试图建立的理论分析框架是本书的创新点之一，具备理论意义，也是我在研究日本联合国外交的同时，为进一步拓展日本联合国外交的研究思路作出的一点初步尝试。

第二节　国内外研究现状

近年来，日本的联合国外交研究已成为学术界的一个研究热点，特别是联合国成立七十余年来，日本为了谋求"入常"，做出了种种努力，引发国际社会的关注，学术界也发表了一些成果。通过梳理发现，学术界在这个问题上，对其背景、演变脉络、现状和展望等方面均有所涉及。

一、中国学者的研究

通过梳理发现，中国学者对日本的联合国外交的研究，取得一系列的成果中有代表性的主要有以下三个方面：

1. 有关日本联合国外交的研究专著

连会新的《日本的联合国外交研究》给联合国外交下了定义。①专著的第一部分探讨二战结束以后日本对联合国采取的态度和日本加入联合国的过程。第二部分探讨日本加入联合国初期的政策，对"以联合国为中心"外交的提出背景、内容和实质进行探讨，并以日本对中国代表权问题的政策为例，进行深入剖析。第三部分阐述日本争取联合国安理会常任理事国地位的战略，由于时机不成熟，争当常任理事国最后归于失败。第四部分阐述日本对联合国进行财政、人员支持的同时，开始积极参与对联合国的改革，在对联合国外交上则表现为开始对联合国事务的积极主动参与。第五部分论述冷战结束之后90年代日本的联合国外交，集中表现为参加联合国维持和平行动、积极推动联合国进行改革和加大对联合国的经济支持。第

---

① 定义如下：所谓联合国外交是以联合国成员国、联合国系统为对象而进行的双边外交和多边外交的手段，是为达到谋求特定战略目标的外交政策和活动，联合国外交追求的战略目标会随着国家、时间的不同而有所变化。参见连会新：《日本的联合国外交研究》，天津社会科学院出版社2007年版，第2页。

六部分对 21 世纪以来日本的联合国外交进行论述。日本的"入常梦"能否实现，取决于联合国改革的成败以及国际社会对日本的支持是否广泛而坚定。

肖刚的《谋求成为安理会常任理事国——冷战后的日本联合国外交研究》主要研究的是冷战后阶段，认为联合国外交是日本大国外交的一部分，也是一个重要的个案研究。第一部分指出研究这个问题对中国也有重要价值，同时还可以深化对国际关系理论的研究。第二部分研究冷战后的政治思潮与课题的关系，研究冷战后日本的联合国外交，首先要对背后的思想渊源和舆论基础、政府采取这种政策的理念进行深入分析。第三部分论述"日本的国际资源背景与联合国外交措施"。第四部分论述日本联合国外交的"硬权力"与"软权力"。第五部分对日本"入常"的难题进行剖析，首先论述冷战后日本的外交战略转变，在此基础上，分析国际社会对日本"入常"的态度和反映，指出在国际社会中存在一部分支持日本"入常"的力量。第六部分分析日本联合国外交对中国有何影响，并分析双方在联合国可以合作的领域和方向。①

2. 研究日本外交战略和外交行为的专著

研究日本外交的专著非常多，其中有研究日本战后外交发展史的，如米庆余的《日本百年外交论》和《日本近现代外交史》、金熙德的《日美基轴与经济外交：日本外交的转型》和《世纪初的日本政治与外交》、吴学文的《日本外交轨迹（1945—1989）》、王新生的《战后日本史》等②，这些著作，从历史的发展轨迹和脉络入手，分析日本外交的转变历程和发展轨迹，对日本的联合国外交或多或少均有所涉及，对分析日本的联合国外交有一定的参考价值。

---

① 肖刚：《冷战后的日本联合国外交研究》，世界知识出版社 2002 年版。

② 参见米庆余：《日本百年外交论》，中国社会科学出版社 1998 年版；金熙德：《日美基轴与经济外交：日本外交的转型》，中国社会科学出版社 1998 年版；吴学文等：《日本外交轨迹（1945—1989）》，时事出版社 1990 年版；米庆余：《日本近现代外交史》，世界知识出版社 2010 年版；金熙德：《世纪初的日本政治与外交》，世界知识出版社 2006 年版；王新生：《战后日本史》，江苏人民出版社 2013 年版。

还有一些论文研究的是日本的对外战略或文化，如李寒梅等的《21 世纪日本的国家战略》一书，从日本的政治体制包括外交战略、行政改革、经济体制以及科技发展战略四个主要方面，系统、深入地探讨了整个战后日本的发展道路，并追踪现实的变化，探讨未来的走向；①梁云祥等的《后冷战时代的日本政治、经济与外交》主要论述后冷战时代（即整个 90 年代）日本国内政治、经济、外交的变化以及这些变化背后的原因，对冷战后日本外交政策决策机制的变化进行论述与探讨；②张雅丽的《战后日本对外战略研究》论述日本各个历史阶段对外战略的不同点以及外交政策的决策过程和特征；③胡令远的《文明的共振与发展：中日文化关系研究》论述文化要素在国际关系尤其是中日关系中的地位和重要性，文化相对于政治、经济等的表层性，具有在背后起作用的深层性，因此具有一种超越性。④

此外，还有一些论文研究的是有关联合国的体制机制等，如李铁城主编的《世界之交的联合国》，研究冷战后联合国的运行轨迹，系统介绍联合国在这些方面的基本情况与问题，并回顾联合国改革的历史，评述 20 世纪90 年代以来联合国的改革，分析探讨 21 世纪联合国的发展趋势；⑤李铁城主编的《联合国的历程》叙述国际组织从早期萌芽状态逐步演变到国际联盟的历史，联合国从酝酿、筹建到成立的历史及联合国自成立到现在的整个活动历程；⑥袁士槟、钱文荣主编的《联合国机制与改革》中关于否决权的论述对理解联合国的改革方向有一定的启示作用；⑦杨泽伟主编的《联合国改革的国际法问题研究》，从理论到现实论述联合国改革。⑧这些对研究日本的联合国外交都具有一定的参考作用。

---

① 李寒梅等：《21 世纪日本的国家战略》，社会科学文献出版社 2000 年版。
② 梁云祥等：《后冷战时代的日本政治、经济与外交》，北京大学出版社 2000 年版。
③ 张雅丽：《战后日本对外战略研究》，浙江人民出版社 2002 年版。
④ 胡令远：《文明的共振与发展：中日文化关系研究》，时事出版社 2003 年版。
⑤ 李铁城主编：《世界之交的联合国》，人民出版社 2002 年版。
⑥ 李铁城主编：《联合国的历程》，北京语言学院出版社 1993 年版。
⑦ 袁士槟、钱文荣主编：《联合国机制与改革》，北京语言学院出版社 1995 年版。
⑧ 杨泽伟主编：《联合国改革的国际法问题研究》，武汉大学出版社 2009 年版。

3. 有关日本联合国外交的研究论文

有关日本联合国外交的论文比较多，如刘世萍的《日本联合国外交的演变、动因及影响因素》认为，日本"入常"的有利方面包括：日本在联合国出资金以及"人的贡献"比例较大，日本当选非常任理事国次数最多，联合国自身需要进行改革等。同时，日本"入常"也有许多不利因素，主要包括：亚洲邻国对日本在历史问题上的做法很难认同，日本外交追随美国相对缺乏自主性，日本的联合国改革的思路和观念比较狭隘，发展中国家比较难以认同；日本对联合国的认识存在一定的误区，且日本国内对日本"入常"态度不一，等等。日本要想"入常"，除了要保持一定的外交自主性，修改《联合国宪章》之外，还必须处理好与亚洲邻国的关系。以上三点，对日本来说都比较困难，所以日本要想在短期内实现"入常"目标希望比较渺茫。①

张庆领的《日本联合国外交研究》指出，20 世纪 80 年代，日本提出"政治大国"目标之后，围绕联合国开展一系列外交活动，日本的国际影响力得到提升，日本的国际地位也进一步提高。冷战结束以后，日本向联合国安理会常任理事国发起冲击，并将这一目标作为实现政治大国的一个重要标志，日本在联合国采取一系列的行动，积极推进联合国改革。在争常国家中，日本无疑走在最前列，日本积极参加联合国的各种行动、积极提供经费和援助、推进联合国改革、删除旧"敌国条款"。中国要积极应对和关注日本的联合国外交，因为其可能会对中国外交产生很大影响。②

金熙德的《日本联合国外交的定位与演变》指出，战后日本的联合国外交，面临着如何处理好双重难题：从理念上来说，协调好普遍价值、同盟利益、历史认识三者关系；从实践上来说，处理好联合国外交、日美同盟、东亚外交三者关系。日本存在着矛盾行为，要当政治大国，但是又采取追随美国的立场，在重大国际问题上缺乏独立自主的行为，这样就不得不让国际社会对日本能否在安理会采取公平的立场持怀疑态度。在对待亚洲国家方面，日本一方面想作为亚洲国家中的一员，另一方面在历史问题上又与亚洲国家

---

① 刘世萍：《日本联合国外交的演变、动因及影响因素》，山东大学硕士学位论文 2007 年。
② 张庆领：《日本联合国外交研究》，青岛大学硕士学位论文 2007 年。

唱反调，因此也难以得到亚洲国家的支持。当前日本的联合国外交面临一个转折，国际社会对日本也到了需要作出判断的时候。假如日本入常成功，成为安理会常任理事国，随着其地位的提升和实力的增强，将会给亚洲地区以及国际局势带来新的影响。假如日本"入常"失败，也会让其"圆梦"外交进入低潮期。①

杨晓慧的《日本联合国外交的动力机制与前景探寻》提出，日本的联合国外交中，国家利益是根本动力，国家实力是直接推动力，并随着联合国地位和作用的变化而不断调整，日美同盟关系的变化对日本联合国外交亦有很大影响。作者认为，未来日本联合国外交，会随着日本国家利益目标的变化、国家实力的变化和国内外形势的变化作出相应的调整。日本国家实力的变化和国内外形势的转变，对日本联合国外交指向的目标和外交行为方式均会产生一定的影响和制约。在可预见的将来，日本还会通过联合国这一平台，积极采取各种行动争取成为核心成员国，日本也将继续把联合国外交作为大国外交的重要组成部分，通过联合国不断扩大自身影响力，塑造其"负责任的大国形象"，实现其"政治大国"梦想。日本也会不断努力，发挥自身的优势和影响力，实现安理会常任理事国的目标，但是日本在采取外交行为时，也会不断调整策略，以实现本国利益最大化，同时，日本联合国外交的现实和其期望值可能相去甚远，其中有多重制约因素。②

曾星的《从日本的联合国外交看日美同盟的未来》通过日本联合国外交与日美基轴关系的历史抽样分析，得出日本的外交哲学和政治野心：虽然日本不断表明其外交独立性，但是日本的联合国外交离不开"日美同盟"框架的制约，这是日本外交的基轴；战后日本联合国外交主要是借助联合国来实现其政治目的，这可谓机会主义，以及基于国际社会的现实变化，这可谓务实主义，实质上多边主义从未占据主导地位；日本的最终目标都是为了实现政治大国梦想，无论是在日美基轴，还是采取联合国外交行为，都是为了实现其政治大国铺路，改变经济巨人政治侏儒的形象。日本追求独立和自主的

---

① 金熙德：《日本联合国外交的定位与演变》，《世界经济与政治》2005年第5期，第20—25页。
② 杨晓慧：《日本联合国外交的动力机制与前景探寻》，《世界经济与政治论坛》2005年第1期。

趋势将与日美同盟同步发展，这种发展也伴随着国际形势的不断变化。①

丁诗传、杨子的《从"完全追随"到"有选择追随"——试析冷战时期日本的联合国外交》将战后日本的联合国外交分为完全追随和有选择追随两个阶段，这一区分的主要依据是日本对美国的追随程度不同，从 50 年代到 70 年代初为完全追随美国阶段，从 70 年代中期至冷战结束为有选择追随美国阶段。②徐文泉的《试析冷战后的日本联合国外交》分析冷战后日本联合国外交的背景、目标、做法，展望日本联合国外交，分析日本"入常"的有利因素和不利因素。

此外，还有一些论文论述的是实用主义外交理论，如赵志远的《李明博政府实用主义外交及其对中韩关系的影响》（延边大学硕士学位论文 2010 年）、徐守杰的《论新加坡实用主义外交——以新中和新美关系为例》（重庆师范大学硕士学位论文 2009 年）、王文学的《论李光耀时期（1965—1990）新加坡的实用主义外交》（外交学院硕士学位论文 2011 年）等，这些文章对研究战后日本联合国外交具有一些参考作用。还有一些期刊论文也论述了战后日本外交中的实用主义成分，如于铁军的《试析战后日本外交中的实用主义——以 ODA 政策的演变为例》（《太平洋学报》1999 年第 4 期）、张伊丽的《试析战后日本外交中的实用主义》（《日本问题研究》2003 年第 3 期）、卞崇道的《战后日本实用主义哲学》（《日本研究》1989 年第 1 期）等。

从总体上来看，我国学者对日本联合国外交研究的层次和水平越来越高，但是，在这一研究领域也存在着许多问题有待完善和推进，研究日本加入联合国安理会常任理事国的文章较多，全面系统论述战后日本联合国外交的研究相对较少。到目前为止，还缺乏全面系统地对日本的联合国外交的深入研究。

二、国外学者的研究

日本学术界在 50 年代日本加入联合国之前，就已经开始对联合国外交的

---

① 曾星：《从日本的联合国外交看日美同盟的未来》，吉林大学硕士学位论文 2006 年。
② 丁诗传、杨子：《从"完全追随"到"有选择追随"——试析冷战时期日本的联合国外交》，《日本学刊》1999 年第 4 期。

研究。东京大学教授横田喜三郎是最早研究日本和联合国关系的学者，在1956年出版《联合国与日本》，可以说是第一部日本国内研究日本和联合国关系的著作。该著作阐述日本在加入联合国早期对联合国的态度、加入联合国的过程及日本加入联合国的目的及影响。文章大量引用日本国会内部对日本能否加入联合国的辩论材料，是研究战后初期日本对联合国态度的不可多得的宝贵资料。[1]1962年日本政治学会编的《联合国与日本外交》是较早的一部论述日本对联合国外交的著作，该著作从日本联合国外交的基本态势、联合国与日本的安全保障、日本和联合国的裁军问题及日本在联合国的投票态度等诸方面对日本在联合国的行动作了分析。[2]由于该著作是一本论文集，在日本的联合国外交政策的研究上，显得有些笼统。

冷战时期，日本学术界对联合国外交的重视程度不够，这主要与冷战期间日本受制于美国，联合国在两极格局影响下不能充分发挥作用有关。冷战结束之后，联合国的作用相比之前得到强化，日本也希望利用联合国这一舞台发挥更大的国际影响，由此更加重视联合国的作用。在这一阶段，日本学术界也开始重视对联合国外交的深入研究。

天羽民雄的《多国间外交论——联合国外交的实像》用比较方法论述日本联合国外交，这在日本尚属首部。该著作在论述日本联合国外交的同时，也对同时期美国、法国、苏联的联合国外交进行论述，并对日本在联合国的地位进行充分的比较，对日本在冷战期间的联合国外交政策的比较分析，是这部著作比较突出的特点。[3]明石康的《国际联合——轨迹与展望》一书，系统回顾联合国60年来的发展轨迹，从冷战时代的联合国和冷战之后的联合国的历程，阐述联合国在维持和平、追求人类福利的过程中发挥的作用，并简要回顾日本和联合国的历史发展轨迹，分析和展望日本能否实现"入常"。[4]佐藤诚三郎、今井隆吉、山内康英合编的《站在歧路上的联合国和日

---

① 横田喜三郎、尾高朝雄：《联合国和日本》，有斐阁1956年版。
② 日本政治学会编：《联合国与日本外交》，有斐阁1962年版。
③ 天羽民雄：《多国间外交论——联合国外交的实像》，PMC出版1990年版。
④ 明石康：《国际连合——轨迹と展望》，岩波新书2006年版。

本外交》从联合国和国际社会的安全保障分析入手，阐述日本的外交政策、安全保障政策，联合国维和行动与日本的对策，联合国的人权问题等，并涉及联合国的财政、经济社会理事会、环境开发等问题与联合国的关系，对联合国的作用及日本在其中发挥的影响均有涉及。①

联合国广报中心编撰的《回想·日本和联合国的三十年》系统回顾日本加入联合国三十年来面临的形势，对中国加入联合国的过程及日本采取的态度也有所涉及。还用一章的篇幅阐述美国与联合国的关系，并对追随美国的日本的做法进行评判。②坂口明的《其原点和现实》开篇提出为什么联合国如今面临着重重问题，从联合国的发展历程、对《联合国宪章》的解读等方面指出联合国曾是美国世界战略中的一环，对日本和联合国的关系，以及联合国的未来进行展望。③《日本和联合国——多元的视点再思考》是一本日本学者对联合国相关问题理论文章的合集，包含特集论文、政策解读、独立论文、书评等，其中还收录三篇关于东亚三国的联合国外交政策的文章，阐述了对联合国"保护的责任"概念，许多日本学者对联合国相关书籍的书评涉及的研究范围比较广泛。④

《联合国的未来和日本的作用》是日本青山学院和关西学院两校学者的合著，内容包括基调演讲、特别演讲以及对学者的访谈等，作者为日本官员、大学教授以及联合国机构驻日代表等，通过会议访谈的形式，从不同视角阐述日本在未来联合国中能够发挥的作用。⑤《今天的联合国与日本》是三位东京大学教授的合著，分别阐述联合国主导的裁军、联合国的神话和现实、联合国和安全保障等三个方面的内容，对联合国面临的问题、联合国存在感的缺失、在联合国中日本如何发挥作用等内容也进行了深刻阐述。⑥

---

① 佐藤诚三郎、今井隆吉、山内康英：《岐路に立つ国連と日本外交》，三田出版会，1995-06-05。
② 国联广报中心编：《回想·日本と国連の三十年》，1986-12-17。
③ 坂口明：《その原点と現実》，新日本出版社，1995-03-25。
④ 日本国际联合学会：《日本と国連 多元的视点からの再考》，国际书院，2012-06。
⑤ 川口顺子等：《国連の将来と日本の役割——青山学院·関西学院合同シンポジウム》，关西学院大学出版社，2005-04。
⑥ 田中义具、色摩力夫、渡边昭夫：《今、国連そして日本》，自由国民社，2004-04-10。

《21 世纪联合国中日本的作用》是 2001 年日本联合国学会在东京联合国大学召开的国际会议的全记录,对日本在联合国中的作用以及联合国政策进行评论,还对日本"入常"的意义进行期待,认为日本在联合国中发挥了很大作用尤其是经济贡献,日本应获得与之相符的政治地位。①

在此时期,国外也出现论述日本与联合国关系的著作,由英国学者赖因哈德·德里弗特著的《日本争当联合国安理会常任理事国的历程——愿望与现实》是目前我见到的唯一一部较为全面论述日本从加入联合国到冷战结束后的著作。该书首次综合考察导致日本政府表明争当安理会常任理事国的态度并为此采取行动的历史和国际背景、动机、决策过程及政策实施。还详细分析日本政府的多边外交、在联合国参加安理会改革讨论的言论、国内舆论和日本针对联合国会员国开展的游说活动。该书另外一个重要主题是研究日本关于担任安理会常任理事国的要求是否合理,分析国内外有关这一问题的各种意见。该书的一个重要特点是以大量篇幅分析政府的正式记录,探讨日本围绕全面参加联合国维和行动开展的讨论。②

同时期还有许多有关日本对联合国外交研究的学术论文,有待进一步收集相关资料。从总体上来看,对日本联合国外交的研究,冷战结束之前较少,冷战结束之后则较多,这也是与日本面临的国内外政治环境的变化相关联的。

第三节　基本研究框架和主要逻辑思路

一、基本研究框架

第一部分是绪论,即第一章,概述本书研究问题的提出及选题意义、国内外相关研究现状、本书的总体框架和研究思路、研究方法及研究的重点和

---

① 明石康监修、久保田有香校阅:《21 世纪の国连における日本の役割》,日本国際连合学会著,国际书院,2002-12-20。

② [英]赖因哈德·德里弗特:《日本争当联合国安理会常任理事国的历程——愿望与现实》,高增杰等译,东方出版社 2002 年版。

难点等。

第二部分是本书的主体，即第二章至第五章，将详细论述战后日本的联合国外交过程及其变化。

第二章是理论框架的建立。首先介绍并概括建构主义与新现实主义、新自由主义的主要观点，并讨论它们的一些特点与问题；然后分析建构主义的几个主要概念，以及现实主义与自由主义国际关系理论的主要观点，构建一个适合本书的概念体系和分析框架，为下文的分阶段分析提供理论基础。

第三章至第五章是将第二章建立的理论框架运用于战后日本联合国外交行为的分析。

第三章详细陈述自二战结束后至60年代中期的日本联合国外交。日本在美苏两极格局的阴影下，背负着"战败国"的身份，对其来说迅速恢复经济实力，重返国际社会是最大的利益需求，因此，日本与苏联实现了建交，加入联合国及相关国际组织，"重经济、轻军事"，实现了对国际社会的全面回归。

第四章将阐述60年代中期至80年代末日本的联合国外交。随着世界多极化步伐加快，日本在经历了60年代的"繁荣"之后，身份和角色定位发生变化，要求改变战败国地位、争当在联合国及国际舞台上的主角。这一阶段日本的主要利益诉求是如何实现由"经济大国"向"政治大国"迈进，为此日本积极推行经济外交，加强对外援助，努力扩大其在联合国及相关机构中的作用和影响力，并提出"入常"目标。

第五章详细描述冷战后至今日本的联合国外交。随着冷战结束，和平与发展成为时代主题，联合国地位和作用不断增强，同时日本随着综合国力的提高，自身定位再次发生变化，大国意识开始显露并逐步增强，日本的主要利益诉求变为借联合国平台，建立日本参与主导的国际秩序。为此，日本努力删除"敌国条款"，加大对外援助力度，并先后三次向安理会常任理事国发起冲击。这一章还以非洲为例，对战后日本联合国外交进行个案分析。

第三部分是结语，主要阐述战后日本联合国外交过程的变化趋势，提供一些对中国外交政策的参考，这一部分还指出后续研究的方向与意义，展望日本的联合国外交。

二、主要逻辑思路

本书的中心目标是阐明战后日本的联合国外交行为。根据这一中心目标，通过分析日本在不同阶段面临的国内外形势和自身定位，探讨其采取的联合国外交行为模式。本书的中心任务可以总结为：（1）通过建立理论模型，阐明理论框架以及其概念和逻辑；（2）通过分析日本的联合国外交验证理论模型是否准确和实用；（3）阐明在理论框架下这种行为的原因。

为了分析战后日本的联合国外交，需要建立一个比较清晰而明确的理论框架；理论框架建立之后，在此基础上进行分阶段的案例分析和研究。本书的重要任务就是建立一个比较明晰的理论框架，对日本的联合国外交这一比较错综复杂的行为分阶段地进行阐述。

第四节　研究的基本方法

一、理论分析与案例分析相结合

先建立一个理论框架和模型，并将战后日本联合国外交归入所设定的国际关系理论框架，然后分阶段地对日本联合国外交进行论证，以检验建立的理论引导出的观点是否正确。同时，为使本书更加丰满和有现实的说服力，还将通过经验分析来进一步论证的相关观点。在第二章到第四章，即本书的主体部分，均采用这种理论分析与案例分析相结合的方法。此外，在第五章中，还将专辟一节，以非洲为个例分析战后日本联合国外交的特点。

二、历史分析与逻辑证明相结合

在写作过程中，将建立的理论框架模型与日本联合国外交行为的线性过程相结合，对日本的联合国外交按照时间演变的顺序进行分析提炼、整理汇总并系统化，力图从整体上把握其变化的全过程。同时，在理论框架和现实分析的结合中，注重发现两者之间的因果关系和影响方式，通过分析其内在的运行规律和逻辑，力求保持逻辑上的一致性。

三、历史文献的分析与运用相结合

本书在写作过程中参考了大量资料，尤其是注重第一手资料的收集和整理，其中主要包括日本外务省官方网站的资料，日本政要的回忆录、谈话以及报纸杂志的采访，国内外学者针对此问题发表的相关文章和出版物等。

在文献的使用和分析过程中，注意把握以下几点：

（1）客观性。有关日本的联合国外交，国内外学者的立场不同，得出的结论也不同，要注重从不同的立场中剔除意识形态、学者意图等方面的主观因素，努力客观地把握事实。

（2）准确性。主要体现在第一手资料的运用上，并在使用过程中认真分析和整理，力求准确把握资料内容。

（3）时效性。特别是在分析近年来日本入常的过程中，尽量收集和引用最新发表的成果或历史事实。

（4）指向性。有关日本联合国外交的研究成果非常多，要从中找出对本书论证的中心观点最关键的材料。

第五节　创新点、重点及难点

一、创新点

（1）选题上。虽然关于日本联合国外交的研究成果已经汗牛充栋，但是建立国际关系理论框架来分析战后日本联合国外交的学术著作并不多见，大部分是用某个国际关系理论研究范式探讨日本外交问题。本书选择从国际关系理论视角研究日本联合国外交过程，将进一步拓展对这一问题的研究思路。

（2）结构上。对战后日本的联合国外交研究，从我掌握的资料来看，其中大多数研究缺乏理论框架的建立和完整的理论分析，就事论事或经验性论述比较集中。本书在结构上试图摆脱这种就事论事的分析缺陷，力图建立一个相对完整的理论结构和论证体系。

（3）表述上。将按照前面所述的研究思路，并将这种研究思路贯穿于本书始终，以理论分析和案例分析相结合，深入阐明冷战后日本联合国外交行为的变化，挖掘日本联合国外交的特点和发展趋势。

（4）理论框架上。为了分析战后日本的联合国外交，尝试利用国际关系相关理论建立分析框架，并试图把它模式化。这是我试图突破以往研究的束缚，从一个新的视角进行解释的初步尝试。

二、重点

（1）构建分析日本联合国外交的理论框架。为了分析战后日本联合国外交行为的转变，尝试建立一个理论框架，以提供一个观察日本联合国外交的新角度。

（2）日本联合国外交的具体过程。分三个阶段，尽量详细分析各阶段日本围绕联合国展开的外交行为及其背后的原因。

（3）冷战后日本的联合国外交。重点阐明冷战后日本三次向联合国安理会常任理事国发起冲击的过程，试图分析未来日本"冲常"的变化和发展趋势，针对这种趋势提出一些见解。

（4）从日本联合国外交行为中得出战后日本外交的一些本质。虽然本书的研究对象是战后日本的联合国外交，但通过此研究，尽可能得出一些日本外交背后的本质性问题与规律。

三、难点

（1）建立理论框架。从国际关系理论视角建立理论框架，对我来说是一个挑战，在分析过程中还要避免理论和个案"两张皮"的问题，避免在理论研究深入的同时，又被理论束缚住思维。

（2）收集与整理资料。虽然有关日本联合国外交的文献资料非常多，但是从国际关系理论视角解读这个课题的文献资料并不多见。因此，从中寻找能够证明本书观点的资料和文献就显得尤为重要。在文献的收集和整理中，需要耗费大量的时间和精力，同时还必须具备较高的分析整理、概括能力以及对资料的领悟能力，资料的整理和使用也需要具备一定的学术功底，这对我来说是一个挑战。

（3）运用理论分析个案。在分析过程中避免出现理论和现实"两张皮"的问题并非易事，利用国际关系理论分析和研究日本的联合国外交行为，尽量紧扣理论框架，避免出现"为理论而理论"的现象，从而使本书的叙述和结构显得生动而严谨，需要整体把握资料。

第二章

理论框架的建立

本书主要运用国际关系相关理论和概念分析日本联合国外交行为。在国际关系学科成为一门独立的社会科学学科之前，它诞生于历史学、法学、哲学、政治学等学科，国际关系理论可以说是"学术上的后来者"①，产生于第一次世界大战之后。西方（美国）国际关系理论先后经历了几个不同的发展阶段，其中包含两次"革命"、三次论战和六个主要学派。②20世纪90年代之后，随着建构主义等"批判理论"的兴起，国际关系理论进一步深入发展，并呈现出相对"成熟"的趋势。我们分析国际关系的历史事实，包括分析战后日本联合国外交，都可以从国际关系相关理论中找到理论依据。

本章对研究日本联合国外交的主要理论进行概括性和整体性交代，为后续研究日本的联合国外交提供理论依据。本章所要完成的主要任务是：（1）为后续研究日本联合国外交所需理论和概念进行分析、辨析和定义，即解决"日本联合国外交决策和过程"的问题；（2）梳理现有国际关系理论、外交学理论中对研究日本联合国外交有关的理论；（3）提出一个适合本研究的分析框架。

---

① Kenneth W. Thompson, *Masters of International Thought*: *Major Twentieth-Century Theorists and the World Crisis*, Louisiana State University Press, 1980, p.ix.

② 两次"革命"，即现实主义革命和行为主义革命；三次论战，即理想主义与现实主义、科学行为主义与传统主义、新现实主义与新自由主义；六个主要学派，即理想主义、现实主义、科学行为主义、传统主义、新现实主义、新自由主义。参见倪世雄等：《当代西方国际关系理论》，复旦大学出版社2006年版，第28页。

第一节　现实主义和"两新"理论

　　研究日本联合国外交，需要用国际关系理论进行解释，首先来看看国际关系理论中的"理论"是如何定义的。可以说"理论"是研究问题的基点，理论问题研究也可以说是研究国际关系理论的一个重要出发点。"理论"一词来源于希腊语，意指"to look at"。①休谟曾提出了三种基本的求"知"手段。②在西方国际关系理论领域，关于什么是理论有不同的解释：有的学者认为，理论"代表取向"，是"概念框架"，甚至涵盖"分析技巧"③；有学者认为，理论是一种思维的"象征性构建"，包括"一系列相互关联的假设、定义、法则、观点和原理"④。在规范意义上，政治理论的应用往往倾向于研究"应该如何"。⑤华尔兹在《国际政治理论》中，对理论下了两个最基本的定义。⑥华尔兹认为，理论形成过程中，应努力去发现该领域的原理和规则，并寻找说明这些已发现的原理和规则的途径。⑦

　　在讨论理论的定义和构建之后，用国际关系理论解释日本的联合国外交，涉及另外一个问题，即理论的功能问题。按照戴维·辛格的观点，理论具有描述、解释和预测的功能，是一个在内部结构上存在相互联系、实证概括的分析整体。⑧罗伯特·利伯等学者也认同这种观点，提出了理论的

①　Theodorc Conloumbis and James Wolfe, *Introduction to International Relations-Power and Justice*, Prentice Hall Inc, 1981, p.12.

②　即演绎推理、实证知理和价值判断。See James Dougherty and Robert Pfaltzgraff, Jr., *Contending theories of International Relations*, Longman, 1997, p.22.

③　Robert Lieber, *Theory and World Politics*, Winthrop Publishers, 1972, p.8.

④　James Dougherty and Robert Pfaltzgraff, Jr., *Contending theories of International Relations*, Longman, 1997, 4th Edi., p.21.

⑤　Anatol Rapopert, "Various Meanings of Theory," *American Political Review*, No.12, 1950.

⑥　第一，理论是"一组关于特殊行为或现象的法则"；第二，理论不仅是法则，而且还是"说明法则的道理和观点"。Kenneth Waltz, *Theory of International Politics*, McGrow-Hill Publishing Company, 1979, p.2, p.5.

⑦　Kenneth Waltz, *Theory of International Politics*, McGrow-Hill Publishing Company, 1979, p.116.

⑧　David Singer, "Inter-nation Influence: A Formal Model," in James Rosenau (ed.), *International Politics and Foreign Policy*, Free Press, 1969, p.380.

三大功能。①在一个特定的框架体系中，利用理论可以解释有关事物的"连续性、反复性和规律性"。②

一、现实主义与新现实主义

国际关系理论最早出现的是理想主义学说。第一次世界大战的爆发标志着一个新的历史时代的到来。一战的爆发及其残酷的后果，使国际社会厌倦了国际政治的强权政治，伴随这种背景，产生了理想主义国际关系理论。1918 年 1 月，美国总统威尔逊提出了"十四点计划"，集中体现了对理想主义的追求。但是，理想主义在二战爆发面前不堪一击，面对法西斯势力无能为力，国际联盟的理想主张与民族国家极力扩张自己势力范围的权力现实大相径庭。20 世纪 30 年代末的国际体系的崩溃，从一定程度上来说，也是因为理想主义观念的影响，其过于轻视权力的作用，强调道德因素在国际关系中的作用。卡尔在《二十年危机（1919—1939）》一书中，对理想主义在处理国际关系中的脆弱和无力进行了强烈批评，标志着现实主义理论发展的开始。③该书在西方国际关系理论中有着重要影响，可以说是国际关系理论中第一部系统论述现实主义的专著，现实主义应运而生。

现实主义未能在欧洲扎根，反而在美国结了果。④斯派克曼提出，权力之争是"世界政治的核心内容"。⑤在国际关系理论中最重要的现实主义著作当属《国家间政治》一书，这本书最初是汉斯·摩根索于 1943—1948 年间在芝加哥大学的演讲稿。该书出版之后，很快成为畅销书。在这本书中，摩根索提出了"现实主义六原则"，此后在国际关系理论中现实主义长期占主导地位。他认为，人类对权力的追求是由其本性决定的，这种对权力的无限追求也导致世界政治的混乱。可以说，摩根索的现实主义六原则把现实主义的

① Robert Lieber, *Theory and World Politics*, Winthrop Publishers, 1972, pp.5—6.

② Kenneth Waltz, *Theory of International Politics*, McGrow-Hill Publishing Company, 1979, pp.68—69.

③ E.H.Carr, *Twenty Years' Crisis*（*1919—1939*）, Haper & Row, 1964, pp.21—64, p.102.

④ Stanley Hoffmann, "*An American Social Science：International Relations*," Daedalus, Summer, 1977.

⑤ Nicholas Spykman, *America's Strategy in World Politics*, Harcourt Brace, 1942, p.7.

权力政治学推向了一个新的高度。

按照现实主义的观点，国家实力在一国外交中起着直接推动力的作用。无论是小泽一郎的著作，还是日本《外交蓝皮书》中关于日本地位和责任的论述，都主张日本应该在世界上发挥"领导作用"，而在论证这一主张时的最基本的理由都是，日本已经成为一个经济大国。①可以说，一部日本联合国外交发展史就是日本国家实力变化的历史，日本正是基于国家实力的变化而不断对其联合国外交行为进行调整的。二战后日本背负着战败国身份，在各方面对美国言听计从，对美国在联合国采取追随态度；随着经济实力的恢复，日本经济地位大大崛起，20世纪七八十年代，日本成为西方经济的"火车头"之一，日本参加西方七国首脑会议之后，在国际上影响力越来越大，跻身主要发达国家之列，正是基于国家实力的变化，日本在20世纪80年代提出了成为政治大国的目标，其中联合国成为其跨世纪外交的中心环节。

1959年，肯尼思·华尔兹的《人，国家和战争》出版，对国际关系理论的体系化起了巨大的推动作用，他认为理论必须包括体系层面的分析，将所有原因置于整个国际体系之中。他的理论的核心是，只有结构的变革才能改变国际体系的无政府性质。他认为自己是第三概念的理论家，实际上他也属于第一、第二概念理论家的行列。②到了20世纪70年代，国际关系理论发展进入一个新阶段——新现实主义阶段，"新现实主义"这一称呼是其批评者之一罗伯特·考克斯第一个提出来的③。"为权力而斗争"的现实主义在解释国际关系方面明显不足，于是，"结合权力斗争和世界秩序的新现实主义必定会出现"。④詹姆斯·多尔蒂和罗伯特·法尔茨格拉夫提出了新现实主义的四个特点，是一种综合性的理论。⑤

新现实主义的理论始于1979年出版的《国际关系理论》。在这本书中，

---

① 俞正梁等：《大国战略研究》，中央编译出版社1998年版，第195—196页。

② Jung Gabriel, *Worldviews and Theories of International Relations*, St. Martin Press, 1994, p.86.

③ Robert Keohane, *Neorealism and Its Critics*, Columbia University Press, 1986, p.16.

④ Stanley Hoffmann, "Realism and Its Discontents," *The Atlantic Monthly*, November, 1985.

⑤ James Dougherty and Robert Pfaltzgraff, Jr., *Contending Theories of International Relations*, Longman Publishing Company, 1982, p.552.

华尔兹提出，要把国际政治和国内政治区分开，他的结构分析强调"国家构成结构，结构造就国家"①。华尔兹认为，国际政治是处于无政府状态的，而国内政治体系则具有一定的等级制，由于在国际政治中，不存在超越国内政治之上的权威，因此不能对国家行为体进行有效调节。这导致一国基于自身安全考量采取的行为虽然是为了生存，但是却在无形之中降低了其他国家的安全。按照华尔兹的观点，无论是集权国家还是民主国家，在这种自助体系之中，因为单位特征具有一定的相似性，因此都只能依靠自身来提供安全保障，最大限度地追求国家利益。但是，因为各个国家实力存在差异，因此追求和达成共同目标的能力也不一样。

华尔兹认为，"现实主义和新现实主义是过去半个世纪以来最具代表性的两种理论"②，他"为现实主义提供了一个更有力的理论基础"③，他在论文中还从五个角度分析了现实主义和新现实主义的区别。④华尔兹认为，国家是国际体系的基本单位以及最重要的行为体，权力结构影响了国家的行为。这些理论对解释当代国际关系具有重要现实意义，戴维·鲍德温认为，华尔兹的理论奠定了"新现实主义的基石"。⑤结构现实主义"提供了全面发展国际关系理论的基础"。⑥

新现实主义理论自产生以后，就在国际关系理论中迅速占据了主流地位，因为该理论相比理想主义和现实主义理论具有非常强的解释力和逻辑力。保罗·施罗德指出，虽然现实主义理论在国际关系理论中仍然占据着支配地位，但是以华尔兹为代表的新现实主义，则被认为是在摩根索的政治现

① Ken Booth and Steve Smith (eds.), *International Relations Theory Today*, Cambridge: Polity Press 1995, p.264.

② Kenneth Waltz, "Realist Thought and Neorealist Theory," *Journal of International Affairs*, 1990.

③ Joseph Nye, "Neorealism and Neoliberalism," *World Politics*, No.1, 1988.

④ Kenneth Waltz, "Realist Thought and Neorealist Theory," Journal of International Affairs, 1990.

⑤ David Baldwin, *Neorealism and Neoliberalism: the Contemporary Debate*, Columbia University Press, 1993, p.13.

⑥ James Dougherty and Robert Pfaltzgraff, Jr., *Contending Theories of International Relations*, Longman, 1997, pp.87—88.

实主义基础上取得的最新的重大发展。①作为一种理论思潮，新现实主义在80年代发展得很迅速，"席卷了国际关系理论领域"②，到20世纪80年代初，新现实主义发展的同时，对其批评的理论同时出现。新现实主义和新自由主义触发了一场新论战，并从80年代初期开始一直在国际关系理论领域占支配地位。③霍夫曼曾说，第三次论战期间，国际关系理论"处于一种重建的过程之中"④。

按照现实主义的观点，在国际政治中，国家利益是根本出发点和归宿，日本的联合国外交也是如此，不管是冷战时期的作为还是冷战后的财政贡献、军事贡献、环境贡献等均体现了日本的国家利益。冷战时期，联合国只是美国推行霸权的工具，日本采取追随美国的态度，获得美国全方位的保护和扶持，为重新崛起创造了条件，同时在联合国内部，日本又通过孤立排斥中国达到在联合国减少反对声音、最大限度发挥自身影响的目的。总之，日本的联合国外交均是以其国家利益为出发点和归宿的。所以当70年代随着第三世界影响力的扩大，日本认为联合国不能很好地为其国家利益服务，对联合国的兴趣大大降低。冷战结束后，日本随着实力的增强和形势的变化，追求世界大国的梦想重新被唤醒，从而开始积极重视联合国外交的作用。日本将联合国外交作为实现政治大国目标的重要组成部分，这个时期的联合国外交也集中体现了日本的国家利益。从短期利益来说，是为了谋求成为安理会常任理事国；从长期利益来看，是为了借助联合国维持和平与安全，为其政治大国目标服务。

此外，日本的联合国外交也是随着联合国地位和作用的变化而不断调整的。冷战期间，联合国只是美苏争霸的场所，不能很好地发挥其作用，所以日本也认为所谓的"联合国中心主义"也是理想主义层次的，没有超越日美

① Paul Schroeder, "Historical Reality vs. Neorealist Theory," *International Security*, 1994.

② Robert Keohane, *Neorealism and Its Critics*, Columbia University Press, 1986, p.9.

③ James Dougherty and Robert Pfaltzgraff, Jr., *Contending theories of International Relations*, Longman, 1997, p.85.

④ Stanley Hoffmann, *Janus and Mineva-Essays in the Theory and Practice of International Politics*, Westview Press, 1987, p.91.

同盟，要"强化与自由民主各国之间的协调"。①冷战结束以后，随着联合国作用的增强，逐渐从之前的政治讲坛向具有一定强制力量的国际组织过渡，特别是在海湾战争中联合国的作用得到了极大发挥，在全球事务中承担着越来越重要的国际责任。随着全球化步伐的深入推进，联合国的功能也得到进一步强化，这些都促使日本努力追求成为安理会常任理事国，以发挥更大的国际影响力，为其实现政治大国的目标服务，正是基于此，日本才先后三次向安理会常任理事国发起了冲击。

二、新现实主义与新自由主义

现实主义和新现实主义为研究和解释日本联合国外交提供了一个理论支撑，在日本的联合国外交实践过程中，新自由制度主义理论也可以从某些方面解释其外交行为。在新自由制度主义的研究领域，不仅有战争与和平问题，而且还包括经济、社会、生态等其他内容，新自由主义认为在国际社会中合作是可能的，也是可以实现的，这些都可以在日本的联合国外交中得到验证。

1984 年基欧汉的《霸权之后》出版，标志着新自由制度主义学派产生；1986 年其《新现实主义及其批判》出版，标志着新自由主义开始向传统现实主义发起挑战。1988 年现实主义代表人物格里科（Joseph Grieco）发表《无政府与合作的限度》，1995 年米尔斯海默（John Mearsheimer）发表《国际制度的错误假设》，这两篇文章是现实主义的反击，也促使新自由主义对其理论进行修正和反省。1986 年，基欧汉主编的《新现实主义及其批评者》出版，其中涵盖三种基本观点。②基欧汉认为，华尔兹"未能说明世界政治的变化"，忽视了"国家内部因素与国际体系结构的联系"。③1987 年，基欧汉和

---

① 梁云祥、应霄燕：《后冷战时代的日本政治、经济与外交》，北京大学出版社 2000 年版，第
164 页。

② 三种基本观点是：（1）新现实主义为了解当代国际关系提供了有力基础；（2）新现实主义的
作用和价值是有限的，但经修正后可以改进；（3）新现实主义存在严重缺陷，有误导性，阿
希利就代表这一观点。Robert Keohane, *Neorealism and Its Critics*, Columbia University
Press, 1986, p.6—7.

③ Robert Keohane, *Neorealism and Its Critics*, Columbia University Press, 1986, p.159, p.18.

约瑟夫·奈的《权力与相互依赖》再版，他俩更加明确地认为，国家作为相互依存的结果，不一定必然导致合作，相互依存在一定条件下也会引发冲突。①这本书也被认为"试图改变现实主义在该领域的支配地位"。②

与新现实主义不同，新自由制度主义关注的是更复杂和更广范围内的国际关系。在新自由制度主义学者看来，新现实主义的结构概念"过于狭隘"，"过于局限"③。由于这种范式强调国际制度和国际机构的作用，在一定程度上有理想主义的影子，而对其冠名曰"新自由主义"。20世纪80年代以来，新现实主义与新自由主义在国际关系理论领域一直占据着主角地位。④关于这两个范式争论的主要内容，鲍德温曾经总结和概括了六个方面。⑤

拉吉认为，尽管华尔兹的新现实主义有不少缺陷，但"仍是有力和雄辩的"。⑥新现实主义的研究重点在于体系角色之间的权力分配上，是一种结构层次上的分析方法；与新现实主义不同，新自由主义强调研究角色相互作用的权力模式，是一种体系过程层次上的分析方法。⑦约瑟夫·奈于1988年撰

---

① Robert Keohane and Joseph Nye, "Power and Interdependence Revisited," *International Organization*, 1987.

② Vendulka Kubalkova, Nicholas Onuf and Paul Kowert (eds.), *International Relations in a Constructed World*, M. E. Sharpe Inc., 1998, p.40.

③ Robert Keohane, *International Institutions and State Power: Essays on International Relations Theory*, Boulder: Westview, 1989, p.8.

④ 华尔兹对新自由主义的批驳和对其观点的最新阐述，见 Kenneth Waltz, "Structural Realism after the Cold War," *International Security*, Vol.25, No.1, 2000。

⑤ 第一，虽然新自由主义也受到无政府状态的制约，但是新现实主义认为国家行为受到无政府状态的制约程度更加严厉；第二，新现实主义认为冲突大于合作，而新自由主义认为国际合作比较容易实现，合作大于冲突；第三，与新自由主义强调国际合作中的绝对利益不同，新现实主义比新自由主义更加强调相对利益；第四，新现实主义关注的是安全与生存问题，新自由主义则更加关注国际政治经济；第五，在能力和意愿方面，新现实主义更加关注前者，新自由主义更加强调后者的作用；第六，新现实主义认为在无政府状态下，国际制度和机制可以降低合作受到的制约性影响，新自由主义与之相比，认为通过国际制度和国际机制的作用，合作比较容易得到推进。See Steve Smith, "New Approaches to International Theory," in John Baylis and Steve Smith (eds.), *The Globalization of World Politics*, Oxford: Oxford University Press, 1998, p. 170.

⑥ Robert Keohane, *Neorealism and Its Critics*, Columbia University Press, 1986, p.152.

⑦ Joseph Nye, "Neorealism and Neoliberalism," *World Politics*, No.1, 1988.

写的《新现实主义与新自由主义》一文指出："当代国际关系理论最有影响力的两大学派是新现实主义与新自由主义，他们之间的论战在过去的十年里支配着大部分的国际关系理论研究领域。"①1989 年基欧汉也指出："在过去的几年内，新现实主义与新自由主义之间的论战是广泛和激烈的。"②双方的理论观点和研究方法被视为"国际体系两模式"，区别如下③：

国际体系两模式

	（新）现实主义	新自由主义
主要问题	战争根源、和平条件	社会、经济、环境等问题
当前国际体系概念	结构无政府状态	全球社会、符合相互依存
主要角色	单位（民族国家等）	国家以及非国家角色（国际组织、非政治国际组织、个人）
主要动机	国家利益、安全和权力	人类的需求
体制变革的可能性	低	高
理论、观点、证实的来源和手段	政治学、历史学、经济学	广义社会科学、自然科学、技术科学

新现实主义和新自由主义的论战，重点从"方法论"转移到了"认知论"，④在研究过程中，两派学者都重视运用"新的科学哲学"，从这个意义上来说，这次论战可以说是第二次论战中科学行为主义学派"迟到的、阴差阳错的胜利"⑤。事实上，由于新现实主义和新自由主义两者中没有一方能够说服对方，同时由于这两种理论在解释国际关系时都有一定的不足，存在着一定程度的偏差。冷战的结束过程充满着动荡和变化，但这一切却"活跃了学

① Robert Powell, "Anarchy in International Relations Theory: Debate Between Neorealism and Neoliberalism," *International Organization*, 1994.

② Robert Keohane, *International Institutions and State Power: Essays on International Relations Theory*, Boulder: Westview, 1989, p.16.

③ Ole Holsti, "Models of International Relations-Realist and Neoliberalist Perspectives on Conflict and Cooperation," in Charles Kegly and Eugene Wottkoff (Des.), *the Global Agenda: Issues and Perspectives*, McGraw-Hill College, 1995, p.136.

④ Yosef Lapid, "International Relations," *International Studies Quarterly*, 1989, p.33.

⑤ Ole Woever, "the Rise and Fall of the Inter-Paradigm Debate," in Steve Smith, Kenneth Booth and M. Zalemski (eds.), *International Theory: Positivism and Beyond*, Cambridge University Press, 1996, p.16.

术思想……这些思想反映了被遗忘了的、但应按其原状来设计的世界"。①

　　日本的联合国外交实践，不仅体现了现实主义的观点，也体现了新自由制度主义的观点，而且在一定程度上两者可以说是结构互补的。要理解国际关系的现实，这两种理论"必须寻求共同之处"②，事实上，这两种理论及方法能够实现互补。③可以说在这两种理论框架中，对冲突和合作都只强调了一个方面，新现实主义认为无政府状态必然导致国际冲突，新自由主义认为在国际社会中合作是可能的，更多强调其合理性。在国际关系中，冲突与合作是并存的，这两种理论可以说是从各自的视角阐述和观察了"同一个问题"④。新现实主义认为国际制度受无政府状态的影响，而新自由主义则认为在国际社会中，尽管存在无政府状态，但是国际合作能够克服其带来的消极后果。从这一角度看，可以说两种理论研究的是同一个问题。这两大主流国际关系理论汇合成为国际关系理论的核心要件，他们相互竞争看谁的理论能作出最好的回答。⑤

　　日本的联合国外交除了受到国家实力的影响之外，日本在联合国采取的种种手段还受到国内外形势的影响和制约。一方面，日本国内普遍认为，联合国的作用和地位不可替代，在联合国框架下行动有利于日本实现政治大国的梦想，而且日本的联合国外交具有一定的优势。日本的联合国外交还受到日美同盟关系变化的影响，冷战时期，日本在联合国外交上更多地采取追随美国的态度，随着冷战后日本国力的增强，大国意识抬头，日本欲图借助联合国的作用实现其政治大国梦想，并摆脱美国的控制。但是，日本与美国之前在政治、经济、安全等方面存在着不可割舍的联系，且日本的实力

---

① Michael Barnett: "Bringing in the New World Order: Liberalism, Legitimacy and the United Nations," *World Politics*, 1997.

② James Dougherty and Robert Pfaltzgraff, Jr., *Contending Theories of International Relations*, Longman, 1997, p.62.

③ Joseph Nye, "Neorealism and Neoliberalism," *World Politics*, 1988.

④ 即在国际社会的无政府状态之下，国际制度怎样影响国家的行为方式。

⑤ Steve Smith, "New Approaches to International Theory," in John Baylis and Steve Smith (eds.), *The Globalization of World Politics*, Oxford: Oxford University Press, 1998, p.169—170.

还未达到挑战美国的程度，所以日本在处理日美同盟和联合国外交的关系上，只是侧重点会稍有不同。当日美同盟对其国家整体利益有利时，日本对联合国的兴趣就会有所下降；当日美同盟使日本的利益和形象受损时，日本就会借助联合国这个平台来表达自己的不满，并使美国作出一定程度的让步。

如果日本始终不能独立自主进行外交的话，那么联合国外交对日本来说只能从属于日美同盟，这样其联合国目标将难以实现。此外，日本在很大程度上受到《日本国宪法》（又被称为"和平宪法"）第九条的限制，对日本来说，如何摆脱这一限制至关重要。日本联合国外交能否取得预期的成效，取决于日本是否能够真正地按照和平宪法的精神来开展联合国外交，这一点可以说是日本联合国外交的根本衡量标准。对亚洲国家来说，历史问题是摆在日本面前的一个至关重要的方面，希望看到日本能够正视过去的历史，追求和平并不断为之不断努力。但是，对西方国家来说，日本成为联合国安理会常任理事的前提条件是日本和现任常任理事国一样，能够为"国际安全"提供更多的"公共产品"，希望日本能更多地参与到联合国的军事行动中来。正是出于这个原因，他们对日本以宪法约束为理由控制参加联合国军事行动的做法非常不满，这也是促使日本修改宪法的动力之一。所以在冷战之后，日本在对外派兵方面不断实现突破限制，尤其是安倍政权上台之后，日本要求解除集体自卫权，进一步修改和平宪法。

第二节　建构主义理论

回顾战后日本的外交，可以发现很多地方比较难以理解：日本被美国占领之后冷静的态度；日本加入联合国，实现了与苏联的外交关系正常化；一方面和美国在经济领域竞争，另一方面，在联合国保持和美国一致立场，具体体现在阻止中华人民共和国恢复在联合国的合法席位；80 年代日本又提出"政治大国"的目标，但仍不能完全摆脱美国的阴影，甚至更强化了日美同盟。这些现象的背后，无疑都与日本文化有着直接或者间接的关系。从文化的因素来看，日本特定的民族性格和文化心理的形成都与日本文化的精神价值息息相关，日本文化中积极和消极的因素均对日本联合国外交产生影响。

从现实主义和自由主义视角分析战后日本的联合国外交无疑是具有说服力的，但是仅仅从这一角度来分析显然是不全面的。这种新现实主义的分析方法犯了先入为主、自现预言（self-fulfilling prophecy）的错误，即首先将各国行为框定在先行存在的"零和状态"①下。日本的联合国外交是政治、经济、文化等各种因素的统一整体，不仅有国内因素，也有国际因素；不仅有短期战略考虑，也有长期战略考虑；不仅基于硬实力，也基于软实力；总之，是一个复杂的统一体。为了更全面地分析这一问题，我们引入建构主义的分析方法。

一、建构主义理论

在当代西方国际关系理论中，可以分为两种，一种是解释性理论，一种是构成性理论②，解释性理论的认识论基础是理性主义，构成性理论的认识论基础是反思主义。从 20 世纪 80 年代起，在西方国际关系理论中，由于受到社会理论发展和西方政治的影响，构成性理论逐渐兴起，并形成所谓西方国际关系理论的"第三次论战"。③"建构主义"（constructivism）这一概念是由奥努夫（Nieholas Onuf）在 1989 年首先提出来的。建构主义学者认为，国际关系中的新现实主义和新自由制度主义等理论不能对国际政治进行合理解释，如没能预测到冷战结束，他们对主流的国际关系理论进行反思，在此基础上重建西方国际关系理论。建构主义学者主张看待国际社会和世界政治要从社会学的视角观察，与新现实主义注重物质结构不同，建构主义注重社会规范结构，强调观念、文化、认同等因素在国家行为形成中的建构性作用。

---

① 又称为"谁是懦夫"状态，指一方所失即他方所得，（－1）＋（＋1）＝0。

② Robert W. Cox, "Social Forces, States and World Orders: Beyond International Relations Theory," *Millennium: Journal International Studies*, Vol.10, No.2, 1981, pp.128—137; Steve Smith, "the Self-Images of a Discipline: a Genealogy of International Relations Theory," Ken Booth and Steve Smith (eds.), *International Relations Theory Today*, the Pennsylvania State University Press, 1995, pp.25—27.

③ Yosef Lapid, "the Third Debate: on the Prospects of International Theory in a Post-Positivist Era," *International Studies Quarterly*, Vol.33, No.3, 1999.

建构主义作为一种"批判理论"①，按照批判理论的观点，世界上不存在能够与现实完全相符的最终知识，"世界永远是一个被演绎过的东西"②。"没有共同的观察或观测过的数据可以为我们所借用，去谋求获得一种中立而客观的世界知识。"③哈贝马斯提出了一种独特的理论框架：在《认识与兴趣》中，他认为国际社会是由权力主宰的，这种看法引起对自由、从受支配中解放出来和实现理性自主的兴趣，从而产生批判理论④。批判理论既可以说明具体的历史环境，又是一种推动环境变化的力量。⑤批判理论首先把批判的重点放在"范式之间争论"的三个主流理论（现实主义、多元主义和结构主义）上⑥。批判主义对现实主义进行了批评。⑦关于多元主义，因为过于"技

① John Mearsheimer, "The False Promise of International Institutions," *International Security*, Winter 1994/1995.

② See Jeffery T. Checkel, "The Constructivist Turn in International Relations Theory," *World Politics*, 50, 1998; Ted Hopf, "The Promise of Constructivism in International Relations Theory," *International Security*, Vol.23, No.1, 1998; Richard Price and Christian Reus-Smit, "Dangerous Liaisons? Critical International Theory and Constructivism," *European Journal of International Relations*, Vol.4. No.3, 1998.

③ Jim George, *Discourse of Global Politics: A Critical (Re) Introduction To International*, Lynn Rienner, 1994, p.24.

④ 参见［德］尤尔根·哈贝马斯：《认识与兴趣》，郭官义、李黎译，学林出版社 1999 年版。哈贝马斯大部分著作未被译成汉语，主要的有："A Postscript To Knowledge and Human Interests," *Philosophy of the Social Sciences*, Vol.3, 1973, pp.175—185; *Theory and Practice*, Trans By J.Viertel, Beacon Press, 1973; *Towards a Rational Society*, Trans By J.H. Shapiro, Beacon Press, 1970; *Legitimation Crisis*, Trans By T. McCarthy, Beacon Press, 1975; For a Discussion of Habermas's Idea, See J. B. Thompson and D. Held (eds.), *Habermas, Critical Debates*, Macmillan, 1982; G. Kortian, *Metacritique, the Philosophical Argument of Jurgen Habermas*, Cambridge University Press, 1980; R. Guees, *Habermas and Critical Theory*, Oxford University Press, 1982; G. Therborn, "Habermas: a New Eclectic," *New Left Review*, No. 67, 1971, pp.67—83 and F. R. Dallmayr, "Critical Theory Criticized: Habermas's Knowledge and Human Interests and Its Aftermath," *Philosophy of the Social Sciences*, Vol.2, 1972.

⑤ See Max Horkheimer, *Critical Theory: Selected Essays*, Herder and Herder, 1972.

⑥ Mark Hoffman, "Critical Theory and the Inter-Paradigm Debate," in Hugh Dyer and Leon Mangesation (eds.), *the Study of International Relations*, St. Martion's Press, 1989, p.70—78.

⑦ 主要集中在：（1）现实主义过于强调权力与安全，从整体上忽视了"世界政治"中的文化因素；（2）现实主义，特别是新现实主义未能对单位与体系作详细的描述和分析；（3）新现实主义未能把握国际关系中道义和伦理变化的意义。See Ken Booth and Steve Smith (eds.), *International Relations Theory Today*, Cambridge: Polity Press, 1995, p.217—240.

术化"，因此称之为"技术多元主义"①，缺乏从不同角度和内容对"人类社会需要"进行科学研究的手段。②

西方建构主义按照派别来分，大体可分为两支，一支是现代建构主义，另外一支是后现代建构主义。③两者的主要差别是分析上的差异。现代建构主义又分为两种，一种是体系建构主义，另外一种是整体建构主义。关于建构主义，还有学者将其分为规范建构主义和批判建构主义。④建构主义理论的兴起，可以说直接受到冷战结束因素的影响，过去的国际关系理论，无论是新现实主义抑或新自由制度主义，均没有成功预见到冷战的结束，而且在解释冷战为何结束方面存在困难。建构主义指出新现实主义理论没有能够充分解释国际政治的复杂现象。⑤建构主义力图重构西方国际关系理论，主张深刻剖析和反省占主流的现存国际关系理论。

在分析日本的联合国外交时，可以说国际政治的现实主义范式和自由主义范式在许多问题上具有极强的解释力，这也是两大理论能够在国际关系理论中长盛不衰的一个重要原因。但是，在分析日本的联合国外交时，还有着许多偶然因素和非理性因素，在分析这些因素时，理性主义的视角都不能够充分解释日本联合国外交行为这一具有非理性倾向的概念。可以说，当身份和利益在互动期间不会变化的时候，理性主义就是十分有用的模式；当我们有理由认为身份和利益会发生变化的时候，建构主义就是十分有用的模式。正是基于这样的理解，我们在分析日本的联合国外交时，也尝试引入国际关系理论的建构主义范式对日本的联合国外交行为进行研究。

① Ken Booth and Steve Smith (eds.), *International Relations Theory Today*, Cambridge: Polity Press, 1995, p.74.
② Mark Hoffman, "Critical Theory and the Inter-Paradigm Debate," in Hugh Dyer and Leon Mangesation (eds.), *the Study of International Relations*, St. Martion's Press, 1989, p.76.
③ Richard Price and Christian Reus-Smit, "Dangerous Liaisons? Critical International Theory and Constructivism," *European Journal of International Relations*, Vol.4, No.3, 1998.
④ Peter Katzenstein, Robert Keohane and Sephen Krasner (eds.), *Exploration and Contestation in the Study of World Politics*, MIT Press, 1999, p.36.
⑤ Alexander Wendt, "Constructing International Politics," *International Security*, Vol.20, No.1, 1995.

二、建构主义的几个概念

近年来，日本从成为经济大国到谋求政治大国的"大国化"过程中，不断突破"和平宪法"的限制，以发挥所谓"人"的国际贡献为名将自卫队派至海外，并不断扩充军力；进一步强化日美同盟作用，进一步发挥国际影响力；在对待历史方面，日本不断有否认战争、美化侵略的言论。战后日本这些令人费解的外交举措可以说在很大程度上源于其政治文化的特性，用建构主义的理论可以对其进行很好的解释。从建构主义角度研究日本的联合国外交，比单纯从政治、经济、军事等角度分析更具有历史纵向性的透视力，更能抓住核心、本质的部分；它有助于我们从更深层次的视角来理解、把握日本的联合国外交及对外政策，并能够挖掘出日本联合国外交中的深层次原因和哲学背景。

建构主义强调观念在理论建构中的作用，其理论框架包含以下两条原则：第一，国际社会和人类关系的结构主要由共同观念决定，而不是由物质力量决定的。第二，行为体都是有目的的，这种认同和利益也是由这些共同观念建构而成的。[1]从以上两点可以得出这样的结论，建构主义理论强调的是社会建构对于国际关系和国家行为的影响，这也是其主要特点。此外，从建构主义视角分析战后日本的联合国外交，有必要对建构主义的几个主要概念进行界定。

1. 建构主义的文化概念

日本文化模式的价值精神赋予日本特定的民族性格和文化心理，它们共同影响着日本的外交。"每个民族国家的统治、外交政策的制定与实施，都是在一定文化背景中发生的，因而与该民族的思维方式、行为方式、文化心理以及国民性有密切关系。"[2]对于"文化"一词的定义，学术界存在不同的观点。按照人类学家克罗伯（A. L. Kroeber）和克拉克洪（C. Kluckhohn）的统计，有关文化的定义达到了 161 种之多。[3]冷战结束之后，在国际政治研究

---

① ［美］亚历山大·温特：《国际政治的社会理论》，秦亚青译，上海人民出版社 2000 年版，第1 页。

② 尚会鹏、刘曙琴：《文化与日本外交》，《日本学刊》2003 年第 3 期。

③ 1952 年人类学家克罗伯和克拉克洪的《文化：关于概念和定义》一书列举了从 1871 年到 1951 年 80 年间对文化的定义，总计有 161 种。转引自张广智、张广勇：《史学：文化中的文化——文化视野中的西方史学》，浙江人民出版社 1990 年版，第 1—2 页。

中，文化在理论研究中的作用和地位进一步凸显。按照美国学者塞缪尔·亨廷顿（Samuel P. Huntington）的观点，全球政治已经演变成为文明的政治，国家的利益、联合与对抗在很大程度上受到文化的共性和差异的影响。①建构主义学者温特（Alexander Wendt）根据国际政治理论建构的需要，将文化这一定义加以改造，他认为在国际关系理论中，文化就是指政治文化，文化的具体形式包括规范、规则、制度等。②

新现实主义认为，外界因素不会影响国家行为体的特征，因为这种特征不是社会的构成，而是国家所固有的。而建构主义认为，文化既可以影响国家行为的各种动机，也能影响国家的基本特征即国家认同。国内政治和国际政治不是封闭在各自的范围之内的，而是有机联系的，"国内政治的变化可以改变国际体系"③。建构主义认为在国家的战略中存在"战略文化"，这种战略文化是构成国家对外战略的一个重要组成部分。在日本的联合国外交实践中，可以说正是日本国内的政治文化导致日本作出了不同的外交策略，从而影响日本的联合国外交行为。

温特认为，"两新"理论坚持物质主义本体论从根本上来说是不正确的，建构主义的文化强调的是狭义上的文化，国际关系的本质特征是理念主义，而不是物质的。温特强调用文化体系结构分析国际关系的现实，以此来强调其理论是科学的，他将文化结构从层次上分为宏观层次和微观层次两种，整个体系的结构就是宏观层次，具体的成员之间互动而产生的结构就是微观结构。温特认为，在国际社会，两个成员相遇并交往后，在两个成员之间会形成关于彼此的共同的观念，这样就形成一种文化，以温特为代表的建构主义学者认为，文化结构是由施动者建构的。

① [美] 塞缪尔·亨廷顿：《文明的冲突与世界秩序的重建》，周琪等译，新华出版社 2010 年版，第 6—7 页。
② [美] 亚历山大·温特：《国际政治的社会理论》，秦亚青译，上海人民出版社 2000 年版，第 181 页。
③ Rey Koslowski and Fridrich Kratochwil, "Understanding Change in International Politics: The Sovirt Empire Demise and the International System," *International Organization*, Vol. 48, No. 2, 1994.

建构主义认为，所谓的文化结构是指国际关系行为体的共有知识或共有观念，这种共有知识或共有观念是在社会互动实践过程中形成的。共有观念的产生来源于国际关系行为体的私有观念，共有观念是私有观念互动的结果，这种共有观念一旦形成之后，就具有相对稳定的特征。按照建构主义学者的观点，这种共有观念就是所谓的文化，而文化是不能被还原至私有观念的。温特认为，不同的社会实践活动会产生不同特质的文化结构，会在不同的社会实践活动中产生，这种社会活动的层面也不一致。

首先，在国际体系层面。国家利益的文化结构是由国家和国际体系、国际制度和国际规范等社会性因素相互作用产生的，这些因素从层次上来说是属于国际层面的。其次，在行为体内部层面。国家作为一个独立的行为体，在与不同层次的行为体互动实践时，在国内层面上，国家内部的不同利益集团之间也在进行文化结构的建构。比如，有的学者对战略文化进行实证研究的结果表明，在一国内部产生的文化会形成观念，并可以指导行为。最后，在行为体间层面。行为体之间的互动主体至少有两个。在两个没有交往的行为体中是不会产生共有观念的。在互动实践中，观念通过行为体初始行为和互应机制的作用下产生，当两个行为体开始共同拥有这些观念时，文化结构即随之产生。反之，行为体也会从这些形成的共有观念出发，通过界定自身的利益和身份，赋予行为以意义。举例来说，如果行为体认为对方是敌对的一方，那么行为体的这种观念会助其确定利益和身份。

我们强调文化对外交的重要性，绝不是否认经济、政治、军事等其他因素对外交的作用，实际上文化价值观念很少单独发挥作用，几乎总是和其他变量一起发挥作用的。日本战后经济外交的提出与实践，也是带有鲜明的文化特色的。日本在实现经济大国目标的过程中，先后提出了诸如"赔偿外交""援助外交""多边经济外交"等众多的经济外交课题，日本用经济手段实现"经济利益"目标是非常具体的，随着日本经济实力的增强，又提出了实现政治大国的目标，与日本的文化同样有着深刻的联系。

按照建构主义的观点，文化对外交的影响主要表现在文化是国家制定外交政策的主要依据之一。国家外交政策的确定，要受到其文化背景和价值观的影响，文化不仅影响一国的对外政策，而且影响外交政策的手段、方式等。了解一个国家的文化，可以更好地理解这个国家的对外政策。反映在日本联合国外交上，从 20 世纪 80 年代开始，日本提出谋求政治大国地位的战略目标，除了经济等因素之外，文化因素也是重要的原因之一。由于独特的地缘环境和历史进程，日本民族的文化心理表现为极端对立的两个方面，一是民族自大心理，二是在民族自大心理的背后，始终怀着深深的自卑。这种矛盾的文化心理，以及由此形成的民族性格，对日本谋求政治大国地位也产生了重大影响。一方面，自大的心理使日本民族坚信自己能够也应该成为"强国"；另一方面，自卑心理又进一步刺激了其成为"强国"的渴望。

此外，近年来日本右倾化倾向明显，尤其是安倍政权上台以来，提出了"价值观外交"，不断谋求修改和平宪法，解禁集体自卫权，企图否定侵略历史，重新发展军事力量。日本克服以往过于依赖物质性权力来界定国家权力的物质主义和简单化倾向，越发重视文化吸引力、意识形态或价值观念感召力等这些抽象和非物质性的权力因素，正是建构主义理论所解释的。

2. 建构主义的身份概念

在日本的联合国外交中，日本对自身身份的定位可以说是其开展联合国外交的基本出发点和立足点。建构主义认为，身份可能有两种内容，一种内容指的是行为体是谁，一种内容指的是指行为体是什么。从国际体系的角度来定义的话，国家身份是在国家互动实践的过程中建构的，属于国家身份的外在层面。国家实践与国家身份之间不存在互动关系，或者可以说国家身份的国内建构被搁置起来。在国际层面，国家与国家之间的关系会不断定位，在不同领域和层次表现出来的状态不同，有可能是敌人、朋友或者非敌非友的状态，这种不同的状态和角色会存在不同的国家利益，受之影响国家会采取不同的行为。

建构主义认为，身份决定利益，利益是指行为体的需求。在国际政治中身份和利益是共同起作用的。行为的解释决不能仅仅依靠身份本身，因为"存在（身份）和需要（利益）毕竟不是一回事"。解释行为也不能仅仅依靠利益，行为除了可以借助利益来解释其动机之外，还要根据不同的环境对利益进行认识，并剖析这种行为产生的根源。建构主义认为，要在第一阶段首先打破原来的关于身份的认识，在打破这种认识之后，第二阶段重新审视和重建自我与他者之间的关系和观念，在此基础上才能重新审视维持原来观念的互动结构是否合理。建构主义的这种思维方式为第三阶段的重新实践铺平了道路。旧的身份是在与其他的行为体互动联系之中产生和维护下来的，因此仅仅对自我和他者的观念进行重新思考是远远不够的，为了改变自我，就需要在互动实践中经常性地改变以帮助维持互动体系的他者们的身份和利益。

为了实现这一目的，需要行为体采取行动，自我表现，并扮演其所想要扮演的新角色，以引导他者重新看待自己的身份，并进而让他者也可以加入到自我改变的努力过程之中。最终，如果这些实践行为不被他者接受，或者还不能改变原有的竞争安全体系，会导致自我处于不利的地位，且很快面临枯萎死亡。建构主义认为，假如要改变这种竞争性身份，必须得到他者的回报和认同赏识，这种结果会激励自我产生更多的实践活动。总之，按照上述逻辑循环反复，在自我和他者之间，就会对安全有一个正面的身份界定，这种界定最终会达到机制化的结果。

在日本的联合国外交过程中，日本的身份定位对其外交行为有着非常大的影响。这也是日本在国际关系实践过程中产生的，日本一方面从地理位置上定位于亚洲国家，但是长期以来日本又以西方国家自居，这种身份认同的矛盾在联合国外交中也得到体现。冷战时期，日本在自身身份的建构上难以摆脱对美国的依附地位，就此而言，日本的国家身份始终没有发生积极的变化，这种身份定位决定了日本对外合作空间的局限性，也使日本难以独自在国际舞台上发挥应有的作用。随着日本实力的增强，特别是冷战结束以后，国际体系文化处于转型之中。在这种背景下，日本历届内阁政府开始构建亚太地区均衡者身份，试图在摆脱对美国强权的依附和追求自主方面寻求一种平衡。日本欲求在国际上发挥更大作用，特别是小泽一郎提出"普通国家"目标，日本实现了向海外派兵的突破，追求与美国的"对等伙伴"关系，体现了日本力争摆脱对美国的依附，追求自身的主体性。但是，日本难以彻底摆脱对美国的依附关系，有时反而进一步强化。事实上，要想在日美同盟和独立自主外交之间保持"均衡"绝非易事。日本的这种身份认同矛盾，也给日本的联合国外交实践带来了不良后果，日本难以得到亚洲国家的普遍认同，美国对日本外交的摇摆不定也从一定程度上损害了同盟关系。

3. 建构主义的认同概念

"认同"这一概念也是建构主义理论的核心概念之一，其最初来源于社会心理学。认同是指行为体具有的和展示出来的外在的个性特征和区别性形象，这种个性是通过与"他者"的关系形成的。温特提出两种不同的认同类型：整体认同和社会认同。①整体认同强调的是行为体与其他行为体的区别，是构成行为体个体化的内在本质，如行为体的物质资源、知识、信仰价值和经历等。社会认同是行为体在一定的社会环境中，看待其他的行为体时赋予自身的一组含义，通过这种观念明确自身的身份或自我定位。

新现实主义认为行为体之间的合作和信任受到国际政治的无政府状态的制约而难以实现，因此行为体在处理问题时从自身利益出发，奉行自助原则。建构主义认为，国家利益处于不断变化之中，行为体要以自身的需要去确认自己的国家利益。"分析国际政治的社会建构，就是要分析互动过程如何产生和再生产出影响行为体认同和利益的诸多社会结构——合作性的或冲突性的。"②"认同是利益的基础"③，因此，加深对利益构成的理解，有助于我们解释理性主义忽视和误解的国际现象。

但是，认同可以产生行为特征或者动机，是有意图行为体的一种属性，同时认同也根植于行为体的自我领悟。一个国家在国际社会中与其他行为体互动的最初就有自己的身份，认同属于国家身份的内在层面，也来源于国家内部建构。假如一国发生了政权更迭、战争或者体制机制的改革等变化，这种变化都会引发权力结构的重新分配，在权力再分配中获得权力的一方会把

---

① Alexander Wendt, "Collective Identity Formation and the International State," *American Political Science Review*, Vol.88, No.2, 1994.

② Alexander Wendt, "Constructing International Politics," *International Security*, Vol.20, No.1, 1995, p.81.

③ Alexander Wendt, "Anarchy is What States Make of It: The Social Construction of Power Politics," *International Organization*, Vol.46, No.2, 1992.

自身的观念和认同通过制度化的方式，强加到社会结构和法律政治之中。一旦这种强加的文化被沉淀下来直到成为一种社会事实，便会对国家的行为产生非常大的影响。国内和国际两个层次的结合形成整体的国家身份认同，并直接影响国家对外政策的施行。

在日本对自身角色认同发生变化的过程中，日本联合国外交也随之跌宕起伏，这有力地证明了建构主义学者提出的身份决定利益，利益决定行为的逻辑。战后日本联合国外交受到日本身份认同的影响，由于日本在身份认同上存在着模糊性特点，这样就容易使日本比较难以确定自身的国际定位，从而难以制定目标长远的国家发展战略，而且随机应变的机会主义性格尽管具有灵活机动顺应时势的优点，但不免在国家决策过程中呈现摇摆不定、前后矛盾、顾此失彼之弊，从而破坏自身的国家形象和声誉。日本如果要在国际社会中发挥重要作用，确实有必要对自身身份认同进行重新界定和反思，才能在联合国外交中有所作为。

国家之间主体的差异会使国家形成自身角色的认同。日本外务省认为："人、资金和政治作用这三位一体的国际贡献是日本成为大国的条件。"外务省前外务次官栗山尚一称，日本应事先从中小国家外交向大国外交过渡。这些观点体现了日本国内对角色认同转变的倾向，经济实力的强大是其认同转变的导线。国际层面，日本与周边国家极不相称的经济实力对比也促进了这一转变。与此同时，这一转变的外在表现就是对外交政策的调整。表现在联合国外交上，日本也不断对其进行调整。

4. 建构主义的利益概念

研究日本的联合国外交，利益是一个不可忽略的方面。现实主义和新自由制度主义的利益观对我们分析和研究日本的联合国外交提供了不可或缺的视角。新现实主义修正了摩根索权力中心的国家利益说，认为国家利益的核心是安全，其形成的根本原因是国际社会的客观条件。新现实主义认为，国际体系的永恒状态是处于无政府状态，这是国际社会的客观条件。从这个意义上来说，新现实主义认为，国际体系的无政府状态决定了国家利益和国家安全，新现实主义对国家利益的解读可以说是一种最简约的利益理论，在新现实主义的利益观中，观念的作用被完全排除在外，对国家利益的形成不发生任何影响。

新自由制度主义在认识国家利益上采取了相对折中的看法，强调观念因素在国际政治中的作用，国际制度和国际规范等都属于非物质因素且已经进入了观念范畴。但是，新自由制度主义在实践中往往将客观因素与观念因素共同作为影响国际关系现实的原因性变量。综上所述，新自由制度主义国家利益观认为，国家利益受到客观条件和观念共同作用的影响。同新现实主义相比，新自由制度主义等于在原有的利益模式上附加了一个变量即观念因素，新自由制度主义由此用建构起来的利益观解释原来仅仅依靠所谓的客观现实无法解释国家行为的现象，比如用新自由制度主义可以很好地解释国家之间的合作行为。

不同于上述理论，建构主义对利益作出了不同的解释，建构主义认为，"利益是通过社会相互作用而建构成的"[1]，国家利益处于不断变化之中。建构主义认为，国家利益是社会性建构的产品，在建构主义理论看来，国际体系的无政府状态不是给定因素，国家利益同样如此，也是社会性建构起来的，"利益不是存在在那里等待被发现，而是通过社会互动建构起来的"[2]。

在日本的联合国外交实践中，日本国家行为体由于观念变化导致其国家身份发生变化；国家身份的变化又导致国家利益发生改变；一旦国家利益改变，在此基础上，由于国家行为是由国家利益决定的，因此国家在确立了自我认同和自我身份后，才能确认国家利益。并且由于国际社会互动实践的结果是会产生变化的，因此也导致日本的国家利益也会处于不断变化之中，日本联合国外交所要实现的国家利益也会有所不同。

战后初期，日本的国家利益是尽快恢复经济，回归国际社会，经过十几年的高速发展，日本实现了经济大国地位。随着经济实力的增强，日本将自

---

① Peter Katzenstein, "Introduction: Alternative Perspectives On National Security," in Peter Katzenstein (ed.), *The Culture of National Security: Norms and Identity in World Politics*, Columbia University Press, 1996, p.2.

② Martha Finnemore, *National Interests in International Society*, Cornell University Press, 1996, p.2.

身的利益与世界其他国家包括联合国联系在一起，同时将追求国家利益与追求政治大国的国际形象相关联。有学者把国家利益分为独立、生存、经济财富和集体自尊。①20 世纪 80 年代前日本的联合国外交主要围绕着经济利益展开，80 年代以后的联合国外交可以说是在追求经济利益的同时还注重集体自尊，或者说是为了提高日本的国际形象。这一需求既是日本实力增强后国家利益的必然要求，也是日本政治大国目标的必然选择。日本的联合国外交是以国家利益为依据、以实现国家利益为目标，并以是否实现了国家利益作为判断对外政策成功与否的标准。20 世纪 90 年代末以来日本的联合国外交政策和行为反映了日本对国家利益认识的变化。而日本国家利益的新认识是在主客观因素、内部与外部因素共同作用下日本国家身份转变的结果。

5. 外交行为

按照建构主义的观点，认同和利益是由社会关系构建起来的，而实现认同和利益相结合，途径主要有三种。②"社会规范的一个重要特征就是他们创造出行为模式。"③当构成国际体系的规范发生变化时，国际体系也会随之发生基本变化，无论这种规范的改变是一部分或者全部。④建构主义认为，社会法则、规范、认同等因素，同物质现实一样，对决定行为体的行为同样重要，也同样会发生影响。⑤

角色身份作为一种行为体身份，在很大程度上存在于社会关系之中，角

---

① [美] 亚历山大·温特：《国际政治的社会理论》，秦亚青译，上海人民出版社 2000 年版，第 292—297 页。

② 即通过主权实体的演变，通过渐进式的合作，通过国际努力变"利己的认同"为"集体的认同"。Eric Ringmer, "Alexander Wendt: A Social Scientist Struggling With History," in Iver Neumann and Ole Waver (eds.), *The Future of International Relations: Masters in the Making*, Routledge, 1997, p.98.

③ Martha Finnemore, *National Interests in International Society*, Cornell University Press, 1996, p.12.

④ Rey Koslowski and Friedrich Kratochwil, "Understanding Change in International Politics: The Soviet Empire Demise and the International System," *International Organization*, Vol. 48, No.2, 1994.

⑤ Martha Finnemore, *National Interests in International Society*, Cornell University Press, 1996, p.128.

色身份是由外在结构即观念、文化等建构的。角色身份是行为体在与他者互动联系中形成的，是一种对自我的定义，换句话说，角色身份是通过他者对自我的认识和与他者比较之后认识自我的一个过程。角色身份不是基于内在的属性，而只能存在于和他者的关系中。"他们只有在社会结构中占据一个位置，并以符合行为规范的方式与具有反向身份的人互动，才能具有这种身份。"（角色身份）[①] 按照建构主义的观点，三种不同的文化状态下，国家的外交行为也是不同的。

霍布斯文化结构下，国家间充满敌意，处于敌对状态。这样的认同意味着，行为体的行为原则可以没有限制地使用暴力，不承认他者作为自由主体存在的权力。这种文化结构的基本行为取向为，首先，行为体想方设法消灭、摧毁或者改变对手；其次，行为体之间充满着敌意，往往用最坏的思维考虑对手；再次，军事方式的采用变得非常重要，是能够最终起作用的唯一手段；最后，假如战争爆发，要采取先发制人的方式，无限使用暴力，摧毁或消灭敌人。一旦互相之间的敌意成为行为体间的主导，"每个人反对每个人"[②]的关系模式就会产生。在日本联合国外交中，由于受到冷战因素的影响，日本采取追随美国的态度，在中华人民共和国恢复联合国合法席位问题上，一直采取阻挠态度。

洛克文化结构下，行为体间是竞争关系，而不是敌对状态。在这种状态下，武力由于受到主权结构的限制而不被经常使用，行为体竞争的前提是互相尊重对方的生存权。在洛克文化结构中，"生存和允许生存"的理念取代了霍布斯文化中想方设法剥夺和统治对方的念头。国家行为体之间的关系既有竞争又有合作，双方在竞争中合作，双方生存的理由不是以消灭对方为前提的。洛克文化是一种文明社会中行为体的对抗，而霍布斯文化是一种自然状态下视对方为敌的暴力。在经历20世纪90年代的经济泡沫后，日本经济进入持续衰退期，经济增长低迷、通货紧缩逐步加深，而中国经济实力已经

---

① ［美］亚历山大·温特：《国际政治的社会理论》，秦亚青译，上海人民出版社2000年版，第285页。

② 同上书，第328页。

超过日本，位居世界第二。在国际层面，因中日实力对比的变化，日本失去了在东亚的经济优势。为了防止中国崛起引起东亚的权力变更，日本更是鼓吹"中国威胁论"，作为遏制中国的重要手段，也成为日本凝聚社会共识、打击国内和平主义思潮和调动各种政治力量突破和平宪法体制约束的最重要的"外在因素"。

康德文化既不同于霍布斯文化，也不同于洛克文化，其核心内容是友谊。在霍布斯文化和洛克文化中，形成的都是国际社会的无政府自助体系。洛克文化在对待暴力使用上与两者存在本质差异，并构建了合作关系，但是这种合作的基础也是自助状态下产生的。康德文化认为双方是朋友关系，行为体之间是非暴力的，是互助关系，这是其根本特征。当行为体面对矛盾和问题时，相互之间不使用暴力或者战争等方式来解决问题，当其中的一方受到双方以外的第三方威胁时，会采取互助手段。①反映在日本的联合国外交上，日美同盟是日本联合国外交的首要支柱，尤其是战后初期，日本几乎完全追随美国，更是这种文化的集中反映。

综上所述，在三种文化中，霍布斯文化建构的是集体认同，这种关系是敌我关系，因而行为体之间的关系是你死我活的敌对关系；洛克文化结构中各国有限制地使用暴力，竞争是有限的，国家不再视对方为敌人，而是在互相尊重主权的前提下开展竞争；康德文化结构中合作的性质是他助式的，国家之间是非暴力的集体认同，因而不会以武力来解决问题。但是，温特的建构主义仍无法摆脱"理想的成分"，温特从社会学、哲学等领域寻求理论工具，登上"文化之船"，以建构主义为双桨，驶向真理之彼岸。②按照温特建构主义的观点，一旦脱离了国家赋予的意义，无政府状态就会完全丧失其实际意义，强权政治并不是无政府状态的本质属性，只是行为体之间关系演变

---

① ［美］亚历山大·温特：《国际政治的社会理论》，秦亚青译，上海人民出版社 2000 年版，第372 页。

② Yesef Lapid, "Culture's Ship: Returns and Departure in International Relations Theory," in Yesef Lapid and Friedrich Kratochwill (eds.), *The Return of Culture and Identity in International Relations Theory*, Lynne Rienne Publisher, 1997, pp.13—15.

的一种可能，因此原则上转变强权政治的可能性并未被排除。①

三、建构主义与"两新"理论的区别

关于建构主义究竟如何构筑它的理论框架，通过对比其与新现实主义和新自由制度主义的差异，就可以看出，建构主义与传统的主流理论是存在不同的。杰弗里·切克尔指出，建构主义对新现实主义和新自由主义的批判主要不在于后者主张什么，而在于他们忽视了什么。"两新"忽视的世界政治中社会文化结构正是建构主义所强调的。②

在研究日本的联合国外交时，"两新"理论的物质性观点和建构主义的非物质性研究方法都为我们提供了不同的研究视角。从本体论来看，传统的"两新"理论都属于理性主义的范畴。新现实主义认为，国家是理性的行为体，国家的本质是利己的、单一的，国家的内部因素完全决定了国家的身份和利益。基欧汉也认为国家行为体是理性主义的假定，虽然之前他也曾站在肯定多元国际行为体的观点和立场。建构主义认为，国际社会中行为体的行为不仅受到国际政治的社会性建构影响，行为体的身份和利益更受到这种建构的影响。③从世界观来看，"两新"理论都不承认观念有任何实质性的意义，而承认国际政治的物质主义理论。新现实主义认为，国际体系结构也是物质力量在国际体系中的分配状态，新自由主义认为的制度从表面看虽然具有非物质的特征，但是制度的作用是由其能够提供的物质回报决定的。

按照"两新"理论的观点，日本联合国外交很大程度上是受到物质性因素的影响和制约。建构主义不同于新现实主义和新自由主义的观点，并不否认物质是客观存在的，但是建构主义反对单纯的物质主义观点，主张在解释国际关系现象和行为体关系时，不能把物质作为最重要和唯一的原因。在日本联合国外交实践过程中，建构主义的观点可以很好地解释日本联合国外交

---

① Alexander Wendt, "Anarchy Is What States Make of It: the Social Construction of Power Politics," *International Organization*, 1992; "Collective Identity Formation and the International State," *American Political Science Review*, No.2, 1994.

② Jeffrey Checkle, "The Constructive Turn in International Relations Theory," *World Politics*, Vol.50, 1998.

③ 李颖：《西方建构主义国际关系理论评介》，《国际政治研究》2002年第4期。

新现实主义、新自由制度主义和建构主义的主要异同点①

争论的范式	新现实主义	新自由制度主义	建构主义
主要理论观点	国家追求自身利益，为权力和安全而进行无休止的竞争	关注与经济和政治因素有关的权力，追求发展富裕，促进自由价值	国家行为由思想信念、集体规范和社会认同决定
主要分析单位	国家	国家	个人（尤其是精英集团）
主要研究手段	经济实力，特别是军事实力	价值取向（国际制度、经济交流、扩展民主）	思想和对话
对冷战后的预测	再次出现公开的大国竞争	随着自由价值、自由市场和国际制度的发展，合作会得到加强	不可知论，因为难以确定思想信念的变化
主要局限	未能说明国际变化	过于忽视权力的作用	描述过去比预测未来更强

行为转变的原因。建构主义认为权力主要是由观念和文化建构起来的，利益分配在很大程度上建构了权力分配的意义，而观念又在很大程度上建构了利益的内容。也就是说，正因为是观念发生变化，而导致权力和利益在实际中具有的作用发生变化。

无论是新现实主义还是新自由制度主义，都假定国际关系的事实可以通过自然科学的方法进行描述和揭示，并且也承认国际关系存在这样一个客观事实，两者都是建立在实证主义的基础上的。而建构主义与此不同，认为外在的自然和客观的国际关系现实是不存在的，国际关系只是角色和结构之间相互起作用的结果。建构主义十分重视角色和结构之间的互相建构的关系，反对传统的新现实主义和新自由制度主义的实证主义哲学观，反对将角色和结构割裂开来。建构主义认为，角色是结构根据利益和认同构建起来的，同时结构也被广泛的社会实践所改变和再造。建构主义认为，相反角色不一定会对结构作出回应并产生影响，结构不是具体的物化的形态，角色也不是无法对它发生作用的。

在研究战后日本联合国外交时，比较"两新"理论和建构主义，虽然三者均采用科学实证主义认识论，但在解释模式上存在差异，"两新"理论采

---

① Stephen Walf, "International Relations, One World, Many Theories," *Foreign Policy*, 1998.

用的是归纳性模式，建构主义采用的是个性化模式。归纳模式是一种偶然中存在必然性的解释，只是研究者将其视为一类事物的例子之一。个性化模式则是指通过详尽描述导致该事件发生的前后的一系列情况来解释某一个事件。个性化解释与归纳化解释一样，也必须根据客观规律，但是个性化解释依据的不是整体规律，而是部分规律，即每一个阶段中的规律，在个性化解释看来，不存在一个能够解释全过程的整体规律。归纳化解释和个性化解释都是实证主义，但两者设置了不同的问题。

在分析日本的联合国外交时，建构主义的"角色认知"理论为研究日本联合国外交提供了新的思路。日本联合国外交的实质也就是日本的国家身份再定义，围绕联合国外交展开的行动也说明了互助性共识和价值观的碰撞。因此，分析日本"角色认知"的演变及未来可能的趋势，对研究未来日本的联合国外交走向是具有决定意义的。由此可见，与传统的国际关系理论不同的是，建构主义将角色认知的概念引入到国际关系理论的研究视野中，开拓了一条与传统的主流国际关系理论不同的研究方法和研究思路，初步展示出其构建国际关系新理论的"令人敬畏的潜力"。[1]

第三节　国际关系理论与日本的联合国外交

毋庸讳言，国际关系理论的现实主义范式和自由主义范式之所以能够长盛不衰，是因为它们对许多问题具有极强的解释力，但国际政治的现实中充满了许多偶然因素和非理性因素，使得任何理性主义的视角都不足以充分地解释联合国外交这一概念。当身份和利益在互动期间不会变化时，理性主义模式会充分发挥其作用；但是当我们有理由认为身份和利益会发生变化的时候，建构主义模式就是十分有用的模式。正是基于这样的理解，本书也尝试用国际关系理论的建构主义范式来探讨战后日本联合国外交的演变。

---

[1] Ole Wever, "Figurea of IR Thoughts: Introducing Persons instead of Paradigms," in Iver B. Benbaum & Ole Wever (eds), *The Future of International Relations*, London, UK: Routelege, 1997, p.25.

从理论上讲，国家的外交关系，跟国家或者民族的文化价值观是相符的，外交政策是一个国家的国家利益的反映，也在很大程度上体现了国家对于国家整体利益的追求。按照新现实主义和新自由制度主义对国家利益和国际合作的解释，同一个国家在对外交往中采取何种利益，与本国在国际体系结构中处于何种地位也有关系，在国家间交往中，既有竞争，也存在合作，两者之间可以相互转化。以上理论在解释战后日本联合国外交方面均可以找到理论支撑。究竟是何种因素影响了日本的联合国外交？为什么会产生这种影响？具体产生了什么样的影响？这些都有必要在研究中加以把握和分析。

一、文化结构与日本的联合国外交

文化与外交和国际关系之间存在着非常密切的关系，从历史上来看，任何国家的人都有着与本国共通的历史和相同的价值观，因此可以说，国家行为体本身也是一个文化的组织，国家行为体采取的外交行为和相关联的外交关系，也必然存在与文化相关的因素。从这个意义上来说，文化因素是外交的基础之一。①国家与国家之间的交往，如果要从文化的视角加以研究的话，重点在于揭示国家行为体采取的外交行为背后隐藏的文化因素是什么。

同时也要看到，研究国与国之间的关系，如果完全利用"文化理解"来解释的话是不可以的。因为每个国家采取何种外交政策，首先必须考虑的因素是国家自身的利益和安全，要想超越这种对自身利益的追求是有难度的。但是，一个国家采取何种外交政策，以及采取某一种具体的外交行动时，与这个国家行为体的文化、心理、行为、思想、民族性和国民性有着密切的关系。研究上述这些内容有助于我们消除对国家行为体的误解和偏见，因为存在文化差异导致国家之间建立建设性关系之时存在着阻碍因素，研究文化因素有利于我们对国际关系的把握和理解，也能够更准确预测在此基础上国家

---

① 王缉思认为，外交行为受领导人思想意识的支配，而领导人的外交思想不仅是在对外部环境长期作出反映的基础上形成的，也是本国家、本民族的政治文化、观念形态的反映。国际政治包含着不同国家利益的协调和冲突，也充满着不同思想原则的相互撞击。因此，研究一个国家特别是大国的外交政策，必须联系该国的政治传统、价值观念，以至于从广义上的文化来进行考察。参见王缉思：《美国外交思想传统与对华政策》，《美国研究参考资料》1989年第3期。

和外交的发展趋势如何，对我们作出长期预测将起到非常大的作用。日本文化从特征上来说非常鲜明，这些文化特征对日本的对外关系产生了非常大的影响，如果我们能够意识到这一点，将对我们分析和把握日本的外交行为，特别是分析日本联合国外交的发展趋势产生有利作用。

一个国家特定的地理环境能够影响国民的行为方式和性格，这主要体现在这个国家国民特定的生活方式、习俗和价值观上。一个国家的国民在与外部世界进行交流和交往的时候呈现的特点必然和该民族特有的行为方式和性格有着密切的联系。同理，日本民族文化也是受到日本特定的社会与自然环境的影响而形成的，从一定意义上来说，日本民族文化就是日本民族在特定的历史环境和社会文化结构中所从事的创造性活动及其产物的总和。对日本文化究竟该如何定义，学者有不同的见解，在众多的定义中，"菊"和"刀"并存这种特征的概括被各界广泛接受。美国学者鲁思·本尼迪克特（Ruth Benedict）在《菊与刀——日本文化诸模式》中，开篇就诠释了日本的民族特征。①

由于日本民族所处的环境长期比较稳定且相对来说比较封闭，因此导致其民族性相比其他民族也比较特殊。在日本民族看来，其他民族与日本民族之间存在着十分明显的界限。由于日本民族的这种观念，使其在长期的历史实践中自然形成了对本民族的强大凝聚力、向心力及亲和力，对其他外部民族持有"内外有别"的心理习惯，此外，还产生了强烈的民族本位意识以及孤独意识。在日本民族中，传统的观念非常重要，家族以家庭为中心的纵式的文化机构和社会结构，有力地加强了民族内部的向心力，也强化了日本民族重视实用轻视思辨的文化心理，培养了日本民族的创新精神，造就了一种"无常"的观念，而这种"无常"的生活理念，培养了日本民族良好的应变能力。日本民族性的形成过程可谓十分复杂，其中的观念和能力的长期演变

① 他说："日本人是既生性好斗而又温和谦让；既穷兵黩武而又崇尚美感；既桀骜自大而又彬彬有礼；既顽固不化而又能伸能屈；既驯服而又不愿受人摆布；既忠贞而又心存叛逆；既勇敢而又懦弱；既保守而又敢于接受新的生活方式。菊和刀正好象征了这种矛盾。"参见鲁思·本尼迪克特：《菊与刀——日本文化诸模式》，吕万和等译，商务印书馆 2003 年版，第 2 页。

和交叉影响，造就了日本民族自我否定意识的产生，以及对新鲜事物的强大接受能力，和忠诚于传统价值观念等。

回顾战后日本的联合国外交，可以说是一部日本从二战中战败投降走向经济复兴乃至经济大国，从被国际社会冷落到重新加入国际社会并发挥重大影响的历史。二战中日本发动了一场不义之战而最终遭遇惨败，日本在战后的废墟中谋求发展；在战后的不利环境中，日本抓住日美同盟的机遇避免了遭受更大的损失；战后美苏两极格局的形成，使日本不得不选择在当时最有利于自身发展的方向；如何摆脱"战败国"的标签，最大化地追求国家利益，日本使出了浑身解数；在发展处处受到限制的国际舞台上，日本加入了联合国、国际货币基金组织、世界银行等国际机构，迅速实现了回归国际社会，步步为营，拓展了自身生存的国际空间。经历半个多世纪，战后日本联合国外交可谓曲折跌宕，在研究这个课题的过程中，可以发现日本文化的影响是多方面、多层次的，在日本文化中，价值观和对外意识对日本联合国外交的影响值得分析。

从地理位置来看，日本是一个岛国，这种特殊的地理位置导致日本在历史上很少采用"一边倒"的外交行为，日本特殊的区位环境使其面对强者时，往往采用借鉴和模仿的方式，将强者的形象"理想化"。但是，二战结束之后，日本却"一边倒"地转向了美国，从心理学角度分析，日本之所以采取这种策略从根源上探究，来源于日本民族强烈的不安全感。所以日本采取了加入联合国并努力在其中发挥重要作用，以此改变过去侵略者的形象，迫切希望得到国际社会的承认和接纳，这种方式可以说是在短期内重返国际社会的最佳手段。从当时的日本现实来看，战后初期日本就确立了这种外交策略，并作为一个重要的目标来制定，1946年日本外务省出台《参加联合国问题》的内部文件，在文件中日本正式确立加入联合国的计划，并列举加入联合国在安全、经济等方面的好处。

可以说，日本的民族性在战后日本的外交政策上可以找到缩影。日本在二战中惨败的教训使日本意识到，通过对外侵略和对外扩张成为大国地位的方式是错误的，战后国内的残酷状况也使日本人深切感悟到由于自身的错误导致日本处于国际政治秩序的下位。面对战后的这种国内外环境，日本选择了与美国媾和，1946 年 11 月 3 日颁布的《日本国宪法》确立了战后日本国家的走向和建设目标。宪法最大的贡献就是打破了天皇的绝对权威，宪法提出了国民主权、尊重基本人权、和平主义等基本原则。

战后，日本迅速恢复实力，重返国际社会，从过去的法西斯国家变为联合国的成员国，拓展了自己的外交空间，重新获得在国际社会中的发言权，日本加入联合国不久就当选为联合国非常任理事国，这些变化的背后有多重影响因素，在所有的因素中最重要的是因为日本所处的环境发生了改变。同时，日本民族性中固有的文化属性对日本战后的外交政策也产生了影响，尤其是在日本入联过程中得到了体现。日本民族性中的"上位"理念使日本在遇到苦难和挫折时能够根据国际局势的变化对策略不断进行调整，在现实中，日本的大国主义志向与国际地位现实的矛盾也是一条始终贯穿联合国外交的主线，对日本在联合国中地位变化有非常大的影响和制约作用。

二、国家身份与日本的外交行为

按照温特的建构主义观点，身份可以产生行为特征或者动机，从根本上说是一种主体或国内层次的特征。身份指代社会行为体的自我同一性和个性，身份有四种分类：个人或团体身份、类属身份、角色身份、集体身份。[①]二战结束以来，日本在国际身份认同上处于模糊的状态，这是因为其受到历史原因和内外因素的共同影响，陷入了对国际国内环境的困境之中，这也在很大程度上影响了日本的联合国外交，对日本在联合国开展的外交行为的效果也产生了阻碍。

1. 对主权的认同

战后，日本与美国媾和并缔结了"旧金山和约"，从法律上确立了国际社会对日本主权的承认，也确立了与其他成员国之间的关系。在主权认同方面，日本一方面追求国家的完整主权，但是面对当时的国内外形势又容忍主权部分缺失。因为日本无法摆脱对美国的依附关系，虽然努力想改变现状，

---

① ［美］亚历山大·温特：《国际政治的社会理论》，秦亚青译，上海人民出版社 2000 年版，第282 页。

但是心有余而力不足，只好与美国缔结了安保条约，出让了一部分主权，允许美军常驻日本并拥有部分治外法权。对日本的这种丧失主权换取一时利益的行为，国际社会也有质疑声，对日本是否具有一个独立主权国家的资格表示怀疑。澳大利亚学者麦科马克·加万（McCormack Gavan）曾发表《附庸国：美国怀抱中的日本》一文，对日美的关系进行剖析，认为日本要成为"远东的大不列颠"，处处满足美国的要求。在这种不平等关系中，日本"要忍受着仆从一般的待遇，发挥着自动取款机一般的作用"。①

2. 自我定位的认同

二战结束之后，日本继续坚持"脱亚入欧"策略，与美国结成盟国。对亚洲各国来说，日本是一个既近又远的邻居。日本在 20 世纪 50 年代提出的"外交三原则"中虽然提出了"坚持作为亚洲一员"的立场，但是日本实际上一直游离于亚洲各国之外。20 世纪 80 年代以来，随着东亚国家的兴起，国际格局发生改变，世界各国包括美国都将战略重点移向东亚地区。日本也出现了一种"回归"亚洲国家的呼声，多届内阁提出亚洲一体化建设方案，重新审视亚洲外交的策略。2006 年安倍晋三首次当选首相后，将中国和韩国作为首访国家，以显示其对亚洲国家的重视，之前日本当选首相多将欧美等国作为首访国。

同时也要看到，日本对回归亚洲是存在矛盾心理的，一方面，日本希望重新树立"亚洲一员"的形象，重新获得区域内国家的认同，参与亚洲一体化建设；另一方面，日本又很难做到与亚洲各国平等相处，因为日本从根本上来说很难割舍其"入欧"情结，尤其是日本不愿意因为离亚洲国家太近而损害日美同盟关系。在欧美和亚洲之间，日本妄图脚踏两条船，日本的外交纠结于"入欧"和"入亚"之间。日本采取的这种策略表面来看似乎可以取得利益最大化，但是有可能导致日本处于"双重边缘的位置"②，最后无论欧美还是亚洲国家都不会完全接受。日本如果要摆脱这种矛盾，目前看来似乎必须舍弃其一，但是这对于日本来说并非易事。

---

① 《"日本如小妾般看美国脸色"是自取其咎》，财新网，https://qiulin.blog.caixin.com/archives/49246，2012 年 11 月 25 日。

② 张景全：《国际体系与日本对外结盟》，《日本学刊》2005 年第 3 期。

3. 国际贡献的认同

战后日本经济迅速恢复，一度成为提供国际经济援助的最大国家，经济外交取得一定成效，特别是日本的这种经济援助得到了部分发展中国家的支持，表现在联合国外交中，支持日本当选为联合国安理会非常任理事国，或者支持日本在联合国中的提案建议等。但是，随着日本经济大国地位的确立，到了 20 世纪 80 年代，日本认为其目标定位不仅仅是捐钱的"捐客"，而应当在国际社会中发挥更大的作用，不能满足于过去享受国际社会和平的立场，日本要通过更多参与国际贡献，增强获得国际社会对其全方位认同的资本。

对其盟友美国来说，由于自身实力的相对下降和国际局势的变化，也希望日本不仅仅是承担过去的"小伙伴"的形象，而是要积极发挥自身的优势，帮助美国继续增强自己在全球范围的战略优势特别是军事上的优势地位。以此为背景，日本在海湾战争之后出台了 PKO 法（《协助联合国维持和平活动法》），多次参与联合国维持和平行动；9·11 事件以后，日本积极配合反恐战略，将军事力量派往世界各地，这引起国际社会特别是亚洲国家和地区的关注。安倍政权上台以后，日本积极研究如何解禁集体自卫权并制定向海外派兵的永久法案，日本妄图进一步加强自身"军事安全贡献者"的身份，力求在国际军事安全领域发挥更大的作用。

4. 国际地位的认同

在自身定位上，日本一直以来都将政治大国作为其追求的最重要的战略目标，可以说，日本一直有一个"大国梦"。明治维新之后，日本就多次想方设法成为世界大国和世界强国，先后多次发动战争，但是结果或止步于区域大国地位，或遭受惨痛失败。但是日本从没有放弃过成为世界大国的梦想。随着日本经济实力的增长，政治大国梦想再次被唤醒。到了 20 世纪 80 年代，中曾根内阁第一次提出成为"政治大国"的战略目标。90 年代之后，海部首相上台之后，日本又提出与美国全球秩序战略相呼应的国际新秩序构想。在联合国外交方面，日本先后三次向安理会常任理事国发起冲击，力图成为世界举足轻重的大国和强国。

战后日本在外交定位上，始终存在着成为世界大国的愿望，另一方面，似乎又存在着作为地区大国的现实之间的矛盾。尽管日本在战略目标的提法上极力掩饰自己的真实战略意图，但是日本追求世界大国的梦想从没有放弃过。从现实情况来看，日本虽然拥有世界第三的经济实力，但是日本在很多方面缺乏作为一个世界大国和世界强国的气质，尤其是因为其先天的地理位置、国土面积、人口资源、文化因素等，导致其很难成为真正的世界大国。

三、国家利益与日本的外交行为

国家利益是国际关系理论中的核心概念之一，国际关系理论的不同学派对国家利益有着不同的解读。"利益"一词源于拉丁语，意为"与人或事有关的，有影响的，重要的"。在汉语中"利益"的词义是"好处"，这样的解释高度概括，在任何情况下都能够应用。比如，在说到个人利益的时候，指的就是对个人有好处，在讲到国家利益的时候，就是指对国家有好处。

有关国家利益的概念，最早形成于欧洲，现代国家出现之后，由当时的法国黎塞留主教提出了国家至上理论。国家利益是国家行为的出发点和归宿。"没有永远的敌人，也没有永远的朋友，只有永恒的利益。"这句话高度概括了国家利益的重要性。因此，国家利益是国家采取何种外交政策和外交行为的最基本动因和根源，对国际关系的影响也是最为核心的要素，在国家与国家之间的关系中，是一国外交行为的最根本的驱动因素。纵观历史发展的长河，在国家成为国际社会行为体的各个时期，每个国家都十分重视国家利益的重要性，国家利益因其独特性和不可替代性的特征，一直处于国家外交考量的最重要位置。

西方国际关系理论流派对国家利益的概念作了不同的解读。现实主义大师摩根索曾经提出了国家利益的概念，他认为国家利益包括三个重要的方面：领土完整、国家主权和文化完整。现实主义认为国家最本质的问题是国家的生存问题，其余所有的方面都是次要的，如果国家连生存问题都不能保证，其余的追求都可以说是空中楼阁。新现实主义的代表人物华尔兹在分析了结构体系的特点之后，得出这样的结论：生存是国家唯一的利益。新自由制度主义的代表人物基欧汉持有不同的观点，他主张生存、独立和经济财富三种国家利益。

建构主义的代表人物温特认为，在这三种利益之外，还存在着第四种国家利益即集体自尊。按照建构主义的观点，国家利益不是给定的因素，而是社会建构出来的。建构主义认为，国家在社会化实践过程中，观念变化导致身份变化，身份变化使利益发生变化。建构主义认为，国家采取何种外交行为是由国家利益决定的，国家只有在国际体系中确定了自我身份或自我认同以后，才能相对地确定其利益的范围、数量和程度。①国家利益不是一成不变的，而是随着身份变化而变化。

在日本的联合国外交中，在国家层面文化因素的影响主要体现在两个方面。首先，文化影响国家身份和国家利益的界定。这里所说的身份和利益界定包括两个方面，一是指国家对自身利益和身份的认识，二是指国际关系行为体中的他者对身份和利益的界定。举例来说，中日两国由于受到不同的文化因素影响，中国受传统儒家文化的深远影响，在对国家自身身份界定和利益认同时与日本存在着非常大的差异，反映在联合国外交上，中日两国在联合国的外交行为方式也有所不同。从某种程度可以说，一个国家对联合国采取何种外交政策，都源于该国的观念，认为自身在世界处于何种位置，这种认识可以说深深扎根于本国的文化认同。其次，国家的外交政策存在着一定的偏好，这种偏好也是由国家的文化决定的。一个国家的文化建构了国家利益，而国家利益又是该国采取何种对外政策的依据和目标。从这个意义上来说，一个国家的外交政策也是这个国家文化传统在外交上的反映。日本在联合国采取何种外交策略，采取何种手段与他国建立外交关系等，除了要受到本国国家利益的影响之外，也受到本国文化和思维方式的影响。

就日本的联合国外交而言，可以分为冷战时期和冷战结束以后两个阶段来分析。在冷战期间特别是冷战初期，美国将联合国作为实现自身利益和与苏联争霸的工具，日本加入联合国后，在 1957 年提出了"以联合国为中心"的外交三原则，其意图就是追随美国的外交战略。日本在联合国采取完全追

---

① Martha Finnemore, *National Interests in International Society*, Ithaca NY: Cornell University Press, 1996, p.2.

随美国的战略，对中华人民共和国恢复在联合国的合法席位千方百计进行阻挠和破坏，压缩中国在联合国的生存空间。同时，日本采取的唯美国马首是瞻的外交姿态，也使日本得到了非常多的利益，美国对日本从政治、经济、军事等多方面加以保护和扶持，日本借美国的力量迅速恢复了实力，快速重返国际社会；日本在联合国的外交也使日本能够最大限度地发挥自身的影响力，在国际上日本也得到了一些国家的支持。

20 世纪 70 年代以后，日本参与联合国外交的深度和广度都有所增加，日本通过加大对联合国的经济援助，承担更多的联合国会费，参与在联合国框架内的裁军，争取在联合国重要岗位都有日本职员担任等方式，充分利用联合国的影响力发挥日本的作用，提高日本的国际形象和国际地位。综上所述，可以看出日本的联合国外交的出发点和归宿无不是为了最大限度地追求自身的国家利益。也正因为如此，在 20 世纪 70 年代的石油危机中，日本一改之前完全追随美国的外交战略，改变了原来的中东政策，迅速恢复了石油供应，这一点可以说明日本外交的根源也是为了追求国家利益，一旦国家利益受损，日本宁可损害日美同盟关系也要最大限度地实现国家利益。

冷战结束之后，国际形势发生巨大变化，日本的经济发展速度虽然放缓但是总量仍然高居世界前列，这一时期的日本联合国外交，可以明确地看出为日本的"政治大国"外交服务的痕迹。日本先后三次向安理会常任理事国席位发起冲击，这可以说是日本为了实现国家利益，在联合国外交行为的最集中体现，此外，日本还通过在联合国维持和平活动、联合国会费等多方面着手，谋求最大限度地发挥自身在国际社会的作用。

针对日本的联合国外交，本书主要分析三种基本的利益需求。首先，日本追求的政治利益需求，即"主权利益""安全利益"。战后日本为了实现政治大国的目标，在联合国采取了一系列政治手段，不断扩大自身的影响力，很大程度上改变了过去"战败国"的形象。其次，日本追求的经济利益需求，即"发展利益"。日本在实现政治利益的同时，通过经济外交、ODA 等一系列手段，最大限度地实现经济利益，快速成为世界第二大经济体。最后，日本追求的责任利益需求，即"道义利益"，也是一个国家的最高利益需求。

不同历史时期日本的政治思潮、国益重点、对外战略及其结果

时　　期	政治思潮	国益重点	对外战略	获取手段	客观结果
第二次世界大战时期（1931—1945 年）	军国主义法西斯思潮	军部利益绝对优先	侵略扩张结盟德意	以军事力量为主的总力战	四面树敌战败投降
冷战时期（1949—1989 年）	保守主义 Vs 和平主义	西方阵营利益优先	依附美国西方一员	日美同盟为基轴经济外交、ODA	高速增长经贸摩擦
后冷战时期（1990—2000 年）	总体保守化右倾化抬头	追求本国地位优先	日美基轴国际协调	日美同盟＋多边外交，经济、文化、ODA	经济停滞国力下降
21 世纪初期（2000—2012 年）	右倾化发展现实主义倾向	本国海洋权益优先	军靠美国经联亚洲	军事＋日美同盟扩大化①、地区合作	地位下滑与邻摩擦

资料来源：刘江永，《日本的国家利益观、对外战略与对华政策》，《外交评论》2012 年第 5 期。

冷战后日本先后三次向安理会常任理事国目标发起冲击，不仅是为了实现其政治利益，而且是为了获得他者尊重和精神满足，从而实现自我价值的国际实现。②在不同的历史时期和发展阶段，以上三种基本利益需求是有一定的层次性的，每个时期和发展阶段日本优先实现的核心利益是有一定的区别的。

四、日本联合国外交的影响因素

现实主义和新现实主义理论都强调利益在国家外交中的重要作用，但是现实主义理论认为国家之间的常态是一种零和博弈，新现实主义认为国际政治的结构决定了国家行为体的外交行为；新自由制度主义认为国家间合作不仅是可能的，而且是国际社会的一种常态，国际制度可以保证国家之间不再视彼此为敌人。

温特的建构主义认为，在三种国际社会无政府文化中，"每一种都是自

---

① 同盟扩大化，指日本企图以日美同盟为中心联合其他国家建立准军事同盟网络的趋势，如美日菲、美日澳、美日印等防务合作，主要是针对朝鲜和中国的。
② 如日本提出的在联合国框架下的"协调下的和平"，既反映了日本欲成为政治大国的强烈愿望，也表明日本设想的国际政治新秩序模式是谋求对日本更为有利的国际安全环境。参见肖刚：《冷战后日本的联合国外交》，世界知识出版社 2002 年版，第 33 页。

我和他者关系的不同社会共有观念结构建构而成的，每一种都有自己的逻辑"①。战后日本的联合国的外交，除了受到日本国家利益的影响之外，还受到自身身份认同的影响和制约，在国际上，日本面临选择作为欧美国家一员，还是亚洲国家一员的立场选择；在国内方面，日本也面临国内战略目标和政策的调整，这些因素都不可避免会对日本的联合国外交产生持续重要的影响。

1. 日本外交的稳定性和连续性

如上所述，日本在国际社会中由于自身定位的混乱模式，在国际社会身份认同中存在着矛盾心理。这对日本联合国外交会产生一定的影响：第一，日本在国际上的定位会比较难以确定，也会对自身利益的界定产生偏差，在对外政策的制定上，日本由于不能准确而连续地判断自身所处的环境和背景，导致其政策的连续性和稳定性都会受到影响。第二，日本在联合国外交决策过程中，容易出现反复和摇摆不定的现象，这是由于日本容易被一些表面现象所迷惑，这些现象对日本具有一定的诱惑和吸引力，但是实际上是相互矛盾的，这种矛盾的结果对日本的外交决策也会产生一定的影响，日本有可能因此作出前后不一致甚至相反的决策。

日本自身定位的混乱容易给机会主义的滋生带来便利，由于日本看问题往往不能着眼于将来，只看到眼前的利益，如日本在中华人民共和国恢复联合国合法席位的过程中起了重要作用，从 1957 年到 1971 年，日本一直追随美国，提出针对中国的"暂缓搁置""重要问题""逆重要问题"等决议案，企图阻止中华人民共和国恢复在联合国的合法席位，直至美国背着日本同中国接触，"越顶外交"使日本不得不转换思路，开始积极推动恢复中华人民共和国在联合国的合法席位；再比如日本的中东政策，之前一直与美国保持一致，中东战争爆发后，日本经济由于石油的禁运受到重创，日本又调整了其中东政策。可以看出，日本政策和外交方针由于缺乏长远的思考和规划，

---

① ［美］亚历山大·温特：《国际政治的社会理论》，秦亚青译，上海人民出版社 2000 年版，第 41 页。

往往朝令夕改，这在日本联合国外交上也经常得到体现。

2. 日本外交战略实施的成效

长期以来，可以说日本都有着成为世界大国和世界强国的梦想，其外交目标是宏大的，但是由于其先天的地理条件、环境因素、民族性格等因素的影响，可以利用的外交资源其实非常有限。由于日本在外交战略定位上的不确定性，日本决策的成本往往会大大增加，有时候日本决策虽然制定，但是出于种种考虑犹豫不决，或者政策虽然出台但国内政权对外交政策的实施不能形成统一和快速的决策，这些都导致日本的外交决策有可能半途而废，日本的很多外交决策因此不能得到很好贯彻和执行，或者执行一段时间之后不得不停止。由于外交决策的滞后性和实施的不确定性，日本往往比别的国家耗费更多的时间和精力，浪费宝贵的时间和资源。

比如，处理与东南亚的关系，日本早在战后初期就开始积极投入力量，通过对外援助等手段，加大对东南亚等国家的资助力度，但是日本的付出与其期待的回报之间有比较大的落差，其中一个重要的原因就是日本自身的定位问题。日本既想作为亚洲一员，又不能完全脱离美国的怀抱，日本的这种脚踏两只船的行为使东南亚国家不得不对日本持有戒心，战后日本在对外援助上虽然取得一定的成效，但是日本的实际付出与其应当收到的效果相比，在其看来可能远远不够，对日本外交的这种实际落差，日本国内批评的声音不少，认为日本浪费了时间和资源，却不能很好地取得预期成效。可以说正是日本身份的不确定性降低了日本亚洲外交的实施效果。①

3. 国际社会对日本的顾虑

由于日本外交的不确定性以及缺乏连续性和稳定性，没有一个能够长期实行的国家外交战略和外交决策，日本的联合国外交也显得没有章法可循，这些都与日本的身份和自相矛盾的身份界定相关，其结果就是导致国际社会对日本的真实意图和真实想法无法了解，日本的这种举棋不定，以及其在历史问题上不时刺痛亚洲国家敏感的神经，导致国际社会尤其是过去曾被日本

---

① 杨仁火：《日本在国际社会身份认同上的困境》，《和平与发展》2008年第3期。

侵略过的国家不得不对日本心存芥蒂。这样行为的后果就是，世界上很多国家都难以将日本视为真正的朋友，并且不容易与日本建立比较牢固的关系，日本在国际社会表面上看来比较风光，但是日本的对外战略并没有收到实际的效果，日本仍未能摆脱形单影只的尴尬境地。

体现在日本联合国外交中，冷战结束以后，虽然日本屡次提出争当安理会常任理事国的目标，并先后三次向这一目标发起冲击，前两次"争常"均以失败告终，目前第三次虽然尚未结束但是在可预见的将来，这一目标实现的可能性比较渺茫。日本在屡次"争常"过程中，都会在全球范围展开强大的外交攻势，以取得其他国家对其政策的支持，虽然花费了大量的时间和精力，但是日本最终往往发现没有多少国家是非常坚定地支持日本的策略的。亚洲国家不信任日本，认为日本与亚洲离心离德；盟友美国则担心日本"入常"之后在亚洲做大，会试图摆脱对美国的依赖，转而寻求与美国平起平坐，因此对日本的"入常"往往阳奉阴违。日本对非洲等国虽然展开了强大的金钱外交，但是非洲到了关键时刻往往也不为其所动。

第四节　小　结

分析战后日本联合国外交，可以从国际关系理论框架中寻找到不同的分析视角和脉络，日本在不同的时期，采取不同的联合国外交行为，其背后的国际关系理论意义也可以略显端倪。

战后初期，日本面临着重返国际社会的艰巨任务，成为联合国会员国是日本重返国际社会的标志性事件。联合国作为二战之后国际社会最大的国际性组织，而日本作为第二次世界大战的发动者、最主要的法西斯国家之一，加入联合国就标志着日本全面开展国际间外交的开始。日本与联合国的互动行为，可以用建构主义的视角来解读。在这一阶段，利用建构主义概念，围绕日本的"文化认同""国家身份""国家利益""对外行为"，其逻辑顺序可以表述为："文化认同—国家身份—国家利益—对外行为"。"身份是利益的前提，身份界定利益"，"利益是以身份为先决条件的，没有身份利益就失去了方向"。①

20 世纪六七十年代之后，随着国际形势的变化，面对美苏力量的此消彼长，日本经济实力增强，要求在联合国和国际社会承担着更多的义务和责任。由于日本面临的国际形势和国家利益的变化，日本对自身的定位也发生了变化，从追求经济大国向"政治大国"目标努力。日本自身定位的变化导致联合国外交行为也发生了变化，这一阶段，日本的国家利益要求其改变之前完全追随美国的联合国外交战略，脱离美国的意味变浓。尤其是 70 年代日本在石油危机中，采取完全不同于美国的外交行为，日本开始从自身国家利益的角度来思考自己的联合国外交战略。到了 80 年代，日本明确提出了追求"政治大国"的目标和要求，日本将联合国视为追求政治大国地位的重要舞台，日本通过经济援助等手段，加大对联合国的财政贡献，谋求在联合国发挥更大的影响力，尤其随着联合国地位的不断提高，日本为了实现其世界政治大国的战略目标，自然更加离不开联合国这个重要平台。

20 世纪 90 年代以后，随着冷战的结束，国际形势发生了重大变化，两极格局结束，世界进入了后冷战时代。联合国在维持国际和平、解决地区冲突中的作用得到明显增强。日本认识到，必须制定更加积极的联合国外交政策，才能作为一个真正的大国得到承认，打破日本半个世纪之前不被国际社会接受的历史地位。为此，日本积极制定了维持和平行动（PKO）法，积极推动联合国改革尤其是安理会的改革，加大了对联合国的支持力度，尤其是冷战结束之后，日本先后三次向联合国安理会常任理事国的席位发起了冲击，前两次均以失败告终，第三次冲击的结果尚不明确，在可预见的将来，成为联合国安理会常任理事国，是摆在日本面前的一个重要外交战略目标。

① ［美］亚历山大·温特：《国际政治的社会理论》，秦亚青译，上海人民出版社 2000 年版，第282 页。

第三章

战后重返国际社会
——日本联合国外交的展开（1945—1964 年）

日本重返国际舞台经历了一个漫长的过程，从战后初期起步，直至 60 年代中期成功举办东京奥运会为标志，才算最终完成。战后，美国实现了对日本的单独占领，被占领的日本失去了独立性，没有真正的"外交"可言，所以当时也不可能进行加入联合国的外交实践。1952 年 4 月，美国和日本单方面媾和的"旧金山和约"生效，宣布美国和日本之间战争状态的结束，尽管日本的国家主权仍然受到约束和限制，但给日本的独立性披上了一层合法的外衣，并由此开始了自二战以来的真正意义的外交关系。历史也证明，日本和美国的片面媾和，成为日本重新返回国际社会大家庭，实现自主外交的实质性障碍。

此后，日本将加入联合国作为一个重要步骤和恢复国际社会地位的重要策略，在美国的支持下，日本多次提出加入联合国的目标，考虑到美苏冷战的两极格局，日本的申请由于苏联的反对未能如愿。这使得日本政府认识到，要加入联合国，必须改善日苏关系、取得苏联的支持。经过艰难的谈判，日苏实现了邦交正常化，日本终于实现了重返联合国舞台的梦想。加入联合国后，日本将加强联合国外交作为其对外战略的重要组成部分，提出"以联合国为中心"的外交三原则。随着经济快速增长，并加入主要国际组织，1964 年日本成功举办了奥运会。虽然仍未走出战败国的阴影，但日本的经济、社会指标一直处于世界发达国家的行列，成功实现重返国际社会的目标。

第一节　日本加入联合国的背景分析

根据新现实主义理论，国家作为单独的行为体，存在固有的行为特点，不被外界所影响，与社会构成有着本质的区别。建构主义认为，国家性质是一种文化结构，是由共有知识所产生的一种共有观念，而不是物质结构。国家的文化结构建构了国家的身份和利益，不仅国家所采取的任何行动，其动机都深受该国文化的影响，更重要的是，国家文化对国家的基本特征——国家的认同，有着极重要的影响。建构主义理论认为，国家在制定外交政策和战略方针的过程中，体现出特有的"战略文化"。分析战后日本联合国外交，可以从日本的文化着手。

一、战后初期美国的对日政策

1945 年 8 月 15 日，日本天皇向日本国民发表停战诏书，宣布接受《波茨坦公告》规定的条款无条件投降，美军开始驻扎日本，同年 9 月 2 日，在密苏里号航空母舰上日本签署了无条件投降的声明。自那时以来，美国实现了单独占领日本的目的，实现了对日本的政治、经济、军事等领域的改造。鉴于全球形势的重大变化和国内形势的发展，日本和美国实现了片面媾和，并最终加入了联合国，日本作为一个独立的国家终于实现了重返国际社会的目标。

美国对日占领政策早在 1945 年 6 月就已制定。1945 年 8 月 28 日，美国派 48 架飞机载运先遣部队飞抵日本，随后麦克阿瑟抵达日本，在横滨设立盟军总部，美国占领军完成对日本各大城市以及战略要地的控制。10 月 2 日，盟军最高统帅部和下属的 9 个负责非军事事务的专职参谋局和 4 个负责军事事务的总参谋处成立。这标志着美国对日军事管制机构的正式建成。

对于美国的单独占领政策，其他对日作战的国家是心存不满的。为了平息盟国的怒气，美国向中国、苏联和英国提交了一份建议书，提出要成立一个"远东咨询委员会"，这个委员会将包括同日本直接作战的 10 个国家的代表，其主要任务是向参与占领的政府提出关于采取何种政策和步骤保证日本服从投降的决定，但"委员会将没有任何实质的权力"①。这实际上是把其他国家排除在实际控制范围之外，一切实际权力仍然控制在美国政府手中，因为美国更希望没有一个盟国的政治权力机构对他指手画脚。

苏联和中国虽然接受了美国的建议，但是由于其他国家的反对，美国不得不作出一些让步，以避免在国际事务中处于孤立的地位。1945 年 12 月 27 日，远东委员会（FEC）成立，其任务是负责制定占领之后日本的政策，也有权审查美国政府发给麦克阿瑟的各项指示和麦克阿瑟在执行政策时所采取的行动。为了避免盟国干涉军事占领方面的问题，协定还特别禁止委员会参与有关军事活动的问题，而且不允许委员会对日本领土调整、美国对日军事管制系统提出建议。

此外，根据美苏的建议，委员会的表决采取大国否决权方式，也就是说任何提案不需要全体同意，只要包括四大国在内的多数同意即可。但是，美、英、苏、中这四个国家中任何一国使用否决权，就能阻止任何一项对日政策的通过。②因此，这一程序与其说是对苏联有利，还不如说是对美国更有利，因为它保证只有美国所同意的那些政策才能够获得通过，而在没有远东委员会决议的情况下，美国仍然可以通过给麦克阿瑟下指令的方式来继续执行自己的对日政策。因此，表面上来看，美国尽管作出了一些让步，但是实质上并没有在美国单独对日占领并制定对日政策等方面作出任何有意义的妥协。至于设在东京，由美、苏、中、英组成的盟国对日委员会，更是形同虚设。在任何情况下，一切行动均须听命于并通过最高机构等。③

战后，美国发布《投降后初期美国对日政策》，文件重申美国占领日本的目标④。文件的第二部分规定"美国的政策是要利用日本现存的政府形式，

---

① 于群：《美国对日政策研究（1945—1972）》，东北师范大学出版社 1996 年版，第 30 页。

② 《国际条约集（1945—1947）》，世界知识出版社 1959 年版，第 120—125 页。

③ 于群：《美国对日政策研究（1945—1972）》，东北师范大学出版社 1996 年版，第 31 页。

④ 目标有两个，一是"确保日本今后不再成为美国的威胁，不再成为世界和平与安全的威胁"；二是"促使最终建立一个和平与负责的政府，该政府将尊重他国的权利，并支持联合国宪章的理想及原则中所显示的美国的目标。参见美国参议院对外关系委员会：《美国外交政策基本书件（1941—1949）》，1951 年版，第 627—633 页。转引自于群：《美国对日政策研究（1945—1972）》，东北师范大学出版社 1996 年版，第 33 页。

而并不是支持它"，"应让日本人民和全世界充分获悉占领日本的目标和政策，以及实施这些政策的进展情况"等重要政策原则。文件的第三部分"政治方面"和第四部分"经济方面"，强调了政治方面三项基本政策，①经济方面增加了"财政、货币与金融政策"和"皇室财产"部分，"为实现占领目标所必须采取的任何行动，对皇室财产一律不得除外"等重要原则。

11 月 1 日，美国又制定《投降后初期基本政策》，文件特别强调以下几点：（1）文件规定的是允许麦克阿瑟依据日本形势发展的情况来具体操作与实施；（2）不可废黜天皇，也不采取任何准备废黜他的步骤；（3）除非经麦克阿瑟或参谋长联席会议的批准，非军事机构代表不可以在日本独立活动；（4）美国及美国占领军将不承担日本经济的恢复和加强以及维持日本国内任何特定的生活水准的义务。②

以上两个文件是构成战后美国控制日本的总体框架和思路，美国更强调对日本局势的绝对控制，当有不同于美国意见的时候，美国的政策占上风。此外，麦克阿瑟拥有非常大的自主决定权力，美国的对日政策的制定和实施，在很大程度上取决于麦克阿瑟的个人因素。

二、战后初期日本对联合国的认知

战后，早在美国占领时期，日本就有加入联合国的目标，但是由于受到历史条件的限制，关于日本是否能够加入联合国，以及以何种方式加入联合国，在日本内部存在着分歧和矛盾，日本尚不能确认加入联合国能否保证本国的安全，经过数次讨论之后，日本国内逐渐形成共识，同意加入联合国。

1. 联合国成立初期

日本在 1944 年 12 月 12 日的《日本条约集》（增刊）第 18 号中最早提到联合国这个名称。该文件由外务省条约局编写。文件将敦巴顿橡树园会议所达成的《关于建立普遍性的国际组织的建议案》译成日文，并将会议约定成

---

① （1）解除武装和非军国主义化；（2）惩罚战争罪犯；（3）鼓励人民争取个人自由和民主进程的愿望。

② 美国参议院对外关系委员会：《美国外交政策基本书件（1941—1949）》，1951 年版，第 633—652 页。转引自于群：《美国对日政策研究（1945—1972）》，东北师范大学出版社 1996 年版，第 35 页。

立的新国际组织译为"国际联合"（即汉语的"联合国"）。①1945 年 2 月 11 日《雅尔塔宣言》发表，日本驻瑞典公使馆和驻苏使馆立即向日本外务省报告。4 月 24 日，外务省出台《联合国此后的发展状况（其二）》文件，对雅尔塔会议的内容进行详细描述。②

除此之外，日本政府还通过"日本联合国协会"以及其他非官方渠道加深对联合国的了解。"日本联合国协会"是由战前的"外政协会"等重组改名而形成。二战以后，形势发生改变，"日本联合国协会"不久就和盟军总司令部的某些相关部门取得联系，并且借到了一批与联合国相关的书籍和其他资料，通过这些资料获取了对国际问题及联合国事务的新的认识，在国内举办一系列相关讲座，大大增加日本各界对联合国的了解和认识。与此同时，日本媒体在各界对联合国的了解过程中也起着重要的推动作用。1945 年 8 月，联合国筹备委员会举行会议，讨论联合国成立后的事宜。日本由于受到战败投降影响处于混乱状态，但是《朝日新闻》等媒体报道了会议，刊发了大量与联合国有关的消息。如此一来，有关联合国的信息持续传入日本国内，日本国内对联合国外交的关注度和研究热情也高涨起来。

2. 日本加入联合国目标的提出

战后，日本没有外交权，无法和联合国直接联系，但其暗中仍努力通过其他渠道接近联合国。1945 年 10 月 2 日，日本外务省条约局研究报告认为，围绕美英（苏）为中心的《联合国宪章》体制将构成世界秩序的中心，日本希望以普通国家的身份加入其中。③这是日本战败后首次在官方文件中表露出加入联合国的愿望，此后日本对加入联合国问题的政策研究便以这份报告作为基础。

次月 21 日，外务省通过"和平条约问题研究干事会"专门研究媾和问

① ［日］河边一郎：《联合国与日本》，岩波书店 1994 年版，第 37 页。
② 《联合国此后的发展状况（其二）》，日本外交史料馆缩微胶卷 B0014，条约局第二课，1945 年 4 月 24 日。
③ 《对和平条约的缔结方式及缔结时期的考察》，日本外交史料馆缩微胶卷 B0010，条约局第三课，1945 年 10 月 2 日。

题。日本媾和是暗中进行的，盟国对此并不知情。1946 年 1 月 26 日，干事会出台一份研究报告，明确提出日本将对《联合国宪章》的规定进行研究。日本政府甚至期望在和平条约中列入日本与联合国及其有关机构的关系。① 当月 31 日，干事会又发布一篇报告，指出应该允许日本在缔结合约的契机下加入国际社会，要求合约中明确写入接纳日本加入联合国等条款。② 由此可见，干事会自成立之时便主张并积极推动日本加入联合国。这些文件的出台，对外务省的决策产生很大影响。

　　1946 年 4 月 16 日，外务省拟定《加入联合国问题的研究》的报告，提交给吉田茂外相。报告认为，首先，如果联合国的活动不仅局限于安全保障，联合国就不再是一个"大国专横机构"，而是能够同时保护小国利益，并在经济及社会领域扩大其活动范围。报告指出，根据《联合国宪章》的相关条款，日本加入联合国符合法律要求，是可行的；其次，日本加入联合国才能重返国际社会，符合其国家利益；最后，加入的时机应由日本在恢复独立后自主选择，这将有利于日本在国际上争取主动权。报告中还强调"应注意联合国各成员国可能会通过联合国对我进行国际制约的一面"，③ 可见日本也认识到，即使实现了媾和并加入了联合国，盟国方面也不可能对其完全打消防范心理。总之，日本既十分看重加入联合国对其重返国际社会将起到重要作用，期望尽早加入联合国，又对联合国不能完全信任，担心加入后受其制约。

　　5 月 9 日，外务省召开会议研究加入联合国等问题。与会成员认为，"日本由于地位特殊，若加入联合国，将对重返国际社会非常有利"，主张应尽早加入联合国。④ 同年 9 月，外务省颁发一份题为《关于参加联合国问题的法

① 《一般问题 4 · 对盟国方面可能提出的和平条约的设想及与我方所期待的和平条约之比较研究（研究草案）》，日本外交史料馆缩微胶卷 B0008，政务局 1946 年 1 月 26 日。
② 《政治条款 5 · 加入联合国宪章问题（研究草案）》，日本外交史料馆缩微胶卷 B0008，政务局，1946 年 1 月 31 日。
③ 《加入联合国问题的研究》，日本外交史料馆缩微胶卷 B0010，条约局下田课长案，1946 年 4 月 16 日。
④ 《关于参加联合国问题的法律考察》，日本外交史料馆缩微胶卷 B0010，条约局条约课，1946 年 9 月。

律考察》的报告，认为"联合国的性质将不会局限于战时军事同盟，其主要作用将演变为维护战后国际和平与安全。因此，以后不只是中立国，包括战时敌对国家都可以加入联合国"。所以日本应该争取在联合国合约中明确列入支持日本加入联合国等条款。报告还分析了日本加入联合国的利害关系，认为加入联合国有利有弊。报告认为，从法律角度，日本有非常大的可能性可以在缔约后选择适当的时机加入联合国；从自身利益方面，日本也有必要加入联合国。

至此，日本认为加入联合国总体上利大于弊，且有极大的可行性，因此日本应该付诸努力去实现这一目标。据此推断，吉田茂首相在当时身兼外相职务，又十分看重外交决策权，不但知情而且直接指导了上述政策的设计过程，这一政策体现了吉田茂的思想，实际上代表了日本政府的政策。后来日本政府根据国际形势的变化，部分调整了联合国外交政策，但始终坚持"尽早加入联合国"这一方针。

3. 冷战的出现与日本对联合国的期待

二战后和平主义在日本兴起，逐渐升级为非武装、中立主义思想，日本民众试图让自己彻底远离战争。民众对联合国并不排斥，他们支持和平主义精神，而这恰是《联合国宪章》所倡导的。

然而，战争结束后不久，美苏之间在全球战略利益上出现重大分歧，冷战开始。此时盟国内部主要还是通过联合国进行意见交换和条件妥协。比如联合国在伊朗问题上对苏联施加压力之后，苏联很快作出让步。有些小国如日本认为联合国在维护本国的独立和安全上是可能的。日本国内开始认识到，积极参加联合国及其下设的区域集体安全保障机构，有利于保护其国家安全。

1947 年，美国出于冷战需要积极推动对日媾和。6 月 2 日，芦田均外相拟定《日本解除武装及非军事化条约方案》，提出"日本的安全保障最终必须留待加入联合国，或与其他利害相同的国家缔结区域安全保障体制来确保，但这一问题不能指望在和平条约缔结后马上就能解决"①。当时日本为了

---

① 《日本解除武装及非军事化条约方案》，日本外交史料馆缩微胶卷 B0010，1947 年 6 月 2 日。

保障其国家安全，除了非常依赖联合国体制，还比较信任以美国为中心的区域安全体系——后者遵循《联合国宪章》的原则与精神指导。在日本看来这是两个互不矛盾、协调统一的体制。

6月5日，外务省出台《日本政府对和平条约的一般见解》，认为联合国在保障日本安全方面能够发挥重要作用，提出了加入联合国的愿望，希望盟国方面能够同意。①日本政府在报告表示，加入联合国将直接关系到能否维护其国家安全，对联合国抱有很强烈的期待，进一步重申加入联合国的重要性。6月12日，外务省又颁发《有关安全保障问题的意见》，报告指出，日本由于完全非军事化，在当时的国际局势下，国家安全无法保障，因此需要以缔结和平条约为契机加入联合国，依靠联合国对其成员国所提供的安全保障制度来确保日本的独立主权和领土完整。②

外务省紧接着在上述报告的基础上，制定了一份称为"芦田备忘录"的文件，这份文件更为简洁，目的是为了在盟国颁发合约草案之前，尽早让美国了解日本在媾和问题方面的考虑以及国家安全保障方面的设想。"备忘录"表示"日本希望将尽早加入联合国的愿望写入和平条约"，"日本人民期待加入联合国，为世界的进步与发展作贡献，也使得日本国民在国际上具有安全感"。③在"备忘录"中，日本明确把加入联合国作为其外交政策的重要内容，同时更是其与美国媾和之后国家安全的重要保障。7月26日和28日，芦田外相向美国转交上述"备忘录"，但被美国拒绝。至此，日本原本企图通过与美国的媾和来影响盟国合约的制定的愿望未能达成，其为争取加入联合国的努力遭受重大挫折。

三、行为体内部文化结构特点

"55年体制"一词最早出现于1964年发表的一篇论文，题为《1955年的政治体制》，作者是日本学者升味准之辅。55年体制包含广义和狭义两方面的含义。广义的55年体制是指日本在1955年大体成型的战后体制的总体，

① 《日本政府对和平条约的一般见解》，日本外交史料馆缩微胶卷B0008，1947年6月5日。
② 《有关安全保障问题的意见》，日本外交史料馆缩微胶卷B0010，1947年6月12日。
③ 《与艾奇逊大使会谈的方案》，日本外交史料馆缩微胶卷B0008，1947年7月24日。

其中包括政治、经济、社会等各个方面。狭义的指日本 1955 年出现的政党体制，即自由民主党和社会党两大政党之间形成的政党制。后来一般指后者，即政党格局长期维持自民党执政、社会党在野的两党政治格局的体制。

55 年体制是在战后日本民主化改革的背景下形成的。当时政党政治刚刚恢复，政党之间的政治斗争非常复杂，保守政党和革新政党各自整合统一。保守政党的整合统一在该体制的形成过程中起到关键作用，而热情高涨的工人运动和日渐增强的社会党势力又推动保守政党的合流，进一步加速 55 年体制的诞生。

在这个阶段，日本外交有三大体制作为出发点和支柱：（1）以 1946 年 11 月 3 日公布的新《日本国宪法》为核心的法律体系；（2）以 1951 年 9 月 8 日签署的"旧金山和约"为核心的外交体系；（3）以 1955 年形成的"保革对立"为核心的政界体系。①

自民党一党长期执政是日本 55 年体制的最显著特色，也是该体制的核心。在自民党执政期间，日本不仅实现了加入联合国等国际组织、重返国际社会的愿望，并且其工业化和现代化再次得到快速的发展，成为世界级经济大国。"55 年体制"即是探讨当代日本政治发展的关键所在，在战后的日本历史上起到了非常重要的作用，其形成代表日本战后的政局进入一个稳定时期。在自民党一党执政的 38 年里，自民党在经济方面做出了巨大成就。其坚持的经济优先战略使得日本在冷战的风云岁月里始终保持经济的稳定增长，使日本经济在相当短的时间里就得到了恢复，并且有了更大的发展，塑造出了日本奇迹。

第二节　战后文化结构的认知及日本的身份定位

战后，由于美国对日占领，处于绝对支配地位，日本认识到无法摆脱美国的影响，因此不能采取消极抵抗的策略，而应主动顺应形势的变化，借助

---

① 金熙德：《日本外交 30 年》，青岛出版社 2008 年版，第 57 页。

美国的影响，尽早走出战败国的阴影。为此，日本迫切希望能够加入联合国，希望借此早日摆脱孤立状态，在国际社会找到一席之地。得到美国的支持后，日本多次向联合国提出加入申请，但是由于受到苏联的阻挠而未能实现，日本认识到，如果要加入联合国，必须恢复与苏联的外交关系，日本为了得到加入联合国的"入场券"，被迫与苏联实现了邦交正常化。

一、对自身的认知：摆脱战败国阴影

自 1947 年春，美国和苏联之间的冷战进一步加剧。美国认识到日本在冷战中的重要性，考虑将日本作为美国在远东地区的战略支点。9 月 10 日，"芦田备忘录"被美国带回国内研究。[1]外务省趁机加紧研究编写有关媾和后日本安全保障问题的新文件。13 日，铃木按照芦田的指示，将新文件作为"个人秘密意见"提交艾克尔伯格。该文件从实质上修改了"芦田备忘录"中有关加入联合国问题的内容，提出日本在媾和后的国家安保政策可选择两条道路：其一，日本将依靠联合国来保障安全，前提是美苏关系保持良好。其二，若世界局势恶化，联合国无法保障其安全，此时将考虑寻求美军的帮助，让其以监督履约的名义驻扎进来，帮助日本抵御外来侵略；或者考虑缔结日美协定，将国防事务托付美国。备忘录最后得出结论，"日本国民希望至少在联合国根据宪章的规定真正行动起来之前，由美国来保障国家的安全"。[2]

有关日本加入联合国的动机分析，战后日本政府将加入联合国列入重要而又紧急的政策目标和外交任务之一。早在 1951 年 9 月签订的"旧金山和约"的前言中即明确提出："日本方面申述其意愿：请求加入联合国及在一切情形下遵守联合国宪章之原则。"[3]日本希望加入联合国的动机非常复杂，一般来说，主要外交目标除了源自政策提案者的个人动机之外，还得到他们

---

① ［日］西川吉光：《日本政治外交史论（上）——战败：吉田主义神话的形成》，晃洋书房 2001 年版，第 71 页。

② 《横滨停战联络事务局长铃木与第八军军长艾克尔伯格的接触》，日本外交史料馆缩微胶卷 B0008，1947 年 9 月 13 日。

③ "旧金山和约"全文（中文版），www.360doc.com/content/13/1128/09/3046928_332742473. shtml.

背后选民政治与行政上的支持。①除此之外，日本加入联合国，还与后来日本表明希望担任安理会常任理事国时遇到的主要问题——日本参加联合国维和行动的范围关系密切。

从外部环境来看，首先，战后日本急于摆脱战败国的阴影，恢复日本的国际名誉，获得回归国际社会的国际威信，加入联合国无疑是日本快速摆脱"原敌国"地位，实现重返国际社会目标的手段。其次，由于日本在第二次世界大战中的侵略行为，它曾受到国际社会尤其是亚洲各国的孤立，加入联合国，能够使日本在形式上实现国际社会的回归，在形式上得到其他国家的认同，有利于摆脱原来的孤立状态。最后，加入联合国也是日本进一步实现国家利益的手段，毕竟联合国这个大舞台能够为日本提供一个联系国际社会的渠道，日本能够借助联合国这个舞台，表明自己对国际重大问题的立场，实现自己的国家利益。虽然战后日本受美苏两极格局大环境的影响，在外交和安全政策上完全从属于美国，在联合国独自开展外交活动的范围受到严重制约。加入联合国之后，日本政府确信能够通过联合国的平台把握世界局势，确保本国利益，而不仅仅受制于美国的制约，在一定程度上可以保证自己的国家利益。

从国内政治来看，加入联合国也有利于日本的国内政治，而且可以为日本政府同美国政府结成亲密的安全关系带来便利。首先，在日本国内一直存在着一种和平主义的倾向，反对战争的言论一直占据着国内舆论的主流环境，日本人民再也不愿意陷入战争的泥潭，也反对再行侵略他国的军国主义道路。同时，日本国内也存在着保守派，倡导现实主义的外交和安全保障政策，强调日美同盟和日美安全条约，主张日本借助美国的保护，迅速发展经济，快速实现重返国际社会的目标。在这两种政治倾向的共同影响之下，日本加入联合国之后，可以拉近和平主义倾向派和保守派之间的距离，既实现回归国际社会的目标，又可以在联合国这个大舞台继续追随美国，实现自己

---

① ［英］赖因哈德·德里弗特：《愿望与现实——日本争当联合国安理会常任理事国的历程》，高增杰、魏啸飞、陈月娥译，东方出版社 2002 年版，第 14 页。

的国家利益。

二、冷战格局及日苏邦交正常化

战后，美苏两极格局形成针锋相对的态势，日本在东西方对立中采取了亲美反苏的立场。但是对于日本的安全和经济利益来说，开展对苏外交也有重要的战略意义，由于当时苏联是安理会常任理事国，战后日本若想加入联合国，苏联的支持必不可少。正是由于苏联的反对，日本在加入联合国一事上一波三折，为了顺利成为联合国的一员，日本经过谈判，与苏联实现了邦交正常化，最终实现了加入联合国的夙愿。

1. 日本申请加入联合国

其实，早在"旧金山和约"签署后，日本政府即向联合国秘书长赖伊提出加入联合国的申请："日本国民渴望参加联合国事业，并把宪章的目的和原则作为自己行动的指南。日本国民对联合国要推进各国之间的和平与合作的目的也完全表示同感。所以，日本政府满怀热情地提出申请加入联合国，并保证采取一切手段履行联合国会员国应尽的义务。"[①]

所谓的"旧金山和约"，使日本与美国等国家关系实现了正常化，但日苏之间却依然未结束战争状态，而且苏联拒绝在和约上签字。对于处于美苏两极格局中的日本来说，回到国际社会的道路注定不会是一帆风顺的。果不其然，1952年6月23日，日本政府首次向联合国递交了申请报告，结果9月18日日本请求加入联合国的申请刚一转到安理会，就遭到了苏联的反对，苏联毫不犹豫地对日本的申请行使了否决权。苏联提出的理由是：（1）媾和条约没有保障日本不再成为侵略国；（2）日本与苏联、中国两个常任理事国没有结束战争状态；（3）日本仍处于外国军队的占领之下，不是独立的国家；（4）日本在朝鲜战争中充当美国的后方基地，不是爱好和平的国家。[②]

苏联的反对，使外务省领悟到，日本要实现加入联合国的目标，除了同苏联恢复邦交正常化之外，并无其他途径可以选择。日本加入联合国，既是

---

① ［日］永野信利：《日本外务省研究》，上海译文出版社1979年版，第262页。
② 连会新：《日本的联合国外交研究》，天津社会科学院出版社2007年版，第33页。

政治的需要，也有经济发展方面的考虑。当时日本借着朝鲜战争的"特需"经济，经济已有所恢复和发展，仅从美国获取原料供应和贸易市场，已不能满足其发展需求，需增加其他国家的获取途径，更需要在国际地位平等的基础上和有关国家缔结经济合作协议，参与到国际竞争中来，这样才能实现经济更加快速和平稳发展。综合以上原因，日本认识到，迫切需要改善日苏关系。

战后的日本从 1946 年 5 月起，先后出现五届吉田茂内阁。在内政和外交上，吉田政权采取"对美一边倒"的外交路线，以牺牲部分国家主权为代价，实现媾和，以期进一步结束战争状态，成为独立国家。"旧金山和约"签订之后，日本又与美国签订《日美安全保障条约》《日美行政协定》以及《日美共同防御援助协定》，构成所谓的"旧金山体制"。该体制的确立，是日本在两国之间国际地位和国家实力差距悬殊的情况下，不得已而采取的策略。

从表面上来看，吉田内阁使日本获得相对独立的地位，但是也面临新的外交难题。由于日本以苏联为敌，致使三次申请加入联合国均遭到苏联的反对。在内政上，日本的媾和以及采取的策略，使国民认识到日本并没有获得完全独立的现实，从而对吉田政权大失所望。日本国民的不满情绪日益加深，他们反对军事基地，反对半殖民地化，吉田政权的"对美一边倒"的外交路线完全走进了死胡同。

2. 鸠山内阁与日苏谈判的背景

吉田内阁解散之后，鸠山内阁宣告成立。在对外政策上，鸠山内阁主张调整日苏之间的关系。1955 年 9 月，日本在联合国大会上再次提出加入联合国的要求，又因苏联的反对而落空。因此，鸠山首相痛感恢复日苏邦交势在必行。他说"日苏复交的主张也是我党从民主党时期以来一脉相传的公开诺言"，他在回忆录中说：

> 我有至少三个理由坚决主张日苏邦交正常化。第一个理由就在于坚持不懈的寻求和平。二战结束后，日本国民强烈希望防止战争、确立世界和平。但很遗憾，日苏关系仍处于战争状态。而且目前"两个世界"

仍处于对立状态，若日本继续保持此状态，则无论经过多少时日，日本国民的这个心愿也无法完成。我认为日本若想实现和平、避免战争，必须实现日苏关系正常化，进而成为"两个世界"之间的桥梁。这是必要的也是唯一的途径。

第二个理由就是，实现日本的独立自主、提高日本的国际地位。日本尚未加入联合国，仅仅签订了"旧金山和约"，所以国际地位尚不稳定。因此日本必须首先恢复日苏邦交。而且美国是支持日苏复交的方针的，从这一点可以明显地看出，同苏联恢复邦交不会对日美关系造成什么障碍。还有一部分人怕国内的赤化运动会因此激化起来，但是我想，赤化之成功与否，与其说与日苏邦交恢复有关，不如说，主要在于国内政治的好坏。同共产主义国家恢复邦交和接受共产主义，完全是两码事。我确信，我国国民只要具有一个独立国家的自信心，是绝不会动摇的。

第三个理由是：我认为保卫国民的权利是政治的关键，而如今战争结束已有十年，日本尚有许多国民被扣留在异国，承受着沉重的思乡之痛。我怀着以上的信念和决心到莫斯科去，希望全体国民一致予以大力支持。①

苏联方面，赫鲁晓夫上台之后，采取了不同于以往的内外政策，为了缓和国际紧张局势，他采取了较有弹性的对外政策。"旧金山体制"确立之后，日本完全投入了美国的怀抱，苏联试图利用该体制使日本丧失部分主权，引起日本人民的极大不满，通过部分满足日本的愿望，以造成日美两国关系发展出现阻力，分化日本和美国之间的关系。②日苏希望恢复邦交正常化，也是顺应当时国际大环境变化的趋势。东西方关系出现缓和，美国为首的西方大国在东亚地区的战争政策受挫，这些都为日苏关系正常化创造了良好的国际政治大环境。

---

① [日]鸠山一郎：《鸠山一郎回忆录》，复旦大学历史系日本史组译，上海译文出版社 1978 年版，第 221—222 页。

② 李凡：《日苏关系史》(1917—1991)，人民出版社 2005 年版，第 222 页。

1953 年 8 月，苏联部长会议主席马林科夫在演讲中称："目前与日本关系正常化的课题已经有了现实意义。"①1954 年 9 月 13 日，苏联外长莫洛托夫也发表声明称："调整日苏邦交的时机已经成熟。"②

鸠山内阁成立后的第二天，日本外相重光葵就发表声明，表示希望恢复与苏联的正常外交关系。几天后的 12 月 15 日，苏联外长莫洛托夫也发表声明："苏联准备同日本进行恢复邦交正常的谈判。"③

3. 日苏关系正常化谈判

1955 年 2 月 4 日，鸠山内阁会议决定开始与苏联方面就恢复关系正常化交涉后，日苏首先就谈判的地点进行磋商，日本有意选择将纽约作为谈判地点，而苏联希望以东京或者莫斯科作为谈判的地点。经过磋商，两国决定将谈判地点选择在第三国伦敦举行。日本内阁接受苏方建议，于 1955 年 5 月同苏联互换照会，决定自 6 月 1 日起开始谈判，苏方任命驻英大使马立克为全权代表，日方任命前驻英大使松本俊一为全权代表。

6 月 3 日，双方开始进行第一次会谈，日本政府经过反复研究，确定了与苏联复交谈判的议题：日本加入联合国，日苏间领土问题，送还扣留在苏联的日本人和北洋渔业等几项内容，在松本交给苏联的作为谈判基础的备忘录中，明确提出"迫切期望苏联无条件赞成日本加入联合国的申请"。④从这份备忘录的全文来看，并不是以固定形式将日方的要求写成条约方案，而是以具有灵活性的形式向苏联方面提出，以期望谈判迅速进行，并获得圆满解决。6 月 14 日的会谈中，苏联方面提出日苏和约草案十二条，表明苏联方面

---

① ［日］吉泽清次郎监修：《日本外交史》第 29 卷，鹿岛和平研究所出版会 1973 年版，第 150 页。转引自米庆余：《日本近现代外交史》，世界知识出版社 2010 年版，第 321 页。

② ［日］吉泽清次郎监修：《日本外交史》第 29 卷，鹿岛和平研究所出版会 1973 年版，第 150 页。转引自米庆余：《日本近现代外交史》，世界知识出版社 2010 年版，第 150—151 页。

③ 按新华社发表的莫洛托夫就对日本关系问题的声明（1954 年 12 月 16 日）中并没有这句话。他只谈到："……苏联政府关于使对日本的关系正常化的态度，已经在今年 10 月 12 日发表的苏联政府和中华人民共和国政府关于对日本关系的联合宣言中表示出来。大家知道，这个宣言表示苏联愿意使同日本的关系正常化，在互利的条件下发展对它的贸易，并且建立文化联系。……"参见［日］吉泽清次郎主编：《战后日苏关系》，叶冰译，上海人民出版社 1977 年版，第 7 页。

④ 同上书，第 15 页。

的立场。其中第七条明确指出：苏联支持日本国加入联合国的申请。此后几次谈判，双方主要围绕领土和人质等议题展开。

另外，与领土问题同样重要的同盟条约也是双方纠结的议题。关于这一点，过去日本方面提出的备忘录中有一条说："日苏政府相互确认，为了举行两国邦交正常化的谈判，日本国和苏联要考虑到在当前国际关系中各自负有的权利和义务。特别要指出，根据1951年9月8日在旧金山签订的对日和约和日本国同美利坚合众国缔结的安全条约，日本国政府负有权利与义务。"这表明要在相互承认日本和美国签订的安全条约以及苏联和中国签订的中苏同盟条约存在的前提下，企图恢复邦交正常化。但是，苏联方面提出的和约草案第二条却建议："两国约定，遵守联合国宪章，以不危及世界和平与安全之和平方式解决其国际争端。凡针对曾与日本国交战的任何国家签订的任何联盟和军事同盟，均不参加。"①因此，松本代表认为，在这一点上，日本方面的意图同苏联方面的意图之间有很大的差别。

8月2日，双方在苏联大使馆举行了第九次会谈，在这次会谈中，苏联方面对已提交的条约草案征求日本方面的意见。松本针对日本入联问题发表了日方的意见："对日本加入联合国问题再付诸单独表决时必须取得必要的赞成一事，已了解到苏联方面是支持的，希望予以明确承认。"对此，马立克答复曰："对加入联合国问题已在条约草案中写明，能否加入联合国，这不是条文问题而是具体问题，条文中这样写已足够了。"②其实，在苏联看来，日本加入联合国问题，并不是此次会谈的最重要议题，领土问题和遣返问题以及军事同盟问题才是谈判的焦点，双方在这些问题上的意见也有很大的出入。日本方面认为，日本关于北方领土问题的主张能否取得预期效果，不仅在与"旧金山和约"的关系上，与美、英、法及其他国家的态度有关，而且和国内舆论的动向有关，因此，认为对苏联提案还必须重新进行慎重讨论。

8月16日，双方举行第十一次会谈，日方根据以往的经验，担心如果按

---

① ［日］吉泽清次郎主编：《战后日苏关系》，叶冰译，上海人民出版社1977年版，第16—17页。

② 同上书，第25页。

照之前的谈判进程，将会陷入以对方的条约草案为议题的逐条讨论中，因而提出包括各种设想而拟订的和约方案，该方案由序言、十二条正文和结束语组成。其中第二条为关于日本加入联合国的条款，第三条为有关《联合国宪章》的条款。此后，双方围绕领土等问题的谈判陷入僵持状态，因为在日本国内政界，保守党合并的时机日趋成熟，合并逐渐进入了具体实施阶段，民主党内部虽然鸠山内阁对日苏谈判的态度是积极的，但是保守党合并组成的自由党却反对日苏谈判，即使在民主党内部，如重光葵外相等相当多数人，主张应慎重对待日苏谈判。国际方面，美国国务卿杜勒斯不满意鸠山内阁促使日苏谈判之举，更是全力阻止日本在领土问题上对苏联的妥协。

1955 年 11 月 15 日，日本民主党和自由党合并，自由民主党成立。然而，自由党方面主张对苏不让步的强硬论依然根深蒂固地保留了下来，这显然妨碍了日苏谈判的进展。这是因为，即使在民主党单独组阁时期，重光葵外相就牵制鸠山首相早日达成协议，并对松本的谈判形成拖后腿的情况，那时的自由党还是从党外与此呼应的，当时重光葵的慎重论还不那么占上风。但是两党合并后，重光葵外相联合旧自由党人一同反对日苏谈判，使得反对力量突然暴涨。①

保守党合并时，新的保守党筹建会的政策委员会在其通过的紧急政策方案中，就有一条"合理调整日苏谈判"用以解决外交上悬而未决的问题。其中的主要内容就是要求对正在进行的日苏谈判要以缔结和平条约为目的，在国内舆论的基础上坚持几点主张，其中第五条主张：除促使支持日本加入联合国外，与恢复邦交并进，解决各种悬而未决的问题。②

此后，日苏将谈判地点改为莫斯科，但是第一次莫斯科谈判由于苏联对领土问题的态度强硬而告中断，在这种情况下，鸠山首相决定访问苏联，并决定致信苏联，暂将领土问题搁置一边，而在日苏之间首先解决五点问题③，

---

① ［日］吉泽清次郎主编：《战后日苏关系》，叶冰译，上海人民出版社 1977 年版，第 46 页。
② 同上书，第 47 页。
③ 分别是：（1）结束两国间的战争状态；（2）相互设立大使馆；（3）立即遣返被扣留的人；（4）渔业条约生效；（5）日本加入联合国。

基于以上五点，在预先取得苏联方面同意的情况下，为实现两国邦交正常化开始谈判。①鸠山首相访苏之前发表谈话，阐述了他主张日苏关系正常化的三个理由：第一，为了"如饥似渴地追求和平"。第二，提高日本的国际地位以及完成独立自主，同苏联恢复邦交正常化并不会对日美关系带来任何障碍，同共产主义国家实行邦交关系与接受共产主义完全是两个不同的概念。第三，在于实现迅速归还被扣留的人质，而且对日本固有领土的主张不会做出让步。鸠山首相到达日本之后，双方举行正式会谈。关于日本加入联合国问题，鸠山首相请求苏联不要再像之前那样投反对票，布尔加宁答称将努力予以实现。②

自1955年6月在伦敦举行第一次谈判以来，经过一年零五个月，最后鸠山首相亲自访问苏联，双方终于达成协议。但是，最重要的关于悬而未决的领土问题仍然没有得到解决，还要留待以后缔结和约时再行处理，但是，鸠山内阁组阁之后承诺的关于同苏联恢复邦交的诺言得到了实现，更重要的是日本加入联合国的目的也得到了实现。这对战后的日本来说，意义非同寻常。

而且，在日本加入联合国的问题上，苏联方面虽然自始至终明确表示在1956年的联合国大会全体会议上将支持日本加入联合国，但是日本国内仍有不少人认为这一点靠不住，因此，为了让日本国内民众放心，鸠山首相要求苏联方面务必用书面写出保证，最终双方决定在《联合声明》中明确写出这一点。10月19日，双方在克里姆林宫发表正式结束日苏两国战争状态恢复邦交的《联合宣言》，并于条约第四条中明确写道：苏维埃社会主义共和国联盟将支持日本要求加入联合国的申请。③

4. 各方反应及其影响

签字仪式顺利结束之后，鸠山首相发表谈话，为日本和苏联结束战争状

---

① ［日］吉泽清次郎主编：《战后日苏关系》，叶冰译，上海人民出版社1977年版，第84页。
② 同上书，第95页。
③ 鹿岛和平研究所编：《日本外交主要文书年表（1）》（9141—1960），原书房1983年版，第784—786页。

态、恢复邦交正常化，实现了自己多年的心愿表示高兴，并希望日本国会尽快批准日苏复交联合宣言。日本代表团返回途中，于 10 月 24 日到达英国伦敦，英国方面对此表示祝贺；两日后代表团到达美国，却遭到美国总统艾森豪威尔、国务卿杜勒斯的回避不见，反映了美国方面对日苏谈判达成妥协态度冷淡。但是，日苏联合声明的发布，并没有从根本上影响日美关系，因为鸠山首相归根到底并没有脱离之前的亲美外交路线。《联合声明》第三条规定：日本国和苏维埃社会主义共和国联盟确认，各自拥有《联合国宪章》第五十一条所揭示的个别和集体自卫的固有权利。这实际上是 1952 年日美安保条约前言的翻版。用日本学者的话来说，其实际意义是，苏联再不能继续以往"攻击和非难日美安保条约和自卫队"的做法，条款规定互不干涉内政，"至少在法理上苏联也不能在政治和思想上介入日本了"①。

日苏虽然实现了邦交正常化，但是由于没有解决领土问题，因此没有缔结和平条约。在日苏邦交正常化谈判过程中，鸠山首相认为，苏联在领土问题上态度强硬，领土问题难以解决，他主张："日本不必坚持领土问题，而是要先加入联合国，之后一定会有机会再磋商这个问题。"②

鸠山政权在日苏邦交正常化谈判过程中，相对来说具有外交上的"自主性"，也反映了鸠山外交的实用主义，这与吉田内阁的"对美一边倒"外交策略有所不同。但是从一定意义上来说，鸠山外交的"自主性"也是以日美结盟为前提的，基本上是在美国允许的范围内进行的。在邦交正常化谈判过程中，日本为了不惹恼美国，日本外务省曾"立即把多姆尼茨基（当时苏联驻日代表）的信件向美英两国通报，采取各种手段努力表明日本是西方阵营一员的立场"。③

11 月 1 日，日本代表团返回东京，国内对此反应也比较冷淡。11 月

---

① ［日］入江通雅：《战后日本外交史》下册，第 52—53 页。转引自米庆余：《日本近现代外交史》，世界知识出版社 2010 年版，第 331 页。

② ［日］鸠山一郎：《鸠山一郎回忆录》，复旦大学历史系日本史组译，上海译文出版社 1978 年版，第 219—220 页。

③ 林茂、辻清明：《日本内阁史录》5，第一法规出版社株式会社 1981 年版，第 317 页。转引自米庆余：《日本近现代外交史》，世界知识出版社 2010 年版，第 332 页。

27 日，日本众议院在反对派缺席情况下，通过了《联合声明》及其他相关协定。12 月 7 日，鸠山首相宣布辞职。12 月 12 日，日本和苏联正式交换批准书，《联合声明》正式生效。当天，日本加入联合国的申请获得联合国安理会一致通过。

在日苏邦交正常化谈判过程中，日苏两国虽然在领土等一些问题上没有达成一致，但是对日本来说，加入联合国、恢复邦交正常化、结束两国战争状态等问题与之相比，更需要迫切得到解决，所以日本选择暂时在领土问题上妥协，这既可以为以后日苏进一步谈判留下余地，也可以堵住国内外各种反对的声音。尽管日本国内对日苏谈判达成协议实现关系正常化反应并不强烈，但作为鸠山内阁的最大业绩——日苏实现邦交及其后日本加入联合国，顺应了历史发展的潮流，符合两国人民的共同利益和民意，而作为一个有着历史意义的事件载入战后日本的史册。同苏联恢复邦交，使日本朝着重返国际社会的方向，迈出了极为重要的一步。

三、全面重返国际社会

日本在 1956 年 12 月正式成为联合国会员国之前采取了积极的措施，1947 年日本就已经出席亚洲及远东经济委员会，1952 年成为准加盟国。在美国的支持下，日本顺利加入各种国际经济组织。1952 年 8 月，日本加入国际货币基金组织（International Monetary Fund，简称 IMF）和国际复兴开发银行（世界银行，World Bank）。与此同时，日本开始加入关税及贸易总协定（General Agreement on Tariffs and Trade，GATT，简称关贸总协定）的谈判，并于 1955 年 9 月正式成为其中的一员。此外，作为联合国主要机构的国际法院，日本于 1954 年 3 月依照程序正式加入。此外，日本还积极参与联合国儿童基金组织以及巴勒斯坦难民救济计划等，逐步加入联合国劳工组织等专门机构，相继成为七个机构的理事国，横田喜三郎当选为国际法委员会委员。

日本加入联合国之后，积极按照《联合国宪章》的目的和原则，按照本国的外交基调，在可能的范围内积极参与国际事务，得到其他国家的高度评价。日本为了寻求更大范围内参与国际事务，扩大自身的影响力，作出争取成为联合国安理会常任理事国的决定，并在联合国第十二次大会上成为候选国之一。①日本刚加入联合国，就向世界展现了自己积极参与国际事务、扩大国际影响的良好姿态。

1. 加入关贸总协定

关贸总协定由政府之间缔结，是一个有关关税和贸易规则的多边国际协定，其宗旨是通过降低关税和消减贸易壁垒，使得国际间能够平等、自由地进行贸易活动，使得世界资源得到充分利用，促进商品在国际间的流通。1947 年 10 月 30 日，关贸总协定在日内瓦签订，并于 1948 年 1 月 1 日开始临时试用。关贸总协定成为战后国际体系的三大支柱之一，被称为联合国的"经济版"。在日本加入之前，关贸总协定已经有 33 个成员国，成员国之间的贸易额占世界的 80%，这一比率充分体现了关贸总协定在各国贸易和世界经济发展中的作用，对日本来说，成为其中一员对经济发展大有裨益。

日本加入关贸总协定，既与自身的需求有关，又与美国的大力支持分不开。日本政府认识到，在当时的国际环境下，要想从战后的废墟中站立起来并走出困境，仅仅依靠自身的力量是远远不够的。美国为了构建对抗苏联的社会主义阵营，也需要将日本拉进西方阵营。但是，日本加入关贸总协定的过程并不顺利。早在关贸总协定谈判之初，美国就把日本纳入其中作为既定目标，但是英国等其他一些国家反对美国的这种做法。

这些国家反对的理由主要有以下三个方面：其一，日本廉价劳动力使日本出口产品有极大的竞争力，西欧的产品将丧失市场；其二，日本战后采取倾销手段，使西欧各国深受其害，西欧对日本的贸易手段感到恐惧；其三，英国对日本享受特惠国待遇感到难以接受，由于之前入关已经做出了让步，英国对日本坐享其成的结果从心理上不愿意接受。

当时由于并没有和交战国签订媾和条约，各国便以此为借口，拒绝美国的提议。1948 年 2 月 9 日，华盛顿制定了一份题为《总协定与被占领地区待遇》的文件，该文件的主题是"为使总协定的最惠国待遇能惠及西德和日本

---

① 《外交蓝皮书》，日本外务省网站，http://www.mofa.go.jp/mofaj/gaiko/bluebook/1958/s33-2-1-1.htm#1。

等被占领地区，美国应采取什么行动"。①之后，美国又希望起草一份协定书或其他任何形式的契约，以保证给日、德最惠国待遇，并迫不及待地希望与日本尽早进行关税谈判。

美国国会提议在日内瓦召开的关贸总协定第二次代表大会上，讨论日本入关问题。"旧金山和约"让日本重新获得了一定的独立地位。1952年2月，日本外务省将日本政府入关的愿望告知了美国驻东京使团，美国对此非常支持。同年7月，日本将入关申请正式提交于关贸总协定理事会，同时由于参加缔约国之间的关税谈判是日本入关的先决条件，因此日本请求参加。日本的申请在关贸总协定第七次缔约国全体大会上通过。

1953年底，绝大多数成员国同意日本"暂定入关"，并分别与日本达成协议。根据协议规定，各国应当在1955年6月30日以前与日本完成关税谈判。只有英国仍反对日本入关，拒绝改动其进口配额，拒绝按照关贸总协定的规定给予日本相应的贸易权利。1953年9月17日，关贸总协定第八次代表大会在日内瓦召开，支持日本临时加入这一机构成了美国代表的首要任务。虽然美国代表为完成这项任务做出了努力，但会上仍遇到来自国内外的各种阻力。10月24日召开的第八次关贸总协定大会上，与会各国以26票赞成，7票弃权的表决结果，通过了日本以临时成员国的身份加入该组织的动议。当日本代表从观察席被大会主席邀请走到正式会议桌前就座的时候，温斯洛普·布朗高兴地写道"这一小小的行动，记录了历史上伟大的时刻"。②

至1953年底，有18个国家与日本签署了适用关贸总协定原则的协定。在1954年10月举行的关贸总协定第十次会议上，美国开始同日本进行关税谈判。在美国总统和国会议员的努力劝说和游说下，美国在促使日本入关问题上迈出了重要一步。1955年2月，美国和日本正式开始入关的双边谈判。在这次谈判中，美国在纺织品和轻工业产品方面对日本做出了大幅度的关税减让。1955年6月7日，在日内瓦召开的关贸总协定第十一次代表大会上，

---

① 刘同舜、姚椿龄主编：《战后世界历史长编》（1953年），上海人民出版社1992年版，第467页。

② 王新香：《日本重返国际社会历史轨迹探析》，复旦大学硕士学位论文2004年，第27页。

三分之二的成员国投票表决，同意签署日本加入关贸总协定的协议。9 月 10 日协议生效，日本正式成为关贸总协定成员。不过，以英国为首的英联邦国家和其他一些国家共 14 国，依然坚持对日援引关贸总协定第 35 条，同意日本加入关贸总协定，但是不给予日本最惠国待遇。之后，日本花费了近 10 年时间才解决了与英联邦等国家的最惠国待遇问题。

加入关贸总协定对日本产生了极大的影响，首先，这极大地推动了日本经济的发展，为日本经济的腾飞打下坚实的基础，也为迈向经济第二大国铺平了道路。其次，在"安全利益"与"经济利益"各有所好的交易中，日本和美国达成协议。这一协议对日美关系产生了不可忽略的影响，使日美关系互相利用的色彩相当浓厚。由于美国亲手扶植了后来最主要的经济对手之一，就这个意义而言，70 年代开始的日美贸易摩擦，就成了美国"养虎成患"的必然结果。总之，日本利用美苏冷战的格局，为本国赢得了一个重要的经济发展空间，使本国利益在入关问题上得到最大程度的满足。

2. 加入国际货币基金组织和世界银行

国际货币基金组织于 1945 年 12 月 27 日在华盛顿成立。其成立依据是布雷顿森林会议签订的《国际货币基金协定》。IMF 的作用是监测货币汇率和各国贸易情况，在技术和资金方面提供支持，确保全球金融体系的正常运作。世界银行同日宣告成立，1946 年 6 月 25 日开始运行，1947 年 11 月成为联合国专门机构，世界银行初期目的是帮助欧洲国家和日本在二战后的重建。

日本加入国际货币基金组织和世界银行相对来说比较顺利，这主要因为日本加入国际货币金融体系，和其他国家不会形成太大的利益冲突，同时也与美国的大力支持分不开。

应该说，以冷战格局的形成和美国对日政策的转变为背景，这两个组织的建立不仅为日本经济的恢复提供了有利的国际货币金融环境，而且为日本重返国际社会，搭建了重要的经济平台。尤其值得关注的是，在经济恢复时期，在这两个机构中扮演"老大"角色的美国，为日本提供了数以亿计的经济援助，对日本的经济复兴，起到了难以估量的作用。

毋庸赘言，日本能否加入这两个组织，在很大程度上取决于美国的态度。在美国的支持下，日本提交的加入申请获得国际货币基金组织和世界银行的批准。同年 8 月 14 日，日本正式加入国际货币基金组织，成为该组织第 51 个加盟国，同日日本加入世界银行。

加入国际货币基金组织和世界银行，成了日本重返国际政治、经济社会的强大动力。日本紧紧抓住与美国结盟的机会，利用美国这个巨大的保护伞，使日本"在许多国际活动中，包括进入国际货币基金组织、国际复兴开发银行，在关贸总协定及经济合作与发展组织等方面得到了它所需要的保护"①。

第三节　日本的国家利益及联合国外交行为

现实主义理论认为，国家利益是国际关系理论的核心概念之一，它是国家制定对外政策和对外目标的主要依据和决定因素，建构主义不否定国家利益的作用，认为观念变化导致身份变化，身份变化导致利益的变化。二战结束后，日本特定的历史背景下，采取了追随美国的外交战略，围绕联合国，日本提出了"外交三原则"，随着日本经济的全面复苏和地位的提升，日本终于有勇气与美国提出修改安保条约，也在一定程度上增强了对美国外交的自主性。

一、确立以日美基轴为中心的外交路线

战后，美国将日本视作桥头堡阵地，欲借助日本遏制苏联及社会主义阵营。随着中苏缔结条约和朝鲜战争的爆发，美国在亚洲战略方面迅速作出调整，首先对日本的军事基地更加重视，其次希望与日本尽快媾和并订立安全条约。

1951 年 9 月 8 日，美国与日本在旧金山签订和约，接着又签订《日美安全保障条约》和《日美行政协定》。自此美国进入了"旧金山体制"时期，

---

① ［美］休·帕特里克、亨利·罗索夫斯基主编：《亚洲新巨人——日本的经济是怎样运行的》，《亚洲新巨人》编译组译，上海译文出版社 1980 年版，第 70 页。

对日本处于半占领状态。按照以上条约规定，日本与战胜国结束战争状态，获得了法律上的独立地位。但是日本在主权上作出了让步，美国可以在日本驻扎军队，并不得将基地给予第三国，等等。①"旧金山体制"是美国转变对日占领政策的必然产物，从此美国的对日占领政策发生重大转变，开始敦促日本的军事力量与美国反苏军事体系合作，对当时的苏、中等社会主义国家矛戈相向。

对日本来说，战后日本不仅要在千疮百孔的战争废墟上进行重建，而且迫切需要寻求一种安全保障，因此，日本采取了外交上追随美国为主，以美国马首是瞻的策略。出于安全和发展的角度，日美媾和的首要目的是维护社会安全，在此基础上方能实现经济的发展。日本在美苏冷战之时有三条道路可走：倒向美苏某一方或者采取中立。但是日本政府采取了站在美国一方的策略，将日美基轴作为日本外交的支柱。

以日美关系为基轴的新外交路线，主要包括以下几个方面：第一，外交策略原则上追随美国，以小国的身份保持"低姿态"，重点发展对外经济，依赖美国保护其国家安全；第二，与周边资本主义国家、西欧各国以及其他国家发展友好往来，加入联合国框架下的各种国际组织；第三，以主要精力发展"两头（资源供应和销售市场）在外"的外向型经济。②

日本的民族精神非常重视实力、崇尚强者。日本的外交政策也是建立在"与强者结盟"的理论基础上。战后日本政府将日美关系当作日本国际关系的"基轴"。外务省认为，日本若保持中立，国家安全将会遭受更多威胁，若不依赖美国而实行自主防卫，又难以承担巨大的经济压力。日本认为："要在目前世界形势中保障日本的安全，其方法是：日美安保体制、非武装中立、武装中立，但比较起来认为，维护现在的日美安保体制较之其他两个方法最为现实，并且是一种安全程度最高，危险性最少的方法。"③总之，从

---

① 《国际条约集（1950—1952）》，世界知识出版社 1961 年版，第 393—394 页。

② 金熙德：《日本外交 30 年》，青岛出版社 2008 年版，第 57 页。

③ ［日］外务省：《我国的安全保障问题——关于日美安全条约的焦点问题》报告，1966 年 4 月 16 日。转引自任丽芳：《二战后日美基轴的建立与日本角色的嬗变》，《贺州学院学报》2008 年第 6 期。

利弊分析来看，日美结盟对日本来说是个有利的选择。

二、外交三原则的提出及实质

岸信介内阁成立以后，面临的一个非常紧迫而重要的问题，就是如何实现与美国关系的相对平等。日本为了实现这一目标，首先要解决的问题是必须提高其国际地位和影响力，只有这样才有可能使美国把日本当成相对平等的伙伴。争取在联合国发挥更大作用成为日本提升其国际地位的一个重要考量，为此日本政府提出了"以联合国为中心"的外交三原则。

1. "以联合国为中心"外交战略的提出

日本《外交蓝皮书》中阐述了外交三原则提出的背景和意义：日本为了确立和维护基于自由和正义为基础的和平，以此为原则，推进和平外交，实现国际正义，树立国际社会的榜样。外交三原则正是这一根本精神的外交活动的表现方式。联合国正如其宪章所示，以维护世界的和平与安全、实现国际纷争的和平与正义地解决、发展各国间的友好关系以强化世界和平为终极目标，这些目标与日本外交三原则从根本上来看是一致的。但是不得不承认，联合国不仅崇高的目标难以实现，而且就连低目标也难以彻底实现，这也是当前国际政治的现实。在这种情况下，日本一方面要持续不断追求联合国的理想，另一方面，为了应对这种现实，日本必须加强协调与其有着共同目标的各个西方民主国家，以确保本国安全。

鸠山首相在完成日苏两国恢复外交关系的全部法律程序后，于1956年12月14日，在自民党临时大会上，不负前约地宣布"辞去总裁职务，不久还想辞去首相职务"。经历了短暂的石桥湛三首相之后，1957年2月25日，第一届岸介信内阁成立。1957年9月，岸介信内阁发表了第二次世界大战之后的日本第一份《外交蓝皮书》[1]，提出日本的"外交三原则"，即"以联合国为中心、与自由主义各国协调、坚持作为亚洲国家一员"，[2]旨在通过联合

---

[1] 《外交蓝皮书》是岸介信内阁的一项成果，1957年9月，日本政府决定出版《外交蓝皮书》，集中反映了日本新形势下积极开展外交活动的强烈欲望及主要政策，半个多世纪以来，它已经成为日本对外交往以及基本政策的历史性记录。

[2] 《我国外交的基调》，日本外务省网站，http://www.mofa.go.jp/mofaj/gaiko/bluebook/1957/s32-1-2.htm＃a。

国与自由主义各国的协调，提高日本的国际地位，另外通过亚洲外交，使日本在经济方面重返东南亚，并进而以经济为手段，影响亚洲，特别是东南亚各国，达到称霸亚洲的目的。

2. 外交三原则之间的关系

日本外交三原则的三者之间，都是为了维护平等国际社会的自由和正义，并在这种和平的世界中确保日本自身的安全和发展，从根本上来看，三原则之间贯穿着一个根本精神，并无相互矛盾之处。①

关于"以联合国为中心"外交战略，日本有以下三个方面的战略思考：

首先，联合国是全世界国家之间最大的对话场所，要抱着这样的想法，对政治、经济、社会、文化、人道等问题采取积极的态度，显示日本对联合国的热情。加入联合国，必然要作为国际社会的一员积极贡献自己的力量。抱有这种决心新加入联合国的日本，实际上有必要在世界面前证明自己的热情。众所周知，联合国是世界上国际事务最大的对话场所，所以日本也有必要积极参加针对上述问题的讨论，抱着理解和同情的态度为解决问题而付出建设性的努力。日本要站在中立的立场采取行动。

其次，要努力将日本的立场和主张通过联合国这一舞台展现在世界面前。联合国作为大小各国的联合组织，人种、语言各不相同，包含多种多样的国情、思想和立场，这就要求各国尊重联合国的这种多样性，各国要把这种多样性根植于头脑中，抱着理解和同情的态度解决问题。日本一方面要以这种态度处理世界问题，另一方面也有必要让世界各国认识到本国的立场、主张。当今世界，所有的主张如果没有国际舆论的支持将很难实现，这就意味着，联合国是将日本的立场、主张向世界广泛宣传、争取国际舆论支持的最好场所。

最后，解决具体问题之时，要努力考虑到"与自由主义各国保持协调""作为亚洲国家一员"的外交原则之后采取行动。关于这一原则，正如上面所述，在联合国的活动也是日本外交活动的重要方面，理所当然地这一原则

---

① 《わが国外交の基本的態度》，日本外务省网站，http://www.mofa.go.jp/mofaj/gaiko/bluebook/1958/s33-1-2.htm#a。

也反映了日本在联合国的活动。这样，日本作为亚非组织的一员，要显示出理解和同情亚非各国的立场，同时也要注重与西欧各国的协调，按照《联合国宪章》的目的和原则，思考公正妥当的建设性的解决方案，努力说服当事国。这样做的结果，可以得到西欧国家和亚非各国双方的认可，进而通过联合国提高日本的国际地位。①

3. 外交三原则的实质

实践证明，日本外交三原则其实是从属于日美同盟的第二层次概念。三原则之间的矛盾突出表现在"以联合国为中心"和"以日美关系为基轴"这两大基本原则之间的关系上。

首先，"以联合国为中心"与"日美同盟"并不矛盾。日本在加入联合国初期的外交决策中，日本采取了与美国步调一致的外交策略，根据庆应大学法律系教授本三郎发表的《日本在联合国的态度》论文表明：日本在第十一次联大到第十七次联大期间，当问题涉及国际争端时，对于美国集团的观点，有94％赞同，而对于苏联集团的观点，仅有7％赞同；对于不涉及国际争端的其他问题，日本对美国集团观点的赞同率也达89％。②当美国的外交策略恰好符合联合国的多数舆论时，则"日美基轴"无疑同"以联合国为中心"的原则一致；但若两者出现冲突，日本均毫不动摇地站在美国一边。

其次，"与自由主义各国（主要是北美、西欧等发达国家）协调"的原则同样从属于日美同盟。冷战后，美国与苏联冷战格局的确立，"自由主义各国"大多站在美国一边，因此日本的这种协调不会威胁到日美同盟关系；同时，"自由主义各国"在外交策略、国家和地区利益等方面与美国不一致时，面对这种冲突，日本往往也毫不犹豫地站在美国一边。

最后，"坚持作为亚洲国家一员"原则同样适用于日美基轴。二战后日本一贯重视亚洲，并力图在亚洲外交上超越冷战格局。日本在加入联合国后主张"亚洲的问题由亚洲国家自己解决"，强调超越意识形态的界限解决现实问题，并称日本要做连接东西方的"桥梁和纽带"。但是在具体问题上，日本立即面临"选择"困难。从日本外交的总体来看，亚洲外交也从属于对美协调。①

三、日本经济的全面复苏为其联合国外交奠定重要基础

从一定意义上来说，日本的发展因挑起二战而中断。日本所发动的侵略战争，给中国和诸多亚洲国家的人民造成重大灾难。战后的日本废墟遍地，自明治维新以来实行工业化、现代化带来的经济社会发展的物质成果几乎完全葬送于战争的火海。然而战后日本又抓住国内外的多种契机，从战败的阴影中实现了工业化和现代化的又一次崛起，跻身世界经济大国之列，这无疑是一个奇迹。但是，由于日本采取追随美国的外交战略，在国际社会造成了日本外交缺乏理念和主见的印象。

1. 战后日本经济的高速增长

战后日本政府从政治、经济到社会关系进行比较广泛的社会改革，改变封建落后的生产关系，为经济恢复和发展铲除主要障碍，这对经济的迅速恢复起到很大程度的推动作用。

然而，更重要的因素是冷战带来的影响，甚至可以说是冷战改变了日本的命运。在1945年至1955年间，美国的对日策略由最初的彻底摧毁逐步转变为扶植其垄断资本复活。这是一个非常重大的改变。朝鲜战争爆发后，美国从日本大量采购军火等战争供给，为日本带来了大量的"特需"收入。同时，西方各国竞相扩充军备、采购物资，这又促进了日本商品进入世界市场，带来了日本垄断资本的复活并高速增长。朝鲜战争期间，"特需"的发展使日本迅速恢复了经济。根据1955年9月日本的特需收入报告，1950年到1953年期间，日本接受美国侵略战争的"特需"订货共计23.9亿美元。其中1950年为1.49亿美元，1953年则增加到8.09亿美元。

为了满足"特需"物资的供应，日本重新开始完整地生产武器。在这种经济的刺激下，日本出口迅速增长：1949年日本出口额为5.01亿美元，1950年和1951年则分别增加至8.02亿美元和13.55亿美元，年均增长超过

---

① 金熙德：《日本外交30年》，青岛出版社2008年版，第60页。

60％。日本抓住"特需"经济的契机，大力发展生产，经济很快摆脱了战后的萧条状态。对此日本学者正村公宏曾说：正是朝鲜战争给日本带来了巨大的经济利益。①经济企划厅也总结道：战后日本经济复苏的活路来自朝鲜战争，对于日本来说，朝鲜战争是一剂"灵丹妙药"②，使其得以起死回生。

此外，由于与日本签署了安保条约，美国曾经要求日本承担相应的军费开支，但是日本借口经济尚未完全恢复，没有答应这个要求。根据后来的《日美安保条约》第三条"缔约国通过自力更生和相互的合作及援助，在宪法规定的基础上发展和维护各自的国防能力"，③最终是美国做出了让步。日本按照该条约，承担了较少的军事经费，这对战后初期日本经济的快速恢复无疑起到重要作用，日本可以一心一意发展经济。

日美军费负担对照表

单位：亿美元

国家	项　目	1960 年	1970 年	1980 年	1988 年
日本	军费开支	4	16	89	296
	占 GNP 比重	1.2％	0.8％	0.9％	1.0％
美国	军费开支	392	718	1227	2890
	占 GNP 比重	8.2％	7.8％	5.0％	5.9％

日美经济力量变化对照表

单位：美元

国家	项　目	1960 年	1970 年	1980 年	1988 年
日本	人均 GNP	456	1907	9020	21040
	经济增长率	10.6％	10.6％	4.9％	4.3％
美国	人均 GNP	2308	4839	11590	19780
	经济增长率	4.0％	4.0％	3.2％	2.6％

资料来源：《日本问题资料》1991 年第 6 期。转引自杨剑，《战后日本经济迅速发展的客观原因》，《经济问题》2004 年第 6 期。

---

① ［日］正村公宏：《战后日本经济政治史》，上海社会科学院世界经济研究所译，上海人民出版社 1991 年版，第 271—272、317—318 页。

② 日本经济企划厅：《战后日本经济史》，大藏省印刷局 1957 年印，第 320 页。转引自杨剑：《战后日本经济迅速发展的客观原因》，《经济问题》2004 年第 6 期。

③ 《日美安保条约》，http://baike.baidu.com/view/90432.htm。

2. 对外援助——重返国际社会的经济手段

由于全球经济发展不平衡，各国的经济发展水平存在差异，因此产生了"对外援助"现象，这是一种在国与国之间出现的、不受市场原理及价值规律支配的"资源流通现象"①。这一阶段，日本亟须摆脱战争的阴影，为了快速发展经济、重返国际社会，在外交上实施了对外援助政策，发展对外经济贸易，修复与亚洲国家之间的关系。

1955 年开始，日本按照"旧金山和约"的规定，对曾受其侵略的亚洲国家支付赔偿。借此机会，日本也进一步修复了与这些国家的外交关系。1958 年，日本向印度提供第一批贷款，结束了日本受援国历程而进入了援助国的角色。这一时期，日本除了进行战争赔款，还初步形成特有的日本型外交模式——依靠对外援助政策开辟国际市场、获取廉价资源。②

这一时期，日本主要对印度、菲律宾、印度尼西亚等南亚和东南亚国家实施援助。主要有四个方面的原因：第一，日本的战争赔偿主要集中在东南亚地区；③第二，东南亚是日本经济复苏和快速发展的商品出口市场及主要资源供应地④；第三，日本在 1954 年加入"科伦坡计划"，东南亚是该计划的主要援助地区；第四，配合美国的亚洲战略，巩固日美关系、稳定周边环境、维护国家安全、加速经济发展。

1960 年以后，随着经济实力的增长，日本进一步扩大对外援助的规模。在国际层面，日本通过加入经合组织等主要国际组织，以援助国的身份进入西方援助体系，并成为主要援助国之一。在国内层面，日本进一步完善对外援助的政策体系。1960 年制定《海外经济合作基金法》，加入"国际开发协会"（IDA）。1961 年成立日元贷款实施机构"海外经济合作基金"（OECF），1962 年又成立对外技术合作实施机构"海外技术合作事业团"（OCTA），此外，日本还设立 ODA 专门管理机构。这样一来，日本对外

---

① 金熙德：《日本政府开发援助》，社会科学文献出版社 2000 年版，第 3 页。
② 周永生：《经济外交》，中国青年出版社 2004 年版，第 276—297 页。
③ 张健：《战后日本的经济外交 1952—1972》，天津人民出版社 1998 年版，第 112—137 页。
④ 金熙德：《日美基轴与经济外交》，中国社会科学出版社 1998 年版，第 259—262 页。

援助体系得以法律化、规范化，并形成以"日元贷款、无偿援助、技术合作"为三大支柱的国际援助模式。

这一阶段日本的对外援助，主要目的是为了消除战争影响、开发国际市场，可以说日本实行的是被动反应型的 ODA 政策，一边处理战争赔偿问题，一边形成自己独特的援助模式。日本通过实施对外援助，不仅实现了重返国际社会的目标，恢复了与一些相关国家的外交关系，部分解决了战争赔偿问题，而且开辟了海外市场，保证了海外资源的供应。

3. 东京奥运会的举办与日本全面回归国际社会

随着历史背景的变化和地点的不同，奥运会这个百年盛会所产生的影响也不同。二战后，体育逐渐走向产业化和全民化，奥运会作为一种文化和体育活动，已不仅仅是体育比赛，而且其自身就具有一定经济价值，并且对投资和消费具有刺激作用，可以激发民族凝聚力从而对经济的发展起到促进作用，因此可以在不同程度上影响国家的社会经济发展，成为推动一个国家社会经济发展的动力。日本见证了奥运会的这一作用。1964 年日本通过举办东京奥运会，不仅让全世界看到了日本的复兴，同时也促进了其经济的进一步增长，在经济发展过程中起到里程碑式的作用。

本来，早在二战爆发前就确定第 12 届奥运会将于 1940 年在东京举办，但由于日本侵华战争和二战的爆发，日本放弃了主办权。随着战后国力的增强以及经济的复苏和国家建设的恢复，日本为了拉动经济、振奋国民精神，于 1952 年再次申请在东京举办奥运会。1959 年，国际奥委会通过决议，同意由东京主办 1964 年第 18 届奥运会。这是奥运会首次在亚洲举行。

日本政府非常重视这次机会，将其作为国家事业，纳入收入倍增和国民经济高速增长计划，为举办奥运会在基础设施建设方面提前做了大量准备工作，诸如扩建城市、改进道路交通、兴建体育场馆和其他服务设施等。这类建设对制造业、建筑业、运输业、服务业、通讯等行业起到强大的带动作用，使得日本经济借着东京奥运会的契机发展更加活跃。

在当时奥林匹克历史上，日本为奥运会投入资金是最高的。若综合所有相关事业的投资，可高达 1 兆日元，在当时约合 30 亿美元（当时的汇率为

1 美元折合 360 日元）。其中包括奥运村和比赛设施投资 160 亿日元，运营费 60 亿日元，道路交通及其他费用 825 亿日元，以上项目总计约 1000 亿日元；其余投资主要用于突击完成首都高速公路、东海道新干线、东京地铁、东京高架单轨电力以及交通网的整备。①

东京奥运会为日本的发展带来一系列的直接效应和波及效应。前者主要体现在通过直接投资提高经济增长率、增加生产和就业，后者则体现在由此带动建筑、交通运输、通讯、电子等相关产业的发展以及技术的进步。此外，奥运会为日本品牌在国际市场打下知名度，振奋民心，激发民族凝聚力。

日本利用东京奥运会向全世界展示其政治、经济、科技、文化等各方面的发展成果，展示日本新形象，为重新进入国际社会跨出了重要一步。东京奥运会的召开，不仅成就了日本产品以全新的形象进入国际视野，而且由于以大城市为中心大批建房，因此促成战后第二次建房高潮。因而，日本学者称这一时期在战后建筑史上变化最大。所以，1963—1964 年间的日本繁荣景象被誉为"东京奥林匹克景气"。

东京奥运会是日本进入工业化强国行列的转折点，是日本经济发展的一个重要里程碑。1963 年，按照国际货币基金组织条约，日本符合其第八条规定。因此，第二年日本即以发达国家的身份加入了经合组织。东京奥运会后不久，日本国民生产总值先后超过英国、法国和西德，成为资本主义世界仅次于美国的第二经济大国。

第四节 小 结

战后，日本加入联合国的历程可谓曲折多变，尽管如此，日本政府围绕这个问题，先是多次提出了加入联合国的目标和愿望，在受到苏联的阻碍之后，日本审时度势，恢复了日苏关系，终于实现了加入联合国的目标。这一目标的实现，为日本重返国际社会、得到国际承认迈出了重要的一步。可以说，加入

---

① ［日］中村隆英：《昭和史Ⅱ》，东洋经济新报社 1933 年版，第 534 页。

联合国是日本战后外交史上的一个重大转折。在加入联合国之前，日本在国际社会的交际范围有限，而且在世界上的发言权也受到种种限制。加入联合国之后，日本成为国际社会一员，而且也成为"平等一员"。

在日本加入联合国的过程中，日本在外交战略上呈现出双重特征，即对美国的依赖性和对苏联的策略性。对美国的这种依赖关系，使得美国在日本入联的过程中起到了非常重要的作用。美国为了能让日本加入联合国，积极出谋划策，并助其取得联合国的观察员资格。苏联对日本加入联合国持反对态度，而美国自始至终都是扮演支持者的角色。对日本来说，美国当时是世界上实力最强的国家，尤其是在联合国有着重要的优势和影响力，日本要想加入联合国必须得到美国的同意，这些国际形势注定了日本在外交活动上要受到美国的制约，在日本加入联合国问题上也不例外。

从对苏关系来看，日本对苏的外交战略经历了一些改变，最初日本认为加入联合国不需要恢复日苏关系就能实现，当时并未认识到苏联在联合国的重要性。由于加入联合国屡屡受挫，日本不得不考虑改变原来的对苏战略，开始认识到加入联合国必须得到苏联的支持，这使日本重新考虑采取迂回战略，恢复与苏联的外交关系。当时的鸠山政权，为了恢复日苏关系，面临着国内外巨大的压力。当时国内外形势均不支持恢复日苏关系，鸠山首相为了争取各种反对势力的谅解和支持，毅然决定以退出政界为交换条件，力求在任期内恢复与苏联的关系。苏联否决日本加入联合国，固然有着当时两国并未实现关系正常化的原因，但是更深层次的原因是美苏冷战两极格局的对峙。

为了达到加入联合国的目的，日本在对苏政策上发生一系列改变，从而在一定程度上也反映出日本在外交策略上的改变。自20世纪50年代中期，随着综合国力的增强，日本认识到，需要改变对美一边倒的状态，在国际上对自身进行重新定位。日苏关系的正常化，就是鸠山内阁间接策略的一种体现。但是从总体上来看，二战后在以美苏对抗为中心的冷战格局下，日本虽然在经济上已经实现崛起，但是要在国际上树立高大的形象，消除其他国家对日本外交无主见的印象却非易事。日本经济大国的形象与联合国外交的扁平化趋势，使日本外交屡屡陷入困境。

第四章

从经济大国到政治大国
——日本联合国外交的调整（1965—1989年）

日本在经历20世纪60年代的"繁荣"之后，在国际上经济大国的地位得到确立，要求改变过去战败国的意识日趋强烈，在战略上从原来的追求"经济大国"向追求"政治大国"目标迈进。其对外战略也相应地从过去的消极被动变为积极主动，从服务于经济大国变为加强自主外交、争当在联合国及国际舞台上的主角。在维持日美同盟的基础上，日本更加注重外交的独立自主性，以取得战略主动，积极谋求国际舞台中政治大国的地位。

这期间，日本提出成为联合国安理会常任理事国的强烈愿望，并为此付出诸多努力。第一次能源危机爆发以后，能源安全问题在日本的外交整体布局中占据越来越重要的位置，也成为日本联合国外交的一个重要内容和日本对外政策的基本出发点。在此背景下，日本经济外交的内容有了新的变化，即加强对外援助成为其推行经济外交的一个重要手段，成为政治外交的重要一环。80年代后，日本提出"政治大国"的目标，并制定具体的措施，利用自身强大的经济实力，进一步强化对联合国的外交。日本明确提出，为了提高国际地位，向政治大国迈进，必须在联合国及其机构中增加发言权和影响力。

第一节　日本联合国外交的进一步发展

自20世纪60年代末起，国际力量对比发生明显变化，世界多极化趋势越来越明显。美苏争霸经历了苏攻美守向美攻苏守的转变，西欧和中国等第三世界力量的崛起，改变了世界的格局。日本随着经济实力的增长和国内外形势的变化，外交方向从"自主外交"向"全方位外交"转变，更加注重在处理国际事务中争当主角之一，为成为政治大国及向外扩张做好准备。到80年代，日本提出"战后政治总决算"目标，提出"要加强日本在世界政治中的发言权，既要增加日本作为经济大国的影响力，还要增加日本作为政治大国的影响力"。①

一、国际背景和国际格局的变化

这一时期，美苏力量此消彼长，世界形势相比战后初期和50年代发生了巨大变化。苏美两极存在的同时，西欧、中国和日本等新的力量中心也在逐渐形成，另外第三世界力量的增长也不可小觑，国际格局发生巨大变化，全球不稳定因素增加。可以说，这一阶段是国际政治力量大动荡、大分化、大改组时期。随着苏联力量上升，美苏在缓和的烟幕下在全球展开斗争，美国的霸权地位受到挑战，尼克松主义和"越顶外交"使日本不得不调整对外战略。到80年代，美苏力量对比再次发生变化，争霸态势已经由70年代的苏攻美守转变为美攻苏守。

1. 20 世纪 60 年代中至 70 年代末的世界格局

20 世纪 60 年代末，美国面临着多重考验，压力来源于严峻的国内外形势以及日趋复杂多变的国际环境：第一，军事力量上，美国核武器数量被苏联超越，这极大地撼动了美国对苏联军事上的优势特别是核优势的地位；第二，在西方联盟的地位上，由于欧洲国家的经济发展和政策调整，美国在西方联盟中的核心领导地位发生动摇；第三，对华态度上，随着中国综合实力的增强、中苏关系恶化，同时在美国国内舆论的压力下，美国政府认识到，中国的作用大大增强，必须改变过去的对华策略；第四，越南战争没有向美国预想的方向发展，给美国带来严重的社会危机，迫使美国政府不得不调整

---

① 《外交蓝皮书》（1983 年版），日本外务省网站，https://www.mofa.go.jp/mofaj/gaiko/blue-book/index.html。

其一贯坚持的全球扩张战略。由于上述各种压力，美国政府提出了"尼克松主义"。①1971 年尼克松在对外政策报告中提出，世界外交格局已经进入多极化时代。后来尼克松在堪萨斯城的演讲中进一步强调：美国、苏联、西欧、日本和中国是决定未来世界命运的五大权力中心。②

这一阶段，为应对剧烈变化的国际局势，苏美双方均在一定程度上调整了国家战略和外交政策。这一时期东西方关系出现双重局面——既有"缓和的高潮"，又有"冷战对抗的加剧"。这种缓和主要体现在苏美双方在核裁军政策方面取得暂时的一致以及双方高层领导频频会晤。另外 1975 年召开的"欧洲安全与合作会议"，也缓和了东西欧之间冷战对峙的气氛。

然而，这种缓和并未改变东西方的冷战局面。在缓和局势达到高潮的 1979 年底，苏军发动对阿富汗的大规模入侵，直接导致缓和热度的骤减，并进入新一轮对抗。至此，苏联的霸权主义和军事力量达到前所未有的新高度，但却远未达到其"全球进攻大战略"以及"与西方关系缓和"的目的，而是导致国内经济停滞不前、外交局面遭遇惨败。

在这一时期，中国在外交方面成绩斐然。主要体现在两个方面：第一，中华人民共和国于 1971 年恢复了在联合国的合法席位；第二，中美关系取得突破性进展。随着中美关系破冰和中日关系正常化，中国在国际舞台上发挥着越来越重要的作用，中美苏大三角关系逐渐形成。1979 年中美建交，更是极大地改变了世界的格局。

2. 20 世纪 80 年代的美苏争霸格局

这一时期，世界朝着多极化方向发展，且美苏关系处于既有对抗又有对话的阶段，1979 年苏联入侵阿富汗后，美国对苏采取了一系列制裁措施。卡特上台之后，美国对苏政策由缓和转向强硬，他提出"任何外国势力如有控

---

① 关于尼克松主义，有狭义与广义之分，狭义的尼克松主义是指从 1969 年 7 月尼克松的关岛演说及其延伸而来的"三项原则"，旨在调整美国的海外义务，主要涉及美国的力量收缩，广义的尼克松主义还包括 1970 年尼克松在其对外政策报告中提出的以"伙伴关系、实力和谈判"为三大支柱的"新和平战略"，这不仅涉及美国与其盟国的关系，也涉及美国对苏联和中国的基本方针。

② 冬梅编：《中美关系资料选编（1971.7—1981.7）》，时事出版社 1982 年版，第 79 页。

制波斯湾地区的企图，都将被视为侵犯了美国的根本利益，我们将采取任何必要手段，包括武装力量在内，反击这种企图"。①

里根政府上台后，对美国的外交战略进行了调整，试图扭转美国对苏不利的争夺局面，恢复和扩大美国在全世界的影响力。为此，美国提出了"星球大战计划"，通过利用经济实力和优势，争夺对苏的核战略优势，并在军备竞赛中拖垮已陷入困难的苏联经济，使苏联在国际竞争和争夺中陷入不利地位。在外交上，美国由守转攻，打着国家利益的幌子，积极插手和干预地区冲突，同苏联在全世界开展争夺。在意识形态领域，美国也与苏联展开竞争，力图促进东欧和苏联和平演变。

面对美国的挑战，苏联采取了极为强硬和全面抗衡的政策措施。80年代前期，苏联由于国内经济增长速度下降，军事开支减少，对外扩张的步伐放缓。但苏联不允许美国对苏的军事优势，在外交上也采取了针锋相对的不妥协态度。1985年3月，戈尔巴乔夫上台之后，面对经济上的困难和社会矛盾，不得不实行收缩战略，以缓和对美强硬的态度。苏联提出了"新思维"，对当前世界的发展趋势作出基本估计，并提出苏联在处理国际关系中的基本原则。双方出现缓和的迹象，首脑频频会晤，并在1987年签署中程导弹条约。

二、日本战略目标定位的变化

亨廷顿指出："国际权力很大程度上取决于国家经济实力。当世界形势发展到不再以军事暴力争夺国际地位的时代，经济实力对一个国家国际地位的影响作用日益增强。"②战后日本主要着手国家经济的复苏，通过对当时所处的国际环境及国内现状的综合考虑，提出了经济外交的策略以谋求扩大其国际影响力，扭转在国际舞台上的政治地位。战后日本经济的发展，经济外交在扩展其国家影响力方面越来越重要，日本更加注重通过经济外交这一有力手段助其实现"政治大国"梦想。

---

① 吉米·卡特1980年1月23日国情咨文，参见梅孜编译：《美国总统国情咨文选编》，时事出版社1994年版，第656页。

② Huntington S., "Why international primacy matters," *International Security*, Vol.17, No.4, p.72.

1. 战后初期日本的经济外交

战后，日本对于国内经济的恢复与发展投入了较多精力。1956 年后，日本经济迎来数次大幅度增长，经济水平快速提高。日本国民生产总值在 1956 年和 1973 年分别为 46.488 万亿日元（1985 年价格）和 207.745 万亿日元，17 年时间增长 4.4 倍。其间平均年增长速度居西方发达国家之首，高达 9.8%，个别年份的增长速度更高。1967 年、1968 年日本的国民生产总值表现得非常突出，相继超过英、法和西德，成为仅次于美国的第二号经济大国。经济力量的急剧增强使日本的国际地位大大提高，国际影响力进一步扩大。日本依靠坚实的经济实力在国际外交中获得更多的发言权，为实施下一步的联合国外交路线做了铺垫，以逐渐实现摆脱战败制裁钳制的目标。

日本经济的增长率

单位：%

年　份	名义增长率	实际增长率
1955—1970	15.7	10.0
1970—1975	16.2	4.4
1975—1980	9.9	5.0
1980—1985	5.4	4.0

数据来源：日本经济企划厅，《国民经济计算年报》（1988 年版）。

各国经济增长率

实质 GNP 增长率（%）

年　份	日本	美国	加拿大	英国	西德	法国	欧盟	经济合作与发展组织
1964—1974（平均）	9.4	4.0	5.4	2.7	4.4	5.4	4.5	5.0
1973	9.8	5.5	7.5	6.6	4.9	5.4	5.6	6.0
1974	1.3	1.4	3.7	0.6	0.4	2.3	1.8	0.1
1975	2.5	1.3	1.1	1.5	2.5	0.1	1.9	1.0
1976	6.0	6.0	4.9	2.6	5.7	5.2	4.6	5.2
1977	5.1	4.9	2.6	0.0	2.4	3.0	1.9	3.6

数据来源：1978 年日本《外交蓝皮书》，日本外务省网站，http://www.mofa.go.jp/mofaj/gaiko/bluebook/1978/s53-fuhyou-004.htm#1_2。

70 年代初期，由于美国外交政策的调整，美苏关系逐渐缓和，国际政治局势的发展对日本有利。在国际关系相对缓和期间，日本政府为了实现"政治大国"的愿望，在经济外交的同时增加了政治安全因素的考虑，表现出明显的非经济性战略意图。中东战争之后，石油输出国对日本实施禁运，日本经济遭受重大打击，1974 年日本经济增长率从上一年的 9.8％降为 1.3％，日本不得不调整对中东的战略，此后日本经济逐步实现增长回归。日本也由此认识到，不能再过分追随美国，必须重新重视外交战略的多元化发展方向。因此，日本果断采取"新中东政策"，这一政策充分体现了日本外交战略的转变。因为这是日本战后第一次采取与美国不同的政策，它标志着日本对中东政策发生了 180 度大转弯①，也是日本转向兼具政治战略意图的综合性外交政策行为的转折点。

进入 70 年代以后，随着经济实力进一步增强，日本的经济外交出现转变，更多地体现政治目的，开始向着政治大国乃至军事大国的目标奋进。1987 年，其人均 GDP 达 19642 美元，超过美国而成为世界第一。在此基础上，日本非常希望能够通过经济外交来获取政治大国的地位，获得更多的发言权，因此大幅增加战略型援助。此时西方国家正处于"援助疲劳"的低谷，日本借此机会跃居世界最大对外援助国。

2. 日本"政治大国"目标的提出

伴随经济迅速增长的还有"政治大国"的野心。在经济实力的支撑下，日本越来越迫切地想要改变其经济大国、"政治侏儒"的现状，要在国际社会中成为"国际国家"，扮演与其经济实力相一致的角色。

随着经济力量的增强，日本在国际事务中改变了过分依赖美国的做法，开始根据自身的国家利益调整外交政策。1972 年田中角荣在《给国民的提议——我的十大基本政策》的竞选纲领中第一次提出："坚持日美亲善的基本方针，在平等自主的立场上努力增进友好关系。"②同年 7 月，新上任的大

---

① 方连庆等主编：《战后国际关系史（1945—1995）》上册，北京大学出版社 1999 年版，第529 页。
② ［日］早坂茂三：《田中角荣密闻》，赵宝智、张学之译，中国文联出版公司 1989 年版，第123 页。

平正芳外相直言不讳地指出："过去日本只要听美国的意见即可，但今后不是这种时代，已经进入了用自己的头脑和意识加以思考的时代。"①这直率地表明日本对确立自主外交的欲望。1972年田中内阁果断同中国实现邦交正常化，这是日本实行多边自主外交的一个重要步骤，使日本在对美、对苏外交上取得更大的回旋余地。

1973年，尼克松在《七十年代美国对外政策：缔造持久和平》的报告中指出："日本现在是国际体系中的一个重要因素"，"日本不再需要也不再能够……保持充当小伙伴的习惯了"，"日本不再只是一个在更广泛的外交领域依赖美国的太平洋地区国家了"，在广阔的多边外交舞台中，"日本是其中一个重要的因素。日本已经在一个日益扩大的范围内自主地行动了。它的强大给它带来了新的责任"，"这种责任，目前不可避免地包含在它的经济力量以及它在许多方面参与的全球性外交活动中"。②

70年代，随着经济实力和独立自主愿望的增强，日本先后提出"多边自主外交""等距离外交""全方位和平外交"等战略。到了80年代，日本推出"综合安全保障战略"，标志着其外交发生转折性变化，从追随美国的"被动外交"逐步转变为追求国家战略目标的"主动外交"，由偏向经济转向注重政治，其外交的出发点也从双边关系的低层次上升为世界战略的高水平，从而标志着日本开始朝向政治大国的目标迈进，可以说该战略是日本战后第一个具有全局观点和长远考虑的战略。

70年代末80年代初，由于苏联在全球范围的扩张，美国也要求日本加强战略协调，承担更多的责任，日本的愿望与美国的要求一拍即合，日本既可以维持以美国为首的西方阵营对抗苏联的状态，维护西方核心体系的既得利益，又能在帮助美国实施全球战略过程中进一步抬高自己的国际地位，借助美国的影响力实现其政治大国的梦想。③1983年7月，日本第一次公开提

---

① ［日］古川万太郎：《日中战后关系史》，陈喜儒主译，辽宁人民出版社1993年版，第391页。

② 《尼克松1973年对外政策报告》，上海人民出版社1973年版，第165—179页。

③ 方连庆等主编：《战后国际关系史（1945—1995）》下册，北京大学出版社1999年版，第677—678页。

出"政治大国"的口号，首相中曾根指出，在国际舞台上，日本不仅要扮演经济大国的角色，还要扮演政治大国的角色，要加强日本在世界政治中的发言权和影响力。

在实践中，为了实现其政治大国的梦想，日本政府更是颁布实施了一系列配套政策。日本调整防卫政策，进一步强化军事合作体制，明确日美同盟关系，加强与西方国家的团结合作，将自己纳入以美国为中心的西方全球集体防御体制中。在军事上，日本自卫队频繁与美开展联合军事演习，两国于1984年12月达成《日美联合作战计划》；1986年12月又签署《保卫海上通道联合研究报告》，这些举措体现了日本追求政治大国的政治军事需求，表明日本不再保持战后初期追求基本安全的姿态。此外，日本还在加强"自主防卫"的口号下，不断增加防卫开支，突破国民生产总值1%的限制，1987年占比达1.004%。

战后日本的政治走向备受各界关注，任何军事动向都会成为国际敏感问题，基于战败国地位其选择余地不大，军事发展水平受到限制。综合国际国内现状，战后日本对外开展"经济外交"政策，通过经济援助改善其在国际地位中的存在感和影响力。在外交环境得以缓和后，逐渐推进"以经促政"的外交手段，进一步提出其"政治大国"口号，加强其政治军事能力，提高其在国际政治中的话语权和影响力。尽管在追求"政治大国"的道路上，"以经促政"的外交手段显得迂回，不如政治经济齐头并进的发展道路来得直接，但它却是最符合战后日本现实情况的优选途径。[1]

第二节　日本联合国外交战略的认知及定位

在中华人民共和国恢复在联合国合法席位的道路上，日本一直采取支持美国的立场，但自从尼克松访华之后，日本认识到，应该发展独立自主的外交路线，不能继续完全依赖美国，也推动了日本对华外交关系正常化的决

---

[1]　姜永泉：《论日本政治大国的实施方略》，《社会主义研究》2006年第3期。

心。随着苏联在全球的战略推进，日本在对抗苏联的大背景下，中国与日美关系得到缓和。日本外交在经历了"多边自主外交""等距离外交""全方位和平外交"等阶段后，终于在 80 年代提出想要担任联合国安理会常任理事国的愿望，这标志着日本已经树立"政治大国"的目标。

一、日本外交抉择的转变

20 世纪 70 年代，由于国际环境的变化，美国改善了对华关系，决定把中国这个主要敌人之一化为"友邦"，确立了中美苏大三角关系的战略。美国的"越顶外交"对日本来说犹如晴天霹雳。随着中华人民共和国恢复在联合国合法席位，日本政府再次受到重大打击。受到"尼克松冲击"以后，日本开始转变外交战略，实现了与中国的邦交正常化。佐藤政府一直追随美国搞"两个中国"的图谋，甚至比美国表现得更加积极。田中角荣执政后，调整了对外战略，从单纯追随美国变为强调独立自主，从服务于经济大国化转变为谋求政治大国化，中日实现邦交正常化。

1. 中华人民共和国在联合国合法席位的恢复

日本在阻挠中华人民共和国恢复在联合国合法席位的过程中起了突出的作用。从 1957 年到 1971 年，日本在联合国中先后支持美国针对中国的"暂缓搁置""重要问题"以及后续的"逆重要问题""双重代表权"，在对美国提案的支持中发挥不寻常的作用。

在 1970 年举行的第 25 届联合国大会上，有关国家对支持驱逐国民党集团"代表"进行表决，其中支持美国提案的有 47 个国家，反对的有 51 个，另有弃权的 25 个。这些都表明自 1960 年联合国通过"重要问题"决议案以来，美国以决议案为借口阻挠中华人民共和国恢复在联合国的合法席位已经行不通。面对美国阻挠恢复中华人民共和国在联合国的合法席位的决议案，日本均采取支持态度。①

美国在"逆重要问题"决议案中指出，联合国要驱逐台湾国民党当局的"代表"需要三分之二的成员国同意才能生效。在"双重代表权"决议案中

---

① 《中华人民共和国史》，高等教育出版社、人民出版社 2013 年版，第 214 页。

美国提出，台湾在联合国的席位保留，同时恢复中华人民共和国的合法席位。这两个决议案的实质是以一中一台"两国论"掩盖一个中国的事实。由于利益关系，日本在这一问题上始终与美国保持一致态度，对这两个决议案表示赞同，是美国的有力支持者。日美在对待中国主权问题上态度一致，是两国在政治经济上为了各自的利益而达成的。其实，在阻挠中华人民共和国恢复在联合国的合法席位这一问题上，美国已经是失道者寡助，所以美国非常迫切地希望得到日本方面的支持。日本政府对美国在这一问题上的处境也早已是心中自有丘壑，采取故意回避、推诿的态度，最终以同意作为美国决议案的共同提出国为筹码，实现各自的国家利益。

一系列事件暴露了日美在对待中国主权问题上的态度。起初，在1971年9月10日，美国国务卿罗杰斯与日本外相福田会谈，要求日本作为提案国在联合国大会上提出"逆重要问题"决议案。福田外相则表示，对美国提出的"逆重要问题"和"双重代表权"这两个决议案给予强烈支持，但日本方面尚不能表态成为共同提案国。[1]罗杰斯急于要求日本参与共同提案，当天举行第二次会谈，明确表示没有日本与美国共同提案，两个决议案在联合国大会上通过的机会渺茫。对此，福田外相仍然采取回避态度，没有给出肯定答复。[2]

美国对于日本政府在参与共同提案问题上总是闪烁其词的表现心怀不满，决定就归还冲绳事宜对日本施压。当时日本政府一直将冲绳的顺利归还当作最大目标，美国以推迟在协议上签字相威胁后，佐藤内阁迅速做出让步，当月22日即宣布以共同提案国的身份提出两个决议案。[3]为促进两个决议案的表决顺利通过，日本多方奔走，对其他成员国进行劝说游说，成为美国干扰中华人民共和国恢复在联合国合法席位的强力拥护者。10月26日，日本驻联合国大使中川在联大表决时宣称："日本赞成美国的提案，强烈反对阿尔巴尼亚的提案。"[4]

在日美的多方面劝说游说下，日美等26个国家在第26届联合国大会上

---

① ② 《福田和罗杰斯关于中国代表权问题的会谈》，《读卖新闻》1971年9月10日。
③ 意大利原来反对美国的提案，后来经过日本劝说，在提案表决时投了弃权票。
④ 《外务省强烈反对中国恢复在联合国的席位》，《读卖新闻》1971年10月26日。

提出"逆重要问题"提案，大会以55票赞成、59票反对、15票弃权，否决了该提案，至此终于恢复了中华人民共和国在联合国的合法席位。日美在这一问题上费尽心机，却无法改变失道寡助的局面。①

2."尼克松冲击"与中日邦交正常化

20世纪60年代末70年代初，美国以"多米诺理论"为依据介入越南战争陷入了泥潭。越南南方民族解放阵线受到苏联和中国的支援，随着战死人数的增多、战费的不断增加，对美国的经济带来很大压力。也引起国内前所未有的反战运动，美国政府开始受到国内人民和世界人民的反对。并且，美国在与苏联争霸的斗争中开始处于守势，而苏联则在国际事务中越来越奉行霸权主义政策，对中国也造成极大的威胁。

中苏交恶给美国新政策的出台提供机会，也加快了尼克松政权的对华接近。在这种背景下，美国利用巴基斯坦的渠道与中国接触。当美国政府传来愿意改善中美关系的信息时，中国做出了积极的反应，促成1971年7月基辛格的秘密访华。在7月15日，尼克松通过电视演说发表了基辛格访华的事实和与周恩来的会谈，以及自己在明年访问中国的事实。尼克松的声明，被称为"尼克松冲击"震撼世界，给世界政治带来极大的影响。1972年2月尼克松作为美国总统初次访问中国。经过中美双方的共同努力，2月28日中美联合发表《上海公报》，中美关系开始走向正常化。在公报中，美国第一次公开承认"台湾是中国的一部分""只有一个中国"。尽管一个《上海公报》不可能解决中美关系中的所有问题，但给以后的中美关系奠定了良好的政治基础。

尼克松访华和《上海公报》的发表，结束了中美对立的局面，为两国关系确立了基本的指导原则，是中美关系发展史上的重要里程碑，也给国际形势带来了极大的影响。中美的接近也刺激了苏联对美关系的改善意识。随后的1972年5月尼克松总统首次访问莫斯科。1973年1月越南和平协定签署。

1972年2月尼克松访华，改善了中美两国间相互敌视状态，在全世界引

---

① 《中华人民共和国史》，高等教育出版社、人民出版社2013年版，第214页。

起一场政治大地震。其中，震动最大的当属中国的东邻日本。佐藤内阁和自民党的主流派始终忠实拥护亲美的政策，并且一直以来控制宣扬中日外交关系恢复的国内政治上的要求。但尼克松访华的事件直到最后一刻才通知日本，这对日本产生巨大冲击，也推动日本调整对华外交关系的决心。为使自己不落后于美国，佐藤托人向周恩来总理表达其希望"亲自访华"的请求，周恩来总理深知"佐藤政府说了不做"，当即表示拒绝。但 1972 年 7 月 7 日田中角荣内阁上台后表示："目前国际形势动荡不安，日本应该以和平外交为基础，尽快实现同中国的邦交正常化。"针对田中首相的改善对华关系的说明，周恩来总理表示欢迎。

随后，1972 年 9 月 25 日，日本首相田中角荣应周恩来总理的邀请来华访问。毛主席会见田中首相，进行了认真、友好的谈话。29 日，中日两国发表联合声明，宣布三大基本观点：第一，自本声明公布之日起，中日两国结束之前不正常状态；第二，两国政府于 1972 年 9 月 29 日起建立外交往来，并尽快互换大使；第三，日本政府承认一个中国原则，日本政府充分理解并尊重"台湾是中华人民共和国领土不可分割的一部分"这一立场。中日之间战争状态的结束，邦交正常化的实现，揭开了两国关系史上的新篇章。

在对付苏联威胁上，中日美有着共同的利益。直到 1989 年，中日美一直处于共同利益大于不同利益的状态。1971 年至 1972 年中美关系的缓和触发了中日关系迅速实现正常化。当时中苏关系日益恶化，中国通过恢复中日邦交，扩大了外交活动范围，国际政治地位和国际安全保障得到巩固。中日外交关系的正常化对日本的外交来说也具有转折性意义。战后的日本外交始终受美国外交战略的影响，长时间以来日本只考虑日美关系，放弃了日本外交的主动性，几乎未能展开自主、独立的外交活动。战后日本一直坚持日美基轴，在外交上对美国非常依赖，这次恢复中日邦交为其开展独立自主的外交奠定了基础。从某种意义上可以说，中日关系的正常化是日本走向独立外交的第一步。

二、日本"入常"目标的提出

日本想要担任安理会常任理事国的愿望由来已久。20 世纪 70 年代，日本政府就制定了战略，谋求成为安理会常任理事国；80 年代开始更是积极参加联合国各项事务，加强同联合国的人员合作，希望通过加入常任理事国实现其"政治大国"的战略目标。日本国内外面临的有利形势，为其"入常"战略的提出提供良好的契机。

1. 常任理事国战略的提出背景

首先，战后日本经济迅速发展，国家综合国力日益增强，为其确立常任理事国战略目标打下了基础。20 世纪 50 年代中期开始，日本经济突飞猛进，从 1955 年到 1972 年的 18 年间，国民生产总值年平均增长率达到 9.7%，1968 年日本国民生产总值位居世界第二。随着经济实力的增长，国际地位得到提升。

其次，从外部环境来看，战后国际形势发生了很大变化，日本希望借助美国的支持获得常任理事国身份。60 年代末期，多年的美苏争霸以及战争的影响，导致美国经济实力相对下降，美国开始调整其在国际关系中的姿态，在西方盟国关系上实行新的"伙伴"关系。这让日本看到加强联合国外交的大好机会。1972 年 9 月 25 日，美国国务卿罗杰斯第一次正式公开表态支持日本申请成为常任理事国。他在联合国大会上讲道："为了维护其影响力和权威性，安理会必须加以调整，让某些常任理事国以外的，但却具有较强国际影响力的国家参加。例如日本没有加入以主要国家承担责任为目的而创建的组织之中。"①

最后，日本在战后通过多年的不懈努力，在联合国的地位有所提高。日本自从 1957 年加入联合国，其所承担的会费逐年增加：1957 年日本仅担负联合国会费的 2%，1968 年则高达 3.78%，排名第六。日本认为，一个国家在联合国的权利分配，应当根据其所担负的联合国经费比率来决定。因此日本有理由成为安理会常任理事国。后来日本外务省宣称："在联合国谁缴费多谁就更有发言权。日本交纳会费最慷慨，应该成为安理会常任理事国。"②日本甚至还向联合国许诺道："日本若担任常任理事国，在财政上可以做出更大的贡献。"③日本的付出得到了巨大收益，日本在 1956 年到 1969 年的十多年间，两次当选为安理会非常任理事国。这让日本士气大增，激起日

---

① ［日］河边一郎：《加入常任理事国》，岩波书店 1994 年版，第 41 页。
② 刘江永：《跨世纪的日本》，时事出版社 1995 年版，第 374 页。
③ 连会新：《70 年代日本的常任理事国战略述评》，《历史教学》2005 年第 5 期。

本谋求常任理事国的愿望。

2. 争当安理会常任理事国战略的提出

为了摆脱"战败国"的不利形象，发挥更大的影响力，随着经济实力的增长，日本开始追求"政治大国"的目标。为此，日本提出新的联合国外交战略，具体的表现就是日本在 20 世纪七八十年代对安理会常任理事国地位的追求。日本希望通过成为常任理事国，一方面可以消除其"敌国"形象，另一方面又可实现成为"政治大国"的目标，在国际事务中拥有更多的发言权。

1967 年 8 月，日本大使兼驻联合国代表处鹤冈千仞在回答记者提问时说道："日本担任安理会常任理事国已经不是缺乏现实性的提案。"[①]1969 年 9 月，爱知揆一在联合国发表演说提出："为了更好发挥安理会的实际效用，根据联合国宪章的规定，我们希望安理会成为这样一个机构——一个由对维持国际和平与安全作出最有效贡献，并且真正代表世界各个地区的成员国组成的机构。"[②]

在 1970 年联合国创立 25 周年大会上，爱知外相发表演说，进一步明确了日本成为常任理事国的意愿，并希望其经济大国的地位得到国际承认。爱知外相表达了日本希望得到与其国际贡献相一致的政治地位的愿望。他主张，对于非常任理事国的选举，应考虑到候选国的国际贡献，暗示日本应该当选。

这一时期，日本由于东西方的对立，在外交上受到美国的双边主义优先政策的制约，很难明确地提出希望成为安理会常任理事国的要求。但是，日本始终没有放松对这个问题的关注，一旦时机成熟，便提出这个愿望。这一政策将日本提高到联合国主要成员国的地位，促使日本更加积极主动地研究修改《联合国宪章》的活动。到了 80 年代中期，日本外务省内部达成共识，日本不再以修改宪章为最终目标，而是力求实现"入常"目标。对日本来说，其"入常"梦想不再遥遥无期，在可预见的未来就能实现。

---

① ［英］赖因哈德·德里弗特：《愿望与现实——日本争当联合国安理会常任理事国的历程》，高增杰等译，东方出版社 2002 年版，第 31 页。

② 连会新：《70 年代日本的常任理事国战略述评》，《历史教学》2005 年第 5 期。

第三节　政治大国目标和联合国外交的展开

新现实主义和新自由制度主义认为，在外交实践中，国家利益的实现需要经济外交与政治外交的相辅相成、共同协作完成。由于经济实力的日益增强，日本在处理对外经济与政治关系时，以经济外交为手段，强调经济外交为政治外交铺路和服务，政治外交和经济外交并重发展，经济外交的重要性日渐突出，同时政治外交的目标也日益明确。围绕联合国外交，日本以经济开路，提高对联合国和其他国家的援助力度，通过经济援助的手段，日本政治地位不断提升，终于在 80 年代明确提出成为"政治大国"的目标，日本联合国外交的步伐又向前推进了一步。

一、以援助外交为特色的经济外交

随着日本经济实力的增长，日本不断加大对外援助的力度，这不仅树立了其"人道主义"的国家形象，还促进了国家政治目的的顺利实现。日本对外经济援助政策的制定、实施及发展演变不但与其国家发展战略密切相关，而且始终是日本获取国家利益的重要工具。对外援助这种特殊的经济手段，在战后日本国家发展进程中起着军事力量无法替代的作用。两次石油危机中，日本的援助外交成为处理危机的重要手段之一。

1. 日本对能源的高度依赖

日本作为岛国，受其先天条件的限制，国土面积狭小，山地和丘陵占总面积的 71％，人口密度高，资源相对匮乏。日本作为经济大国却面临"资源小国"的发展窘境，对外界能源的输入存在高度依赖性，能源 90％以上依赖进口。随着日本经济的发展，能源成为越来越重要的战略资源。60 年代后半期，资源问题已经成为制约日本经济增长的瓶颈。1971 年 5 月，日本产业结构审议会提出："必须进一步努力确保稳定、廉价供应资源和能源，促进节省资源和节能的工作。"[①]

---

① ［日］山村喜晴：《战后日本外交史——劲风压力之下的经济大国》，三省堂出版社 1984 年版，第 282 页。

日本主要能源、矿产资源进口依赖度（1976 年）

单位：%

名　称	进口依赖度	名　称	进口依赖度
石　油	99.8	镍	100.0
天然气	75.9	锡	96.4
铁矿石	99.6	铝土矿	100.0
煤　炭	76.8	锰矿石	95.9
铜	91.6	钨矿石	65.5
铅	75.2	铬矿石	98.2
亚　铅	60.9	磷矿石	100.0

资料来源：《日本外交蓝皮书》（1978 年版），日本外务省网站，http://www.mofa.go.jp/mofaj/gaiko/bluebook/1978/s53-fuhyou-004.htm＃1_2。

从上表中可以看出，日本在石油、镍、铁矿石等主要自然资源的进口依赖度均超过 90％，作为世界第二大经济体，日本对外界能源输入的高度依赖对其维护能源安全和经济安全增添了许多不利因素。

能源供应分为国内和国外两个市场，其中国外市场对于能源供应的稳定性存在很多不可预测的因素。对国外市场能源供给的依赖性越大，不稳定性越高，潜伏的危机越大，本国可控因素所发挥的影响作用相对薄弱。同样作为世界上的能源消耗大国，日本对能源的进口依赖度高达 86.7％，远远超过美国、英国、苏联等国家，且大多数能源的进口依赖度在世界排名前三，这些数据都揭示了日本对国外市场能源存在高度的依赖性。

世界主要国家能源供给量及进口依赖度（1976 年）

单位：百万吨

国家	国内生产量	纯进口量	国内消费量	进口依赖度（%）
日本	47	309	349	86.7
美国	1411	338	1744	19.3
英国	128	81	207	38.7
法国	39	141	178	78.2
西德	119	149	260	55.7
苏联	1123	140	960	14.6

资料来源：《日本外交蓝皮书》（1978 年版），日本外务省网站，http://www.mofa.go.jp/mofaj/gaiko/bluebook/1978/s53-fuhyou-004.htm＃1_2。

世界资源进口排名（1969 年）

单位：百万美元

资源名称	第一名		第二名		第三名	
铜　矿	日本	354	西德	50	美国	46
镍　矿	日本	102	英国	64	美国	55
铝土矿	美国	172	日本	32	西德	26
铅　矿	西德	38	日本	35	美国	23
亚铅矿	美国	85	日本	65	法国	30
锰　矿	日本	44	美国	40	法国	23
铁矿石	日本	969	西德	423	美国	403
石　炭	日本	675	法国	216	意大利	154
原　油	日本	1907	英国	1610	意大利	1555
天然气	美国	216	西德	68	日本	67
原　木	日本	1153	西德	158	意大利	135
壳　类	日本	843	英国	578	西德	518

资料来源：《日本外交蓝皮书》（1973 年版），日本外务省网站，http://www.mofa.go.jp/mofaj/gaiko/bluebook/1973/s48-fuhyou-7-9.htm#m541。

2. 石油危机的爆发与日本外交政策的变化

长期稳定的低价石油的供应对战后日本经济的飞速发展发挥了巨大作用。有学者将日本原油进口按地区进行统计，分析显示日本石油进口主要来源于中东地区，占所有进口总量的 85.9%，而这一比率远远高于其他能源消耗大国，如美国仅占 25%、西德占 7%、英国占 4%，这表明日本对中东地区石油输入有很大的依赖度，远远超过其他国家。

战后日本表面上对外宣称在中东外交局势问题上保持中立态度，但在实际行动中却紧紧追随美国推行亲以色列的外交方针。日本对中东的外交政策与日本的石油需求严重脱节，这也是日本后来惨遭石油危机打击的主要原因之一。

1973 年 10 月 6 日，第四次中东战争爆发。日本政府担忧中东局势的不稳定会影响其石油的供应，因此迅速作出反应，强调自己对中东局势保持"中立"的态度。但是，阿拉伯国家根据日本政府以往的表现早已对其失去

日本原油进口按地区统计表

地　　区	数量（百万吨）	比率（％）
中东地区	182	85.9
伊朗	92	43.4
沙特阿拉伯	30	14.1
科威特	20	9.3
中立地带	19	8.9
海夫吉	12	5.6
南方地区	25	11.8
苏门答腊	22	10.5
苏　　联	1	0.2
非　　洲	4	1.7
世界合计	211	100

资料来源：《日本外交蓝皮书》（1973 年版），日本外务省网站，http://www.mofa.go.
jp/mofaj/gaiko/bluebook/1973/s48-fuhyou-7-9.htm＃m541。

信任，于 10 月 16 日决定将每桶油价由原来的 3.01 美元提高到 5.12 美元，
使日本原油进口成本上涨 70％。次日，又宣布减产，以各成员国在 9 月的
产量为基准，逐月递减 5％，这种减少石油供应的手段将持续到以色列撤
出占领巴勒斯坦的土地为止。隔日，阿拉伯国家再次对日本政府表达强烈
不满，谴责日本现行的中东政策，要求日本对阿拉伯国家的正义事业做出
支持，并宣称如果日本明确对中东战争的态度，阿拉伯国家可以确保其石
油安全供应。①

　　为表示不满，阿拉伯国家对日本的石油输出实行禁运措施，给日本的经
济发展带来重大打击。1973 年 11 月日本国内物价大幅上涨，批发物价指数
同比上升 22.3％，远远高于同期美德英法等发达资本主义国家。日本经济遭
受重创，1974 年日本经济增长率为 −0.7％。面对突发的石油危机，日本不

---

① 　近代日本研究会：《日本外交危机的认识》，山川出版社 1985 年版，第 311 页。

得不调整对外战略，由亲以色列转向亲阿拉伯。11 月上旬，美国要求日本在中东政策上与美国保持一致，日本明确拒绝了美国的要求。11 月 22 日，日本发表声明，宣布支持巴勒斯坦人民自决权，要求以色列撤出占领巴勒斯坦的土地，日本同时表态将调整对以色列的外交政策。

随后，日本政府安排副首相三木武夫出访中东，向有关阿拉伯国家领导人转达日本方面的友好诚意，并表态明确日本政府接下来的亲阿拉伯政策。12 月 10—18 日，日本特使三木副首相访问阿联酋、埃及、科威特、伊朗等 8 国，与上述政府签订一系列协议，表示将为上述中东国家提供经济技术等多方面援助。据统计，为建立阿拉伯国家对日本的好感，在这次爆发的石油危机中日本方面累计向有关阿拉伯国家提供高达 30 亿美元的贷款。①基于日本中东政策的转变，尤其是在接受日本的经济技术援助后，阿拉伯国家为回应日本的诚意，决定给予日本"友好国"待遇，恢复对日本的石油供应。至此，日本才算渡过这次石油危机的难关。

中东局势的动荡一定程度上对石油市场造成冲击，甚至影响到全球经济。第一次石油危机平息不久，至 1978 年底伊斯兰革命爆发，石油产量大国伊朗宣布停止石油输出，第二次石油危机出现，引起国际供油恐慌。随后爆发的两伊战争，再次推动石油价格一路飙升，至 1981 年每桶石油的价格约是两年前的 3 倍。

在第二次石油危机中石油价格剧烈波动，对全球经济产生了巨大冲击。对中东石油有极高依赖度的日本政府，也意识到中东石油市场的频繁波动，极力寻找中东市场以外的能源供应渠道。1975—1987 年，这 12 年间，日本进口石油数据显示，日本政府对中东石油的进口比率呈整体下降趋势，进口量占总进口比率从 1975 年的 79.5％下降到 1987 年的 68％。但是，中东的石油市场仍然是日本进口石油最主要的来源，日本仍然要面对中东局势对石油市场冲击的众多不确定因素。

---

① ［日］渡边昭夫：《战略援助与日本外交》，同文馆 1989 年版，第 169 页。

年份	进口额 （万桶）	占总进口比 （％）	年份	进口额 （万桶）	占总进口比 （％）
1975	3610	79.5	1982	2619	71.7
1976	3703	80.2	1983	2561	71.8
1977	3765	78.5	1984	2591	70.7
1978	3660	78.5	1985	2405	71.2
1979	3710	75.8	1986	2246	69.0
1980	3267	74.5	1987	2165	68.0
1981	2756	70.3			

资料来源：日本中东经济研究所，《中东经济》1983 年第 71 期，1988 年第 117 期。

二、日本联合国外交的转变

日本对外展开经济外交常常是为其展开政治外交做铺垫。日本政府对经济实力的发展非常重视，同时也非常重视利用经济大国的形象逐渐跻身政治大国的行列。在战后的国际外交环境中，日本历来的对外经济政策都为其背后的政治目的服务，日本政府通过各种经济手段与外界产生千丝万缕的联系，并利用其经济大国的地位，影响外界对日本的政治外交政策，极力追求与经济地位相符的政治大国地位。日本这种"以经促政"的做法是争取政治地位提升的惯用手段，在联合国政治外交的展开中也可见一斑。日本通过加大对联合国财政方面的支持表达友好及诚意，以期获取认同感，并积极争取与经济付出相一致的政治地位。除了加大对联合国的经济支持，日本还通过扩大对外援助范围及援助力度，向外界展示"富裕、爱好和平"的国家形象。日本以经济手段获取外界的认同，并展示日本政府的国际影响力在逐步增强，积极谋取政治权利，以期实现世界政治大国的梦想。

1. 在联合国发挥更大作用和影响力

联合国在处理国际事务中发挥重要职责，作为一个庞大的国际组织，必须有坚实可靠的经济基础和充足稳定的经费来源。联合国的财政来源主要依靠会员国定期缴纳的会费，其下属组织机构正常运转所需要的开支都依赖于会费收入。《联合国宪章》作出规定，应由会员国按照一定比率承担联合国的财政支出，各个国家承担的份额即为这个国家该缴纳的会费。份额比率的确定，主要根据各国的 GDP，人均 GDP 及支付能力等方面来考量，根据各国的国民生产总值占所有成员国国民生产总值的比率来确定，在此基础上，综合考虑该国发展水平，最终判断是给予其一定的经济减免还是要求其作更多的经济贡献。此外，联合国还对会费的分担进行最高和最低份额的限定，自 1974 年，规定最高限额不超过预算的 25％，规定最低限额不低于 0.001％。

在联合国成立后的 20 年间，美国承担了大量的会费并按时交纳，因为那时候联合国是美国的一个指挥棒和与苏联斗争的工具。随着国际政治局势的变化，联合国的指挥棒作用越来越难以让美国满意，美国通过拖欠会费或拒缴会费的做法要挟联合国，试图重新获得在联合国的绝对主导权地位。

在"为世界作贡献"的旗帜下，日本努力争取成为联合国安理会常任理事国，并且认为"成员国的地位和责任"应随着会费和贡献的增加而得以扩大。日本这种利用经济优势开展的联合国外交收到了效果，日本在联合国的影响力也不断扩大，70 年代两次当选安理会非常任理事国。日本通过这些手段，逐渐积累实绩，不断向常任理事国的战略目标推进。

主要国家联合国会费分摊比率变化表（1974—1991 年）

单位：％

年　份	美国	日本	德国	英国	法国	中国	苏联
1974—1976	25.00	7.15	7.10	5.31	5.86	5.50	12.97
1977	25.00	8.66	7.74	4.44	5.66	5.50	11.33
1978—1979	25.00	8.64	7.70	4.52	5.82	5.50	11.60
1980—1982	25.00	9.58	8.31	4.46	6.26	1.62	11.10
1983—1985	25.00	10.32	8.54	4.67	6.51	0.88	10.54
1986—1988	25.00	10.84	8.26	4.86	6.37	0.79	10.20
1989—1991	25.00	11.38	8.08	4.86	6.25	0.79	9.99

资料来源：《日本外交蓝皮书》（2007 年版），日本外务省网站，https://www.mofa.go.jp/mofaj/gaiko/bluebook/2007/html/index.html。

由于联合国费用分摊比率是按照"支付能力"的原则来确定的，日本考虑到，如果一国在国际社会中所承担的责任由费用分摊比率决定，那么支付的费用越多，则所承担的国际责任越广泛，对国际形势的主动权也就越大。

同时在联合国也可以发挥更大的影响力，使其为本国的对外政策服务。从上表可以看出，日本承担的联合国会费分摊比率有所提高，1986 年后超过苏联，并且一直稳居第二位。除此之外，日本还在相关国际机构中发挥着越来越大的作用，承担的比率和资金额逐年增加。

在提供资金援助的同时，日本也积极加强与联合国的人员合作。通过日本政府的一系列努力，在联合国的一些重要岗位和机构中，日本职员人数较之前均有所增加，如赤谷源一和明石康分别在 1972 年和 1979 年相继被任命为联合国副秘书长一职。

联合国秘书处日本职员人数变化表

日本职员数		希望的范围	联合国	A/B
历年	（A）	下限—（中位点）（B）—上限	全体人员数	（％）
1974	74	108—（130）—151	2312	56.92
1975	65	107—（129）—150	2469	50.39
1976	70	117—（134）—150	2616	52.24
1977	69	136—（160）—150	2672	43.13
1978	74	136—（160）—183	2714	46.24
1979	73	135—（159）—183	2797	45.91
1980	80	148—（175）—201	2789	45.71
1981	80	163—（191）—201	2894	41.88
1982	101	161—（189）—217	2995	53.44
1983	106	173—（203）—234	3077	52.22
1984	113	172—（202）—233	3090	55.94
1985	121	171—（202）—232	3102	59.50
1986	101	161—（189）—217	2746	53.44
1987	91	145—（171）—197	2594	53.53
1988	90	145—（171）—197	2521	52.63
1989	91	152—（178）—206	2523	51.12
1990	91	152—（179）—206	2561	50.84

注：统计截至历年 6 月 30 日。

资料来源：外冈秀俊，《联合国新时代》，筑摩书房 1994 年版，第 61 页。转引自肖刚，《冷战后日本的联合国外交》，世界知识出版社 2002 年版，第 203—204 页。

通过对外经济援助，以及对联合国"人的贡献"等手段，日本在联合国的地位得到提升，从 20 世纪 70 年代到 80 年代末，日本四次当选安理会非常任理事国，此外日本还多次当选经社理事会理事国，并在绝大多数专门机构担任重要职务，其影响力不断扩大。

从日本对联合国及相关国际机构经费变化情况来看，日本的国际财政贡献甚至超过常任理事国。从这一阶段日本对联合国和相关国际机构的经费负担率和自愿援助变化可以得出这样的结论：日本积极发挥其经济大国的优势地位，向联合国施加压力，提高自己的国际影响，向实现政治大国的目标迈进。从某种意义上来说，联合国的财政危机给日本在联合国和相关国际机构发挥更大作用提供了契机，日本充分利用自己雄厚的经济实力在联合国增加自己的影响，成为这一阶段日本联合国外交的一个显著特点。

2. 以对外援助为手段，扩大国际影响力

这一时期，日本在对外援助方面的力度和范围都在逐渐加大。到了 80 年代，日本的经济实力和国际地位进一步提升，对外援助不断扩大，援助方式也呈现多样化。更重要的是，其对外援助已不再局限于以发展经济为主要目的，而是更加注重提高其国际政治地位，在对外援助的过程中进一步实现其"政治大国"的战略目标。这是其对外援助的理念和目的的根本性转变。

20 世纪 60 年代中期到 70 年代末，这一时期的日本政府开发援助（ODA）政策已明显超出经济战略的范畴，增加了"综合安全保障"的战略意图，初步显露了其战略援助理念的转变。由于亚洲地区与日本的安全与发展直接相关，所以日本仍将其作为对外援助的重点地区。二战结束后，日本借助东亚地区的地缘条件，大力发展国际经济，巩固国家安全。东亚同时也是战后日本政府开发援助政策的重点地区。自日本政府开发援助政策之确定，其所施政府开发援助主要都是东亚国家：1950—1965 年，最大接受者是东南亚各国；1966—1973 年，主要接受者是韩国；1974—1981 年，最大接受者是印度尼西亚；1982—1986 年，最大接受者是中国；1987 年到 20 世纪 90 年代，印度尼西亚再一次成为最大接受者。据统计：1961—1982 年，日本总共实施了 30 亿美元的政府开发援助，投向亚洲的占 90％，1970 年则高达 98.2％。1966 年亚洲开发银行成立，日本与美国并肩，均出资 2 亿美元，是两个出资最多的国家。1966 年 4 月，日本政府主持召开东南亚经济开发部长级会议，这是日本战后主持的第一次国际性会议，会议奠定了日本在东南亚地区经济开发的主导地位。此次会议之后，日本在亚洲又发放了更多的经济援助，1968 年比 1963 年增长 161.9％，美国在这一时期则减少了 2.1％，

日本对国际机构的经济援助（纯支出额）

单位：百万美元

类　别	1973 年	1974 年	1975 年	1976 年	1977 年
Ⅰ. 政府开发援助	245.8	245.8	297.3	352	525.2
1. 国际机构赠与	22.6	37.6	70.8	77.8	74.3
（1）联合国相关机构	21.3	35.7	68.9	75.2	71.5
（2）其他相关机构	1.3	1.8	1.9	2.6	2.9
2. 国际开发金融机构	214.1	212.6	231.8	279.5	456.7
（1）世界银行	58.4	150.3	147.5	147.8	277.4
① 国际复兴开发银行	—	—	—	—	—
② IDR	58.4	150.3	147.5	147.8	277.4
（2）其他	155.7	62.3	84.3	131.6	179.3
亚洲开发银行	150.3	56.5	78.8	91.6	121.6
非洲开发基金	5.4	5.8	5.5	11	11.5
国际开发银行	—	—	—	26.4	26.5
国际货币基金组织补给金	—	—	—	2.6	2.9
国际农业发展基金	—	—	—	—	16.8
3. 国际机构借款	9.1	4.3	5.3	5.3	5.8
国际开发银行	9.1	4.3	5.3	5.3	5.8
政府开发援助占比	24.3％	21.8％	25.9％	31.9％	36.9％
Ⅱ. 其他政府协助资金	355.1	17.9	14.9	85.6	123.6
Ⅲ. 民间协助资金	135.3	15.1	6.9	45	332.2

资料来源：《日本外交蓝皮书》（1978 年版），日本外务省网站，http://www.mofa.go.jp/mofaj/gaiko/bluebook/1978/s53-fuhyou-005.htm＃3_1。

日本援助总额位居世界第二，仅次于美国。①日本如愿获得亚洲经济援助的核心地位。

20 世纪 70 年代起，日本对外援助的重点区域呈现多样化的态势，增加了对中东、非洲和中南美等地的援助。其主要有三个方面的考虑：其一，对日本来说亚洲是其考虑的战略重点，日本非常重视发挥在亚洲的影响力；其二，日本的能源资源高度贫乏，主要依赖海外能源供应，1973 年石油危机发生后，日本加大对中东地区的援助力度，以确保石油的稳定供应；其三，为了扩大国际政治影响，在国际战略方面发挥更大作用，成为经济大国之后的日本，对除亚洲之外的其他发展中国家开始加强援助。

为了强化对外援助，日本宣称国际合作将"超越政治制度"的界限，并依次于 1973 年 3 月、1975 年 8 月和 1975 年 10 月，将其政府开发援助投向蒙古国、越南北方和埃及。这一时期日本的政府开发援助已经突破经济上的界限，具备综合安全保障的战略意义。随着经济的发展，日本越来越依赖于海外市场和资源等外部条件，因而也越来越感到对外援助对增加这些外部条件非常重要。从 20 世纪 70 年代中期开始，日本制定实施了对外援助倍增计划，使援助规模迅速扩大。到 1977 年，日本对外援助总额达到 14.24 亿美元。当年日本政府公布了第一个"政府开发援助中期目标"——对外援助总额到 1980 年比 1977 年实现翻一番的目标，日本对外援助从亚太地区扩展至全世界。

20 世纪 70 年代末到 80 年代末，日本充分利用政府开发援助这一经济外交工具，对外援助规模不断扩大。日本希望借助经济外交扩大国家的政治影响力，进而争取到更多的国际政治权利。苏联入侵阿富汗后，为了配合美国的全球战略，维护能源与经济安全，日本决定对土耳其等"纷争周边国家"加大援助力度。1980 年 1 月，大平正芳首相发表讲话，谴责苏军入侵阿富汗，要求苏联立即撤兵阿富汗；他提出要重视"环太平洋外交"，倡导"综合安全保障战略"，围绕"日美基轴"这一核心，同亚太地区国家加强合作。

---

① 通产省贸易振兴局编：《经济协力的现状与问题点》，通产省产业调查会 1969 年印，第 90 页。

同时，日本除了积极分担联合国会费之外，还在联合国相关机构及国际组织中加大援助力度。如果说对联合国机构负担的费用仅可看成成员国应该履行的义务的话，那么向相关机构的自愿援助则是希望在国际社会发挥作用的重要标志。因为这种援助并非强制，而是成员国的一种自愿行为。

3. 综合安全保障战略的提出

20世纪80年代，日本推行政治大国化战略，综合安全保障战略①与政府开发援助可以说是这一战略的出发点和大国外交的总方针。日本政府决定执行第二个对外援助计划，即作为对外援助中期目标的"政府开发援助五年倍增计划"，日本还宣布对外援助的目的是"为了完成我国被赋予的国际责任"。②

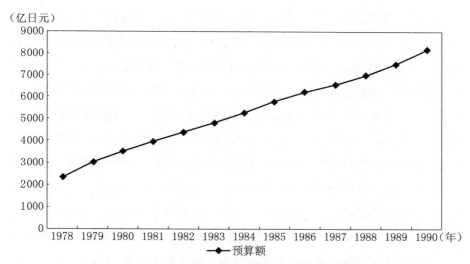

（亿日元）

1978—1990年日本政府开发援助一般预算变化

资料来源：日本外务省网站，http://www.mofa.go.jp/mofaj/gaiko/oda/shiryo/yosan.html。

---

① 1980年12月成立的铃木内阁继承大平内阁时期的综合安全保障战略思想，并为之下了明确的定义："所谓综合安全保障政策，就是对可能给我国生存基础以严重影响之各种类型的威胁，通过外交、国防、经济等政策的综合运用，妥善地防患于未然，以维护国家生存并防止发生大的社会动乱。"参见吴学文主编：《日本外交轨迹（1945—1989）》，时事出版社1990年版，第164页。

② ［日］小野纯男：《我国的政府开发援助（ODA）政策》，《国际关系研究》1996年（第17卷）第1号，第29页。

1983 年 4 月，中曾根访问东盟五国及文莱，并决定在年内向印度尼西亚提供贷款 675 亿日元、无偿援助 3.6 亿日元、文化合作援助 5000 万日元；为泰国提供贷款 673.6 亿日元、无偿援助 4.9 亿日元、文化合作援助 6300 万日元；向新加坡、菲律宾以及马来西亚提供文化合作援助 9350 万日元。中曾根此行使日本在东盟投入的经济援助比 1984 年平均增加 9％，在印度尼西亚、泰国、菲律宾三国的投入则平均增长 15％。①日本提供的经济援助，促进了东盟的发展和日本的进出口贸易，也缓解了经济摩擦，改善了双边关系。对中曾根内阁来说，更是出于战略考虑，日本的舆论支持政府为东盟提供的巨额援助，认为它"具有浓厚的安全保障对策性质"，"与美国的对苏战略息息相关"。②

1984 年 12 月，中曾根首相的私人咨询机构"和平与问题研究会"提交一份题为《国际国家日本的综合安全保障战略》的研究报告，报告认为，在经济方面，须同发展中国家加强经济合作，提供更大力度的政府开发援助。③为了配合美国的全球战略部署，日本在泰国、巴基斯坦、土耳其等"周边争端国家"加强经济援助。1982 年，美国副国务卿霍尔德里奇在讲话中说道："日本将来的经济援助不但符合其自身的利益，而且还支持美国的目标。"同时，为了确保资源、能源的供应与产品市场的稳定，日本加强了与第三世界国家的经济合作，发挥日本经济大国的优势，增加对发展中国家的官方援助。日本共同社评论说："日本敢于加强援助，这是进一步积极参与美国的世界军事战略"，表明日本"向进一步采取全球性的、战略性的援助政策迈进了一步"。④至 1989 年，西方国家普遍陷入"援助疲劳"，日本则通过不断加强国际援助而跃居对外援助之首，并连续十几年保持这个地位。这一时期日本的对外援助突破了经济界限，开始向政治和战略型援助转变。日本在 1990 年版的《政府开发援助白皮书》中首次提及"政府开发援助要考

---

① 吴学文主编：《日本外交轨迹（1945—1989）》，时事出版社 1990 年版，第 199 页。

② 同上书，第 200 页。

③ 方连庆等主编：《战后国际关系史（1945—1995）》下册，北京大学出版社 1999 年版，第 668 页。

④ 同上书，第 681 页。

虑突破战后至今的传统做法"。①这表明日本已在谋求使对外援助更密切地为其政治大国化战略服务。

日本通过不断加大对外援助的力度，既达到了其所标榜的"人道主义"宗旨，而且也是日本获取国家利益的手段。日本对外援助政策的制定、执行及发展演变不仅与其国家发展战略紧密相关，而且始终是日本实现其国家目的的重要手段。在战后日本的国家发展进程中，对外援助作为一种特殊的经济手段，起着军事力量无法替代的作用。

第四节　小　结

早期的政治现实主义学派认为，虽然国际关系中包括冲突与合作两个方面，但是冲突大于合作，冲突是绝对的，合作是相对的。进入 20 世纪70 年代以后，国际关系发生了重大变化，日本经济实现了起飞，国际关系从战后一国主导到多国调节、国际政治关系从两极走向多极的发展过程同时得以实现。国家之间的关系变得与之前有所不同，国际合作在一定程度上能在利益互补的基础上得到发展。合作成为实现国家目标的一种手段，而其本身不是目的。同时，这种合作与国家行为有着密不可分的关系。国家行为常见的形式有两种，一种是在单位层面发生的国家行为是"由里往外"，另外一种是在体系层面发生的行为，是"由外向里"。属于国际关系理论的新自由制度主义学派就是"由外向里"派，区别于结构现实主义的"有里向外"派。

从 60 年代后期到 80 年代末，随着中日欧以及第三世界实力的增强，国际体系和格局发生一定程度的变化，国家之间的关系由此也变得更加生动和复杂。在国际体系层面，国与国之间的互动联系得到加强，国家与国家之间的合作也更加深入。日本随着自身实力的增强，其外交的努力方向也由实现

---

① 日本外务省：《ODA 白书》（1990 年），日本外务省网站。

经济大国向政治大国转变，表现在联合国外交上，就是在维持日美同盟的基础上，更加注重外交的独立自主性。随着日本大国意识的不断增强，这一阶段日本主要通过加大对外援助，通过"由外向里"的经济手段，扩大在联合国的影响，谋取政治大国地位。

第五章

谋求成为安理会常任理事国
——日本联合国外交的深化（冷战结束至今）

20 世纪 80 年代末 90 年代初期，国际形势发生重大转折，美苏两极格局结束，冷战格局不复存在，世界进入后冷战时代。联合国的作用得到明显增强，日本当局认识到，"为了在冷战后的国际社会中作为一个真正大国而得到承认，就必须在约半个世纪前打败日本的联合国取得一席支配地位"。①因此，日本提出"普通国家化"的目标，同时采取了更加积极的联合国外交策略，塑造"负责任的大国"的国家形象，制定参加联合国维持和平行动的维持和平行动（PKO）法案，积极推进联合国安理会的改革，谋求在联合国发挥主导作用，建立日本"协调下的霸权"，并先后三次向安理会常任理事国席位发起冲击。

第一节　日本"入常"的国内外要素分析

随着冷战的结束，两极格局瓦解，新的世界格局处于演变过程之中。在新旧格局交替的过程中，国际社会呈现出新的特点。在这一过渡时期，世界多种力量得到发展，国际政治行为体的关系面临调整和重新组合。从总体上来看，和平与发展成为时代主题。由于联合国地位和作用的提升、日本自身实力的进一步增强，日本要求在国际社会发挥更大作用的愿望越加强烈，日

---

① 刘江永：《跨世纪的日本——政治经济外交新趋势》，时事出版社 1995 年版，第 370 页。

本大国意识进一步觉醒，这些都成为这一阶段日本联合国外交的背景。

战后日本从两个方面对其国家形象进行塑造，一个是"苦修内功"，大力发展经济，争取成为一个经济大国，另外一方面是"积极对外推广"，扩大国际影响力，谋求成为政治大国地位的意愿越来越强烈。为了在联合国发挥更大的影响力，日本通过担任安理会非常任理事国，采取迂回手段，不断增强在安理会的发言权和影响力，通过加强对联合国的经济支持增加在联合国的存在感，通过加大对外援助力度使援助政治化，努力增加日本联合国职员，注重"人的贡献"，日本在联合国的地位和作用进一步增强，日本"负责任的大国"的国家形象也有所改善。

一、冷战结束的全球化时代

伴随着苏联解体，东欧剧变，维持了几十年的冷战格局轰然倒塌。冷战结束之后，国际政治格局处于演变之中，既呈现出单极特点，也有多极化的趋势。可以说国际政治格局向着"一超多强"的方向演进。随着中国等国的崛起，美国"一超"地位有下降的趋势，世界多中心的趋势日益明显，但是国际政治格局的多极化过程不是一蹴而就的，而是一个长期的发展过程。

1. 经济全球化的影响日益增大

随着冷战的解体，经济因素在全球政治中的影响增大，经济和政治互动发展，成为国际政治行为体发展的最重要因素，可以说经济全球化的影响从来没有如此深刻过。经济全球化对世界政治的影响，首先表现在对世界政治格局演变的推进作用上。随着新的科技革命的兴起，全球日益成为一个有机整体，各国之间的依赖增大，各国经济相互渗透，世界各国、国际组织和集团之间的经济部门和经济环节联系得到空前加强。经济全球化对世界政治格局产生深远影响，由此带来的复合相互依赖效应对国际政治行为体之间的互动模式产生深刻影响。随着世界各国和集团之间的经济相互依赖的发展和深入推进，世界各大政治力量中心之间相互协调和相互制约的客观现实得到强化。

在经济全球化深入发展的同时，地区经济一体化的趋势也得到进一步显现。所谓地区经济一体化，是地区内的各个国家为了充分利用经济全球化带来的有利机遇，同时为了应对经济全球化带来的冲击，采取联合起来的方式结成区域性集团。同经济全球化一样，地区经济一体化也对国际政治格局的演进有着重要影响，最明显的例子就是欧洲的一体化，单个欧洲国家无法支撑起作为世界一极的力量，但是联合起来的欧盟对巩固欧洲在世界一极中的作用可以说是显而易见的。国家联盟集团的发展，赋予世界格局多极化新的含义，这种基于地区经济一体化发展的方式，也表明多极化的经济基础得到巩固和强化。可以说，国际政治格局与国际经济格局是相互联系和相互作用的，政治格局的国际化趋势是伴随着经济的国际化格局而产生的，同时，国际政治的多极化又在一定程度上推进国际经济格局的多元化趋势，促进各个行为体的经济发展。

2. 新型大国关系的建立

冷战结束之后，世界各种力量出现新的分化组合，大国关系也发生深刻变化，世界各大国之间互动关系加强并进行深刻调整，这种调整正在深入推进而丝毫没有停滞的趋势，世界各大国之间的关系朝着多元化方向发展，各国之间谋求建立和平稳定的外部环境的意愿得到强化。世界主要大国之间纷纷建立起新型的伙伴关系或建设性伙伴关系，成为冷战结束之后世界政治的一个鲜明特点，各大国首脑互访频繁，谋求强化彼此间的合作，推进彼此间的联系，协调彼此间的关系。

随着新型大国关系的确立，各大国之间出现新的分化组合。欧洲一体化进程发展迅速而卓有成效，欧洲各国不仅在经济上联为一体，推进了统一的欧洲大市场的建立，在政治和军事上的联系也得到加强，欧洲作为一个整体在国际社会中发声。在亚洲地区，东盟的力量增强，地位有效提升，在解决地区冲突、缓解区域矛盾、促进区域经济发展方面发挥重大作用。俄罗斯也加强同亚太地区的合作，及时调整外交战略，实行更加务实和更加有效的多元化的外交策略。中国、俄罗斯、印度、巴西、南非等金砖国家的发展，代表冷战结束后发展中国家在国际社会中的影响力进一步增强。

此外，冷战结束之后，随着美苏两极格局的瓦解，原本没有充分发挥作用的联合国等全球性、区域性的国际组织的作用得到有效发挥，联合国对维护世界和平与地区稳定作出了贡献，在人类可持续发展、解决国际争端机制建立等方面成为一个重要的舞台。

3. 和平与发展的要求深入人心

后冷战时代世界形势的演进，使和平与发展成为全球性的战略问题，决定着世界的前途和命运，也关系着世界各国的根本利益。在当今国际社会中，虽然仍存在着许多威胁和平的因素，存在着阻碍世界发展的体制机制障碍，例如某些大国继续推行霸权主义和强权政治，利用"人权"等意识形态干涉他国内政，某些地区组织设立壁垒，保护地区经济，甚至还存在着通过武装干涉的方式来实现自己的战略图谋的现象，但是要看到，国际政治的大趋势是显而易见的，和平与发展的观念已经深入人心。

进入 21 世纪以来，随着经济全球化步伐加快，经济发展不平衡进一步加剧，南北贫富差距不断加大，发展中国家由于在世界经济中经济基础较为薄弱，经济发展的外部环境变得更加恶劣，在新的经济发展浪潮中处于不利地位，与发达国家之间的差距越来越大。随着经济全球化的进一步推进，世界主要行为体之间的相互依赖进一步加深，如何面对新的形势，维护世界经济繁荣和安全，促进经济进一步发展，成为摆在许多国家特别是发展中国家面前迫切需要解决的问题。

二、日本"普通国家化"目标战略的提出

冷战期间，日本缺乏一个相对明朗的外交思路，这从文化结构上分析，可以视为日本对自身的角色定位缺乏正确的判断，因此影响了其外交决策。冷战结束后，日本的民族优越感膨胀，新民族主义者传承了日本极端民族主义的爱国心和自尊心，认为日本应该打破战后的定位，冲破宪法的藩篱和限制，成为主导世界事务的政治大国，重新确立日本的霸权。其中，小泽一郎是新保守主义思潮的代表人物。1993 年他在《日本改造计划》中提出"普通国家"的概念，这一概念提出以后，立即在日本国内引发震动，并对日本外交政策的调整产生深远影响。

1."普通国家化"战略的提出

"普通国家"这一概念的核心，就是对"自主性""平等性"和"大国

化"的追求，在国际社会像其他国家一样发挥军事作用只是实现这一目的的手段。① "普通国家化"战略的提出，对日本的外交策略调整起到"灯塔"的作用，日本要求在世界事务中承担"领导者"的观念进一步加强。

小泽一郎认为，日本战后虽然经过长期发展成为一个经济大国，但是在政治上却与经济地位不相匹配，是一个"单肺"的残疾国家。日本缺乏"领导能力"，因此必须对过去的战略进行反思，改变国际政治和外交能力上的不足，争取成为"普通国家"。小泽一郎认为，日本要想成为一个"普通国家"，必须具备两个条件：首先，在国际社会中，其他国家觉得是理所当然的事情，日本也要把它当成一件理所当然的事情来处理。尤其是过去日本面对安全保障问题时，常常借口国内政治困难，认为这是一种负担而拒绝承担相应责任；其次，对于世界其他国家以及人类面临的全球环境保护问题等共同课题，日本也要尽可能地进行合作。

在《日本改造计划》中，小泽一郎指出，日本之所以能够实现繁荣稳定，取得经济发展的成绩，就是因为世界整体的和平与繁荣，对全球和平来说，贫困是破坏和平的最大因素。所以，日本要尽自己最大的努力，帮助其他国家发展经济，为世界繁荣作出贡献。小泽一郎认为，在对外经济援助方面日本已经做了许多工作，也取得了一定的成效，但在"安全保障"方面，日本由于受到国内外因素的影响，做得还远远不够。由此可见，"普通国家化"目标的着眼点在于"为国际安全作贡献"。日本认为，美国在维护冷战时代的全球秩序和日本的安全保障方面起到了很大作用。冷战结束以后，日本要承担更大的责任，尤其是日本实力进一步增强，更要制定成熟的全球战略，承担相应的国际责任，构筑符合日本利益的安全秩序。

2. "普通国家化"的主要内容

关于如何成为一个"普通国家"，小泽一郎提出日本要从以下几个方面作出努力。首先，在"普通国家"目标的实现上，以日美同盟为基础，将日

---

① 李建民：《冷战后日本的"普通国家化"与中日关系的发展》，中国社会科学出版社2005年版，第6页。

美关系作为"普通国家"的前提，在美国的帮助下"借船出海"，寻求与美国平起平坐的地位，在日美关系中寻求与美国的对等关系。此外，扩大自身的主导权和影响力，努力推进"普通国家化"目标的实现。其次，在日美同盟的基础上，以联合国框架为中心。冷战结束以后，随着联合国地位和作用的增强，日本开始认识到联合国对其提高国际影响力的作用。小泽一郎认为，日本若想消除别国的不信任感，在国际安全领域发挥更大作用，必须在联合国框架内行动。小泽一郎深知在联合国内各成员国并不是平等的，日本要想在联合国发挥重要作用，必须依靠美国，以日美同盟作为基础。所以日本要实现为国际社会作出贡献的目标，必须以联合国作为平台。再次，日本要成为一个"普通国家"，必须修改和平宪法，实现向海外派兵的合法化。小泽一郎认为，日本必须从战略目标和组织架构上对自卫队进行改造，将原来的"专守防卫"改为积极主动的"攻势防卫"，在组织架构上，将自卫队改造成"联合国的预备队"。对日本来说，实现向海外派兵标志着日本可以更快摆脱"战败国"的阴影，做一个"普通国家"可以做的事情。最后，小泽一郎认为，日本要想成为一个"普通国家"，必须进行国内改革，日本在政治、行政以及社会的各个方面的政策，都要进行全面的改革，以提高政府的决策、执行能力和效率，为日本政府在处理外交事务时提高战略水平。

通过以上内容可以看出，小泽一郎提出日本要成为"普通国家"的目标，是日本政要在冷战结束后国内外新的全球格局下，为了探索日本将来发展战略提出的一条新的发展方向，其主要是一种国家定位上的目标和制度安排。"普通国家化"战略的目的是为日本未来寻找一种新的行为方式的尝试。从这个意义上，日本"普通国家化"目标主要是为了实现"为国际安全作贡献"的目标，并为此在政治、经济、文化等方面与其他国家进行必要的合作。"普通国家化"目标的实现，要以日美同盟为基础、以联合国为中心、以修改和平宪法为主要手段。其实质是日本在冷战结束后对自身面临的形势作出的深刻反思，集中反映了日本在经济实力得到提升后对内对外政策的诉求。

3. "普通国家化"战略的目的

按照西方国际关系理论的解释，国家作为国际政治行为体，在国际社会中扮演着不同角色，其自身定位也处于不断变化之中。加拿大学者霍尔斯蒂（K. Holsti）认为，"国家角色观念是国家政策的制定者对适合自己国家身份的总体决定、承诺、原则，以及在连续性的基础上对其国家在国际体系或地区性体系内所发挥作用（如果能发挥作用的话）的总体概括"①。一个国家的执政者根据自己的判断以及对国家角色的认知而采取的外交决策行为被称为"国家的角色行为"。②按照他的观点，在解释一国的外交决策时，国家领导人对本国在国际社会中应该扮演何种"角色"的观念是解释该国采取的外交决策的一个重要变量。

通过以上分析可以看出，冷战结束以后，日本提出的"普通国家"的国家定位，在一定程度上可以说是日本认识到自身承担的角色发生了变化，也是日本国内各个政治派别在这方面形成的一个共识。小泽一郎指出，日本在国际形象上要破除过去的"非正常方面"，尤其是日本在政治和外交上缺乏"领导能力"。日本国家战略的目标是要在国际社会作出更大的贡献，承担一个领导者应该承担的"领导责任"。此外，在日美安保条约中，美国由于自身实力的相对下降，也希望日本能够分担一部分责任，美国也承认"日本负有领导世界的责任"。对日本来说，要成为一个政治大国，应该是一个能够在世界上具有影响力的国家，在政治和经济上都必须是一个领导国家，至少在某个区域是一个领导国家。可以说，冷战后日本"普通国家化"的目标定位以及日本期望在国际事务中发挥"领导者"的角色观念，为冷战后日本在外交决策和安全战略上指明了根本方向。

按照政治现实主义的观点，一个国家外交的实质是为了最大限度地实现本国的国家利益。日本外相川口顺子认为，日本采取何种外交行为最终是由国家利益决定的，其中最主要的国家利益就是要确保日本及其国民的安全与

---

① ②　张清敏：《中国的国家特性、国家角色和外交政策思考》，《太平洋学报》2004 年第 2 期。

繁荣。①可以说，日本外交的理想状态是为了实现"四两拨千斤"的效果。从这个意义上来说，冷战后日本"普通国家化"战略目标的实质是日本在思考外交战略的过程中，对本国国家利益和需求深入思考的结果。

三、日本联合国外交的深入推进

冷战结束以来，日本的联合国外交增强了自主性，冷战期间从属于日美同盟框架的局面得到改善，日本注意通过联合国发挥其国际影响力，成为世界政治大国。在具体举措上，日本通过积极参加联合国维持和平活动，推动联合国财政改革，在联合国和国际机构中承担更多的经费，积极努力增加在联合国等国际机构中日本职员的比率等措施，日本在联合国中地位和作用明显上升。

1. 积极参加联合国维持和平活动

维和行动是联合国的重要职能之一。联合国维和行动是根据安理会或者联大通过的决议，由联合国向冲突地区派出维和部队或者观察员的一种行动，目的是为了维护世界和平与安全。1988 年，联合国维持和平部队获诺贝尔和平奖，联合国的维和功能自此得到公认。《联合国宪章》并未对维和行动作出明确构想，联合国最初的维和行动是在 1948 年向中东地区派出停战监督组织。从 1948 年开始，联合国采取的维和行动一共有 60 个，其中自 1988 年有 47 个。截至 2006 年 6 月 30 日，有 15 个现行的维持和平行动。联合国维和行动具有国际性、非强制性和中立性三大特征。所谓国际性是指维和行动由联合国派出，维和行动成员来自各会员国，维和行动只对联合国负责；非强制性是指维和行动不能采取强制措施，且必须得到当事国的同意才能实施，非自卫时不能够使用武力；中立性是指维和行动必须公平公正、不干涉成员国内部事务。

冷战结束之后，随着国际政治局势的变化，地区冲突较之前有所增加，再加上美苏两极格局瓦解使得联合国的作用相比于冷战期间得到了更有效的发挥，因此联合国维和行动的数量和规模都有了长足发展。参与维和行动的

---

① 日本外务省编：《外交蓝皮书》第 46 号，东京国立印刷局 2003 年印。

国家越来越多，1988 年仅有 26 个国家，到了 2012 年已经有 115 个国家参加，增加了四倍多。

维持和平行动（PKO）成员派遣国家数的变化

年　　份	1988	1994	1996	1997	1998	1999	2000	2001	2002	2003
PKO 要员派遣国数	26	76	74	71	76	86	92	90	89	97
年　　份	2004	2005	2006	2007	2008	2009	2010	2011	2012	
PKO 要员派遣国数	105	109	115	122	124	122	123	122	115	

资料来源：《平成 24 年度国连·マルチ外交研究会——国际机构的评价》，日本外务省网站。

参与联合国维和行动的会员国来自联合国各成员国，其经费来源主要是会员国的资助。联合国的预算随着维和行动的数量增加，其规模也越来越大，联合国会根据维和行动所做的预算方案对相关会员国的资助能力进行评估，通过联合国预算方案确定的金额资助会员国的维和行动，并派遣由多国组成的维和部队参加。由于联合国维和行动的资助经费来自各成员国，参与人员也来自联合国各成员国，并采用"负担均摊"的做法，因此可以在相当大程度上确保人力、财力和物力使用的高效。

冷战结束以后特别是进入 21 世纪以来，联合国维和行动的数量增加不大，一直维持在每年 15 件左右。但是，联合国维持和平行动的费用却在不断增加，从 2002 年的 26.1 亿美元，增加到 2012 年的 78.6 亿美元，增加至三倍。近年来，联合国维和行动的经费一直维持在高位运行。

日本在组建自卫队之初，就通过了禁止向海外派兵的决议："本院在自卫队创立之际，按照现行宪法的条章和我国国民的炽烈的爱好和平精神，在此重新确认不向海外出兵。"[①]此后，日本历届内阁都在海外派兵问题上小心谨慎，日本深知向海外派兵问题的敏感性，竭力避免给国际社会造成日本内阁赞成"海外派兵"的印象，消除国际上的顾虑。但是这种情况随着日本加

---

① 金熙德：《日本外交与中日关系——20 世纪 90 年代新动向》，世界知识出版社 2001 年版，第 90 页。

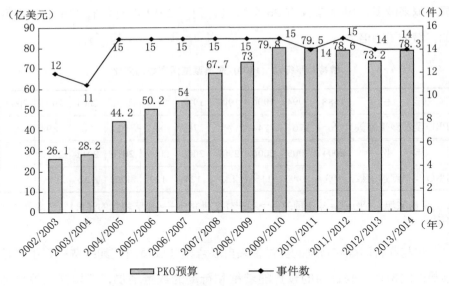

维持和平行动预算及件数的变化统计（2002—2014 年）

入联合国，逐渐发生变化。在加入联合国之后，日本外务省就不满足于在参与联合国维和行动时仅仅作出单纯的财政贡献，开始积极谋取为维和行动派出人员包括派出自卫队参加。①到了 20 世纪 80 年代，日本开始研究从制度上突破限制，谋求向海外派兵的突破，在日本综合研究开发机构发表的报告《90 年代日本的课题》中首次提出，随着日本国际贡献的力度和范围扩大，不能回避参与联合国维和行动这一问题。②日本的海外派兵倾向进一步明确。1987 年，中曾根政府为了谋求政治大国地位，曾经决定参加联合国维和行动，但是因为国内的压力，作出了只派遣非自卫队员，并且不直接从事军事行动两项保证。到 20 世纪 90 年代前，日本始终没有突破向海外派兵的限制。

冷战结束之后，日本加紧制定向海外派兵的法案，谋求自卫队海外行动合法化。1991 年 9 月，日本中山外相表示海湾战争使日本充分认识到联合国

① 《朝日新闻》1991 年 9 月 20 日。转引自李建民：《"普通国家"目标与日本对联合国外交》，《当代亚太》2004 年第 7 期。
② 日本综合研究开发机构编：《90 年代日本的课题》，经济管理出版社 1989 年版，第 201 页。

维和行动的重要性，日本要积极参与其中推进通过国际合作来和平解决国际争端。日本认识到维持和平行动法案的重要性，但是之前的维持和平行动主要体现在经济方面，今后日本不仅要加强对维和行动的经济支持，而且要努力加强"人的贡献"。此后日本内阁向国会提出相关法案，显示日本将维持和平行动法案作为对国际社会的承诺，向国际社会显示其谋求在国会获得通过的姿态。①1992 年 6 月 9 日，日本国会通过了《联合国维持和平行动合作法》（简称 PKO 法案），法案通过后，中曾根前首相赞扬这一法律是一个"里程碑"事件，"具有划时代意义的重大事件"，"日本将从过去的在某种意义上说是自虐的行动范围，开始走向世界性的行动范围"②。

日本制定的 PKO 法案规定日本可以参加的维和行动一共有三大类 16 项。为了消除其他国家对日本海外派兵的怀疑，为自卫队的派遣提供法律上的保障，日本提出了参加维持和平行动必须遵守的五项原则：（1）交战各方同意停火，并达成相关协议；（2）发生争端的当事国以及与发生纠纷相关的国家同意日本派遣；（3）必须保持中立立场；（4）上述三项条件中如果有任何一项不符合，日本可以根据自己的判断立即撤离；（5）只能在必要的最小限度内使用武器。③

联合国维持和平行动派遣状况（2008 年）

世界排名	国　　家	派遣人数
1	巴基斯坦	11135 名
2	孟加拉国	9567 名
3	印　度	8693 名
4	尼日利亚	5908 名
5	尼泊尔	3920 名

① 西修：《国际贡献与日本国宪法》，《改革者》1992 年 2 月号。转引自李建民：《"普通国家"目标与日本对联合国外交》，《当代亚太》2004 年第 7 期。
② 日本《世界日报》1992 年 6 月 11 日。
③ 方连庆等：《战后国际关系史》下册，北京大学出版社 1999 年版，第 867 页。

战后日本的联合国外交研究

世界排名	国　　家	派遣人数
10	意大利	2497 名
13	法　国	2198 名
14	中　国	2146 名
36	韩　国	394 名
40	德　国	327 名
41	英　国	297 名
44	俄罗斯	271 名
67	美　国	91 名
80	日　本	38 名①

注：统计范围为派遣人数前 5 的国家、G8 国家及日本的亚洲邻国。

资料来源：《日本外交蓝皮书》（2009 年版），日本外务省网站，http://www.mofa.go. jp/mofaj/gaiko/bluebook/2009/html/h3/h3_08.html♯t3_05。

从 1992 年日本通过 PKO 法案起到 2003 年 9 月期间，日本共派出约 4600 名工作人员参加 8 个项目的联合国维和行动和联合国组织的 5 个人道主义国际援助活动，成为西方八国集团中派出参加人员最多的国家。②冷战后，日本积极参加联合国维和行动，主要目的是突破宪法第九条的限制，实现向海外派兵的目的，成为其所提出的"普通国家"，并以此取得国际社会的支持，早日实现"入常"目标，成为世界政治大国和军事大国。随之，日本又不断对 PKO 法案进行修正，1998 年 6 月，日本国会参议院通过《PKO 法案修正案》，将日本参与联合国维和行动五原则中的第五条修正为"可以根据上司的命令使用武器"；2001 年 11 月，日本国会众议院又通过《自卫队法修正案》，涉及日本自卫队参加联合国维和行动主体业务，并进一步放宽了自卫队使用武器的限度。日本"海外用兵"的色彩越来越浓厚。

---

① 日本当年派遣了 53 名自卫队员，但是其中 15 名未被联合国统计在内，故为 38 名。

② 李建民：《"普通国家"目标与日本对联合国外交》，《当代亚太》2004 年第 7 期。

维持和平行动法派遣国别人数

截至 2012 年 10 月 31 日

顺序	国　　名	合计（人）	警察（人）	军事监视员（人）	军人（人）
1	孟加拉国	9142	1967	84	7091
2	巴基斯坦	9113	675	89	8349
3	印　度	7899	1039	77	6783
4	埃塞俄比亚	5701	20	110	5571
5	尼日利亚	5590	573	68	4949
6	卢旺达	4596	472	17	4107
7	尼泊尔	4534	734	58	3742
8	埃　及	4128	461	90	3577
9	约　旦	3594	1863	54	1677
10	加　纳	2804	182	58	2564
11	中　国	1931	91	43	1797
12	法　国	993	57	20	916
13	日　本	527	0	0	527
14	英　国	285	2	5	278
15	德　国	232	15	10	207
16	美　国	136	111	8	17
17	俄罗斯	85	18	63	4
	派遣国合计	97306	13635	2000	81671

资料来源：根据日本外务省网站相关数据整理。

　　20 世纪 90 年代以来，日本为了摆脱宪法相关条款对其军事和政治上的限制，通过维持和平行动法，积极参加联合国维和行动，日本联合国目标得到进一步强化。在日本看来，"自卫队在联合国的框架内积极参加维持和平行动，以国际安全保障为目的的行动和保卫国家同样是第一位的任务"①。截至 2008 年底，日本共参与 11 件联合国维和行动，共派出约5000 人。以 2008 年为例，由于刚果民主共和国东部形势恶化，联合国决定增派 3000 名维和人员，预算由此也大大增加。2008 年联合国维和行动有

---

① 李建民：《"普通国家"目标与日本对联合国外交》，《当代亚太》2004 年第 7 期。

15 件，派驻的军队、警察等维和人员超过 9 万人，维和预算超过 70 亿美元。①当年日本决定派驻 2 名自卫队官员进驻苏丹特派团，此后共计派员53 人参与维和行动，另外根据维持和平行动法，日本当年 3 月派遣了 24 名选举观察员参加尼泊尔制宪议会选举。

从统计数据可以看出，近年来，联合国维持和平部队的人员和规模不断扩大，而且派遣成员国数量也大大增加。这是因为冷战期间，安理会常任理事国为了保持中立性，一般不愿意派遣，冷战结束之后，常任理事国也积极派遣维和人员参加维持和平行动。比如 2012 年 10 月，中国派遣 1931 人，法国派遣 993 人。这背后有深刻的原因，比如冷战结束之后，有关中立性的观念淡薄等原因引起；但是派遣的大多数国家仍然来自发展中国家，这一状况没有改变，比如前几名仍是亚洲和非洲的发展中国家。

2. 日本新安保法案的通过

近年来，日本一直谋求对安保法进行修订，特别是安倍内阁成立之后，将新安保法的出台作为一项重要的战略目标。经过长期准备，日本不顾国内外的强烈反对，于 2015 年 9 月 19 日经日本参议院全体会议表决通过了备受争议的安保法案，该法案的通过，标志着战后日本安保政策的彻底变化。日本的新安保法，从表面来看有两部法律，即《国际和平支援法》与《和平安全法制整备法》，其中《和平安全法制整备法》由 10 部小法律构成②。新安保法出台的主要目的是为日本参加维和行动提供法律依据，并进一步明确维和行动中使用武力的条件。

（1）战后日本的安保法案

二战之后，日本被美国单独占领，按照新宪法规定，日本失去交战权，日本的军队也一度消失，仅仅维持最低限度管理治安的警察力量。在美国的

---

① 《日本外交蓝皮书》（2009 年版），日本外务省网站，http://www.mofa.go.jp/mofaj/gaiko/bluebook/2009/html/h3/h3_08.html＃t3_05。

② 包括《武力攻击事态法》《自卫队法》《周边事态法》《联合国维和行动（PKO）合作法》《船舶检查活动法》《美军行动关联措施法》《特定公共设施利用法》《外国军用品等海上输送规制法》《俘虏处置法》《国家安全保障会议设置法》10 部法律的修改部分汇总而成。

主导下，日本新的和平宪法发布，新宪法第九条明确规定，日本放弃战争、放弃交战权并且不维持武力。之后由于朝鲜战争的爆发，日本的战略作用显现，美国开始扶持日本政权，日本建立了所谓的"自卫队"。由于宪法第九条的限制，日本不能保持军队，因此被冠之以"自卫队"的称号，即日本在受到侵略之时，可以用自卫队进行最低限度的抵抗。

到了20世纪八九十年代，日本经济快速发展，跃居世界第二位，日本谋求在国际社会发挥更大的影响力，力求突破宪法第九条的限制，成为一个"普通国家"，日本右翼势力为了使日本获得战争权力，想方设法实现突破。55年体制自建立以来，自民党一直在日本政权中居于魁首的地位，长期在日本执政，只是到了90年代，由于国内外形势的发展，自民党一度丧失执政权。日本借助日美同盟和全球反恐，成功突破海外派兵的限制，并将防卫厅升级为防卫省，与周边国家结成军事同盟。日本还通过渲染中国威胁论，不断挑起与中国的争端，在钓鱼岛、东海等问题上与中国摩擦不断，日本还与菲律宾、澳大利亚等国谋求共同遏制中国。日本的安保法也一点点被右翼势力突破，比如日本就曾不顾中国反对通过《周边事态法》。

新安保法公布之后，《周边事态法》摇身一变成为《重要影响事态法》，自卫队对他国力量的支持将突破地理上的限制，不再仅仅局限于日本周边地区。日本新安保法案的实质，是《自卫队海外派遣永久法》。根据新的法律，日本可以随时向其他国家提供援助或者根据需要向海外派兵。安倍政权从法律层面保证日本解禁集体自卫权、修订日美防卫合作指针、扩大海外军事活动等不再受到限制，日本战后坚持的专守防卫政策被彻底推翻。

（2）新安保法的目的

二战结束以后，日本新的和平宪法确立了和平主义原则。安倍晋三自上台以来，一直谋求修改日本和平宪法，并在此基础上解禁集体自卫权。日本政府的目的主要有以下四点：

第一，突破随意向海外派兵的限制。日本向海外派兵需要经过国会立法讨论，并在立法中设立一定的条件，包括工作任务、截止时间、派往的地域等。维持和平行动法案通过之后，1994年日本政府又出台《联合国维持和平活动合作法》，允许日本派兵参加联合国维和行动。按照以往的政策规定，日本如果想向海外派兵，必须基于联合国决议，并要制定专门针对决议的特别措施法。伊拉克战争爆发以后，日本为了派兵前往伊拉克，国会于2003 年 7 月通过《支援伊拉克重建特别措施法》，为了这部法律的通过，日本内阁和执政党花费了大量的时间和精力。

第二，为了突破宪法第九条的限制。日本新的和平宪法第九条规定日本放弃交战权，不能拥有军队。按照此项规定，日本没有权利行使集体自卫权，任何形式的集体自卫权都是对和平宪法精神的违背。集体自卫权，指日本的盟国等受到攻击时，日本可以保持反击的权利。新的安保法案通过之后，日本自卫队在没有受到直接攻击的情况下，就可以在一定范围内行使所谓的集体自卫权，同其他国家一起采取军事行动，这明显与宪法第九条精神相违背。

第三，为日本海外派兵提供合法性。新的安保法由 11 部法律组成，涉及日本防务法律的诸多方面，内容比较杂乱，但是通过解读这些法律不难发现，它们的目的就是为了从法律上解除日本向海外派兵的限制，并为未来解禁集体自卫权铺平道路。如在《武力攻击事态法修正案》中规定了一条"存立危机事态"的情形，即使日本没有受到直接攻击，但在一定条件下仍可以向海外派兵。《自卫队法修正案》则允许当美国采取海外行动时，日本自卫队可以为之提供防卫支援。《国际和平支援法》的实质是突破海外派兵的时间限制，日本可以根据自己的需要和判断，随时向其他国家的军队提供军事援助。

第四，为了实现"普通国家化"的目标。自 20 世纪 90 年代日本提出"普通国家化"目标以来，成为一个"普通国家"就成了日本追求的目标。安倍首相上台以后，力推新的安保法，其目标就是为了借助新安保法实现日本向海外派兵，推进所谓的"普通国家化"目标。新安保法案的通过，导致和平宪法在实质上已被架空。日本向所谓的"普通国家"又迈进了一步，可以说，新的安保法为日本实现向"普通国家"转变提供了便利条件。①

---

① 张东、王君：《日本通过新安保法案令世界瞩目》，《中国经贸导刊》2015 年 11 月。

（3）新安保法的内容和意义

《国际和平支援法》是一部永久性法律，主要规定日本可以根据处理国际纷争的需要，为他国军队提供后勤支持。所谓的永久性，就是指既没有时间上的限制，也没有具体的援助任务的限制。根据这部法律，日本政府只要作出决定，就可以随时向海外派兵，而原来必须通过国会的批准，受到一定的制约。这部法律可以说在很大程度上降低了日本介入海外战争的门槛，使政府具有非常大的决定权和自主权。假如一个国家发动对另一个国家的战争，日本政府不需要经过层层审批，不需要国会的立法批准，就可以派出自卫队对其进行援助。未来日本可以将这部法律的内容用到支援其他国家方面，日本反复强调通过这一法律的目的是为了支援美国，实质上是为了获得美国政府的支持。新安保法案通过后，日本自卫队的派出将不受地域上的局限，实现向全世界派出的目标，这将大大突破以往的限制。同时，日本即使没有受到他国的直接攻击，根据新安保法也可以行使武力。

新安保法还规定，"与日本有密切关系的国家遭到武力攻击"时日本也可以行使武力。这一条意味着日本即使没有受到攻击，也可以在盟友受到攻击时提供武力援助。日本防卫大臣中谷元曾表示，在新安保法中"应美国要求"增加了"向他国军队提供后方支援的部分加入提供弹药"的内容。新安保法的公布，标志着日本自卫队抛弃了过去的专守防卫政策，是对和平宪法的践踏，日本自卫队从过去的单纯的防御性的武装力量转变为极具进攻性的军事力量。

（4）新安保法的影响

日本新安保法是强行通过的，自民党和执政联盟利用议员席位数上的优势，以迂回的方式实现了日本安保战略的修订。安倍政权上台以来，先是以内阁决议的方式解禁了集体自卫权，此后又出台新安保法，标志着日本以法律的形式将之固定下来。新安保法遭到日本国内外的强烈反对，在表决的时候大量民众在众议院外抗议。2015年7月18日，有超过5000名民众在国会附近抗议该法案通过。

日本《朝日新闻》于 7 月 18、19 日进行了紧急民意问卷调查，有 69％的民众认为日本安保法案的通过方式"不妥"；安倍内阁的不支持率上升至 46％，支持率下跌了两个百分点至 37％。民众中有 57％表示反对新安保法，支持的市民仅占 29％。问卷调查结果显示日本民众对新安保法的谨慎态度，认为新安保法"没有必要"的占 69％，认为"有必要"的仅占 20％。日本新安保法案的通过也遭到了世界其他国家的反对和警惕，对亚洲地区乃至世界的和平稳定都会带来不利影响。

第一，新安保法改变了国际安全环境。日本新安保法案的通过，是日本在战后对过去安保政策的历史性突破，使亚太地区的国际形势趋于紧张，很有可能在该地区引发一场新的军备竞赛。表面上来看，日本新安保法案的目的是为了加强东亚稳定，实际是为了进一步加强日美同盟，以进一步制衡中国。新安保法重新塑造了日本的国家权力结构，将原有的安保法抛之脑后，必将改变地区安全格局。战后日本由于主动被动的原因，放弃了发动战争的权力，走上了和平主义道路。但是新安保法案的通过，标志着日本主动放弃了和平主义，这不得不引起亚洲和世界上爱好和平的人民的警觉。尤其是安倍政权不顾国内外反对强行通过法案，将战后日本坚持了 70 年的和平主义成果毁于一旦。

第二，日美同盟有可能进一步加强。新安保法案的通过，其目的之一就是针对中国的崛起，加强日美同盟。近年来，日本有一种声音认为随着中国的崛起，中国将成为亚洲和世界的"威胁"，因此日本必须摆脱过去的一些制度上的束缚，以此来应对这种局面。新安保法的出台，日本将进一步加强与美国的联系，能够在更大程度和更广范围内增强日美同盟，有利于美国在亚太地区遏制中国，日本的这一法律可以说是对美国军事上的一个补充，一旦中美发生冲突，日本就可以名正言顺地进行支援。

第三，新安保法是对和平宪法的践踏。根据新安保法，日本可以行使集体自卫权，并发动武装攻击，此外，还允许日本拥有发动战争的主动权，自卫队可以根据需要随时援助盟国。而日本和平宪法第九条明确规定日本"永远放弃发动战争"的权力，新安保法彻底颠覆了过去的和平宪法，今后日本如果依照此法案行事，将大大增加战争的风险，可以说新安保法动摇了日本的法制基础，是违反和平宪法的"战争法"。

第四，新安保法破坏了日本的国际形象。安倍表面上标榜"积极和平主义"，另一方面又强行通过新安保法案，可见其标榜的和平不过是掩饰其真实意图的幌子和借口，安倍政权为了达到目的，漠视和架空了日本国民政治权利。安倍政权上台以来，频频在国际上制造争端。日本在历史问题上不正视过去战争的侵略本质，坚持"修正主义"道路；在外交上提出了"积极和平主义"的口号，解禁集体自卫权，进一步深化日美同盟关系；在与周边国家关系上，不断在领土等问题上挑起事端，激化矛盾。安倍政权的行为已经引起了世界许多国家的警惕，日本的国际形象进一步恶化。新安保法揭示了安倍的"积极和平主义"实质是"反和平主义、不和平主义"。

3. 全方位加强对联合国的支持

战后，日本利用自身曾作为世界第二大经济体的优势，加大了对联合国的经济支持力度，集中表现在：积极为联合国各机构出资，全面参加联合国名下的活动，对联合国及相关机构进行无偿援助等。日本通过对联合国的经济支持，不仅树立了良好形象，而且扩大了自身影响力，增加了在联合国的存在感。

（1）增加联合国的预算

按照《联合国宪章》第17条规定，联合国组织的会费"应由各会员国依照大会分配限额担负之"。联合国的会费主要有两个方面，一个是联合国的正常预算，主要用来支付联合国工作人员的工资、办公用品以及设备采购维修、会议服务、通信联络、文件印刷等联合国主要机构和辅助机构的行政开支；另一个是用于联合国维持和平行动的费用。此外，联合国还有一些其他的活动需要使用会费，会费的主要来源是依靠会员国的捐款，即所谓预算外资金。它是由捐助国决定用途，并直接交秘书长代管。冷战结束以后，随着联合国功能的不断完善和维和行动的增加，联合国预算不断增加。

联合国预算经费主要来自会员国所缴纳的会费。目前，整个联合国系统的预算由常规预算、维和预算、国际法庭预算几大部分组成。近年来，联合国预算经费稳中有升，特别是维持和平行动预算增幅较大，反映了联合国维持和平功能的不断增强。

在分担比率上，联合国会费的比率设置了上限和下限，最高上限是22％，最低下限是0.01％，即最富国家的会费额度不得超过联合国总预算收入的22％，最穷国家的比率不得低于总预算的0.01％。会费具体支付计算方法是用一个国家的国民生产总值除以联合国所有成员国的国民生产总值之和。①

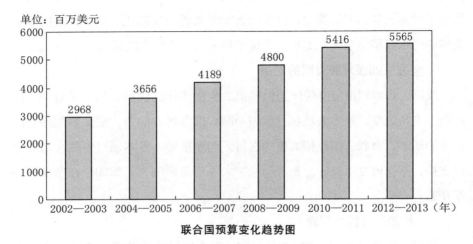

单位：百万美元

联合国预算变化趋势图

资料来源：《日本外交蓝皮书》（2015年版），日本外务省网站，http://www.mofa.go.jp/mofaj/gaiko/bluebook/2015/html/chapter3_01_06.html#fg3_010。

总体来看，联合国的会费主要是由各成员国根据"支付能力"的原则分摊。联合国会费的主要支付标准就是一个国家的支付能力，支付能力是根据对各个国家的国民生产总值的估算和若干调整数（包括外债和人均低收入）决定的。此外，有些国家的人均收入低于世界平均收入，这部分国家在联合国会费上可以享受一定的减免，在其应当分担的联合国会费的比率上享

① 《中国缴纳联合国会费占比涨53％仅次日美 获联合国点赞》，新华网，http://news.xinhuanet.com/fortune/2015-12/30/c_128580410.htm，2015年12月30日。

受一定的支付折扣。

按照联合国会费缴纳的相关规定，每年 1 月 31 日，会员国应足额缴纳会费，但实际上，大多数国家都不能按时缴纳会费。《联合国宪章》对会员国拖欠会费有相应惩罚措施。连续两年拖欠会费，拖欠数目等于或超过前两年应该缴纳会费总额，将停止该会员国在联合国的投票权。

近十余年来，每年都有几十个成员国未能在规定时间足额缴纳会费。以 2015 年为例，截至当年 1 月 31 日，仅有 25 个成员国足额缴纳了 2015 年会费。截至 2015 年 12 月 11 日，联合国 193 个会员国中，只有 139 个成员国全部缴纳了 2015 年的经常预算分摊款。[1]其中，美国历来是拖欠会费"大户"。截至 2015 年 12 月 11 日，未足额缴纳联合国会费的 54 个成员国里，就有美国的身影。美国也是联合国安理会五个常任理事国中唯一未足额缴纳 2015 年会费的国家。[2]

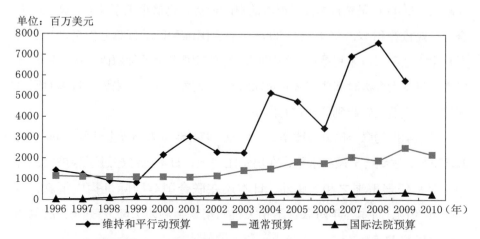

单位：百万美元

联合国通常预算、维持和平行动预算、国际法院预算（净额）一览表
（1996—2010 年）

资料来源：《日本外交蓝皮书》（2011 年版），日本外务省网站，http://www.mofa.go.jp/mofaj/gaiko/bluebook/2011/html/chapter3/chapter3_01_04.html＃zu01。

[1][2] 《中国缴纳联合国会费占比涨 53％仅次日美　获联合国点赞》，新华网，http://news.xin-huanet.com/fortune/2015-12/30/c_128580410.htm，2015 年 12 月 30 日。

单位：%

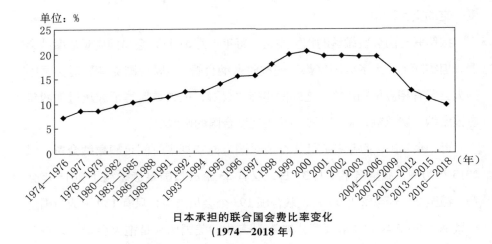

日本承担的联合国会费比率变化
（1974—2018 年）

资料来源：根据日本外务省网站相关数据整理。

日本刚加入联合国时，承担的会费比重并不大，随着日本经济规模的不断扩大，以及自身扩大国际影响、发挥国际贡献的需要，日本缴纳的比率越来越大。2009 年虽然日本面对严峻的财政形势，仍然承担了 4.1 亿美元的联合国一般预算和 12.6 亿美元的 2008 年联合国维和行动预算分担金，在所有国家中排名第二。尤其是在冷战期间，美国等国出于种种原因，拖欠联合国经费，日本大多数时间能够按时足额缴纳，从这个意义上来说，日本对联合国的正常经费运转起到了一定的作用。

日本承担的联合国会费比率，已经从 1974 年的 7.15％上升到 2000 年的 20.573％，达到历史最高水平，在出资比率上，日本已经超过了除美国以外的 4 个常任理事国之和。此外，日本还在联合国等国际机构中捐款，以 2006 年为例，日本当年对联合国相关机构捐款金额为 7.65 亿美元，占总捐款额比率的 11.5％。

日本缴纳巨额的会费和出资使日本的决策者认为，按照日本对联合国的经济贡献，日本就完全有资格当选为安理会常任理事国。在安理会首脑会议上，日本首相宫泽喜一表示："由于安理会处于联合国维持国际和平与安全努力的中心，应该彻底考虑以某种方式调整它的职能，以便使它更能反映新时代的现实。"日本前驻联合国大使波多野敬雄业也曾说："日本不想仅仅充

世界主要国家对联合国相关机构捐款金额统计（2006 年数据）

国　　家	捐款总额 （亿美元）	分担金总额 （亿美元）	总贡献额 （比率）①	人均捐款贡献 （美元）	人均国民收入 （美元）
美　　国	28.19	31.52	59.71（23.9%）	19.94	44710
日　　本	7.65	20.91	28.56（11.5%）	22.35	38630
英　　国	10.24	8.97	19.20（7.7%）	31.69	40530
德　　国	3.55	10.57	14.13（5.7%）	17.15	36810
法　　国	2.36	8.61	10.97（4.4%）	17.88	36510
加拿大	5.71	3.72	9.43（3.8%）	28.88	36650
意大利	2.59	6.20	8.80（3.5%）	14.92	31940
中　　国	0.39	3.50	3.89（1.6%）	0.29	2010
俄罗斯	0.33	1.59	1.93（0.7%）	1.35	5800

资料来源：《日本外交蓝皮书》（2009 年版），日本外务省网站，http://www.mofa.go.jp/mofaj/gaiko/bluebook/2009/html/h3/h3_07.html♯h3_14。

当一个按时付钱的角色，希望能就联合国作出的重要决定发表我们的意见。日本的首要任务是获得一个常任理事国的席位。"②可见，日本增加联合国经费的目的非常明显，就是要通过承担更多的联合国经费，扩大日本的影响力，得到其他国家的认可，为日本争当安理会常任理事国增加筹码。

世界主要国家的联合国会费分担率（1974—2006 年）

单位：%

年　份	美国	日本	德国	英国	法国	中国	俄罗斯
1974—1976	25.000	7.150	7.100	5.310	5.860	5.500	12.970
1977	25.000	8.660	7.740	4.440	5.660	5.500	11.330
1978—1979	25.000	8.640	7.700	4.520	5.820	5.500	11.600
1980—1982	25.000	9.580	8.310	4.460	6.260	1.620	11.100
1983—1985	25.000	10.320	8.540	4.670	6.510	0.880	10.540
1986—1988	25.000	10.840	8.260	4.860	6.370	0.790	10.200
1989—1991	25.000	11.380	8.080	4.860	6.250	0.790	9.990

---

① 指总贡献额占全世界的比率。

② 连会新：《日本的联合国外交研究》，天津社会科学院出版社 2007 年版，第 213 页。

续表

年 份	美国	日本	德国	英国	法国	中国	俄罗斯
1992	25.000	12.450	8.930	5.020	6.000	0.770	9.060
1993—1994	25.000	12.450	8.930	5.020	6.000	0.770	6.710
1995	25.000	13.950	8.940	5.270	6.320	0.720	5.680
1996	25.000	15.435	9.043	5.315	6.408	0.735	4.450
1997	25.000	15.650	9.060	5.320	6.420	0.740	4.270
1998	25.000	17.981	9.630	5.076	6.494	0.901	2.873
1999	25.000	19.984	9.808	5.090	6.540	0.973	1.487
2000	25.000	20.573	9.857	5.092	6.545	0.995	1.077
2001	25.000	19.629	9.825	5.568	6.503	1.541	1.200
2002	25.000	19.669	9.845	5.579	6.516	1.545	1.200
2003	22.000	19.516	9.769	5.536	6.466	1.532	1.200
2004—2006	22.000	19.468	8.662	6.127	6.030	2.053	1.100

资料来源:《日本外交蓝皮书》(2004 年版),日本外务省网站,http://www.mofa.go. jp/mofaj/gaiko/bluebook/2004/html/chapter3/chapter3_01_04.html♯zu01。

近年来,日本分担率有不断下降的趋势,2009 年,联合国各会员国就预算比率进行谈判。日本的联合国一般预算分担率和维持和平行动预算分担率下降为 12.530%,比之前的 16.62%降低约 4 个百分点,为所有国家中最大降幅。第 67 届联合国大会就会费分担率进行交涉,日本积极参与讨论,最终决定日本 2013—2015 年的分担率降为 10.833%,继续仅次于美国位居第二位。日本在所有国家中降幅也是最大的,降低了 1.697%,与此相对应,中国、巴西、俄罗斯、印度等金砖国家因为经济增长,承担的比率不同程度增加。

主要国家联合国通常预算分担率及增减比

序号	国 家	2007—2009 年	2010—2012 年	增减比	2013—2015 年	增减比
1	美 国	22.00%	22.000%	±0%	22.000%	±0%
2	日 本	16.62%	12.530%	−4.09%	10.833%	−1.697%
3	德 国	8.58%	8.018%	−0.56%	7.141%	−0.877%

序号	国　家	2007—2009 年	2010—2012 年	增减比	2013—2015 年	增减比
4	法　国	6.30％	6.123％	－0.18％	5.593％	－0.530％
5	英　国	6.64％	6.604％	－0.04％	5.179％	－1.425％
6	中　国	2.67％	3.189％	0.52％	5.148％	1.959％
7	意大利	5.08％	4.999％	－0.08％	4.448％	－0.551％
8	加拿大	2.98％	3.207％	0.23％	2.984％	－0.223％
9	西班牙	3.35％	3.177％	－0.18％	2.973％	－0.504％
10	巴　西	0.88％	1.611％	0.74％	2.934％	1.323％
11	俄罗斯	1.20％	1.602％	0.40％	2.438％	0.836％
12	印　度	0.45％	0.534％	0.08％	0.666％	0.132％

资料来源:《日本外交蓝皮书》(2010 年版、2013 年版)，日本外务省网站，http://www.mofa.go.jp/mofaj/gaiko/bluebook/2013/html/chapter3/chapter3_01_04.html♯zu01；http://www.mofa.go.jp/mofaj/gaiko/bluebook/2010/html/chapter3/chapter3_01_03.html♯zu01。

受经济低迷影响，虽然日本的分摊比率呈下降趋势，但是在所有国家中仍然排在第二位，以 2013—2015 年世界主要国家联合国通常预算分担率及分担金额为例，日本承担 10.833％，每年经费分别达到 2.761 亿美元、2.765 亿美元、2.94 亿美元，日本承担的维持和平行动预算为 9.17 亿美元，同样占到全部国家总金额 84.67 亿美元的 10.833％。

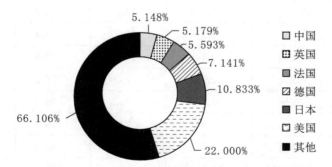

5.148％
5.179％
5.593％
7.141％
10.833％
22.000％
66.106％

□ 中国
⊞ 英国
▨ 法国
▧ 德国
■ 日本
□ 美国
■ 其他

2013—2015 年主要国家联合国会费分摊比率

资料来源:《日本外交蓝皮书》(2013 年版)，日本外务省网站，http://www.mofa.go.jp/mofaj/gaiko/bluebook/2013/html/chapter3/chapter3_01_04.html♯zu01。

随着联合国会费的提高而增强话语权，是日本考虑的一个重要方面。一方面，会费提高表明日本在联合国的分量更大；另一方面，根据联合国规定，联合国工作人员的名额分配，也参考会费比率，会费提高，意味着在联合国工作的日本员工名额将大幅提升（虽然由于种种原因，日本在联合国的工作人员数量一直没有达到联合国给予的名额）。日本希望在国际事务中通过为联合国作贡献的方式，积极参与国际事务，提高国际地位。

在日本国内，对于日本承担过多的联合国会费，一直存在着批评的声音，特别是认为日本承担的会费比率不应该超过常任理事国。经过几次调整，虽然日本承担的会费比率不断下降，负担较之前减轻了不少，但是日本国内又有人认为，这将有可能使日本在联合国的存在感不断降低。对日本来说，要实现成为安理会常任理事国的目标，其面临的问题除了承担必要的会费之外，更重要的是通过开展联合国外交，进一步提高日本在联合国的发言权和谈判能力，这对日本来说也是一个挑战。

世界主要国家联合国通常预算分担率及分担金额（2013—2015 年）

单位：百万美元

序号	国　家	分担率（%）	2013 年	2014 年	2015 年
1	美　国	22.000	618.5	621.2	654.8
2	日　本	10.833	276.1	276.5	294.0
3	德　国	7.141	182.0	182.2	193.8
4	法　国	5.593	142.5	142.7	151.8
5	英　国	5.179	132.0	132.2	140.5
6	中　国	5.148	131.2	131.4	139.7
7	意大利	4.448	113.3	113.5	120.7
8	加拿大	2.984	76.0	76.2	81.0
9	西班牙	2.973	75.8	75.9	80.7
10	巴　西	2.934	74.8	74.9	79.6
11	俄罗斯	2.438	62.1	62.2	66.2
12	其他国家	15.511	395.1	395.7	420.7
	合　计	100.000	2606.1	2611.7	2771.4

资料来源：日本外务省网站，http://www.mofa.go.jp/mofaj/fp/unp_a/page22_001258.html。

世界主要国家联合国维持和平行动预算分担率（2013—2015 年）

序号	国　家	2013 年分担率（%）	2014 年分担率（%）	2015 年分担率（%）
1	美　国	28.3835	28.3626	28.3626
2	日　本	10.8330	10.8330	10.8330
3	法　国	7.2159	7.2105	7.2105
4	德　国	7.1410	7.1410	7.1410
5	英　国	6.6817	6.6768	6.6768
6	中　国	6.6417	6.6368	6.6368
7	意大利	4.4480	4.4480	4.4480
8	俄罗斯	3.1454	3.1431	3.1431
9	加拿大	2.9840	2.9840	2.9840
10	西班牙	2.9730	2.9730	2.9730
21	其他国家	7.8638	7.9022	7.9022

资料来源：日本外务省网站，http://www.mofa.go.jp/mofaj/gaiko/jp_un/pko_yosan.html。

2015 年 12 月 23 日晚，联合国大会重新修订并一致通过 193 个会员国在 2016 年至 2018 年联合国常规预算的最新分摊比率。其中，中国应缴纳常规预算的比率将从 2013 年至 2015 年的 5.148％上升至 7.921％，仅次于美国的 22％和日本的 9.68％，位居第三位。另外，中国应缴纳的维和预算比率为 10.29％，首次超过日本，成为仅次于美国的第二大维和经费贡献国。①

2000 年以前，中国分摊的联合国会费约为 0.995％。2000 年之后，中国所分摊的联合国会费快速上升。2013 年至 2015 年，中国的联合国会费分摊比率为 5.148％。2016 年至 2018 年，中国的会费分摊比率将达到 7.921％，比 2013 年至 2015 年所占比率上涨 53％。2016 年的维和预算分摊比率前三位是美国、中国和日本。其中美国占 28.57％，中国从此前的第六位跃至第二位，所占比率上升为 10.29％，而日本所占比率跌至第三位，下降为 9.68％，中国首次超过日本，成为维和费用分摊第二位的国家。到 2019 年，日本承担的

---

① 《中国缴纳联合国会费占比涨 53％仅次日美　获联合国点赞》，新华网，http://news.xinhuanet.com/fortune/2015-12/30/c_128580410.htm，2015 年 12 月 30 日。

会费比率再次降至 8.564％，而中国则上升至 12.005％，仅次于美国。

分担比率的下降，使日本出现了一种声音，认为这将会降低日本在联合国的"存在感"，进而会影响其成为安理会常任理事国目标的实现。《东京新闻》称，日本常驻联合国代表吉川元伟曾经表示，日本承担联合国会费比例下调，虽然可以降低日本的财政负担，但是同时也会导致日本外交影响力的降低。他还用形象的比喻指出："（各方）分摊的费用是支持组织运行的有如汽油之于发动机般的存在。（在分摊比例排名下降的情况下）仍不让日本丧失存在感与发言权是我们的任务。"①

（2）加大对外援助力度

日本成为世界第二经济大国之后，谋求在国际事务中发挥更重要作用、成为"政治大国"的意愿愈加强烈起来。20 世纪 90 年代初，为了提高在国际事务和世界政治中的话语权和发言权，日本以政府开发援助（ODA）外交为手段，不断加大对外援助力度，发挥更大的影响力，以实现其"入常"目标。日本在推行政府开发援助时，将受援国的选择与其军费、民主、人权等问题相挂钩，对受援国进行限制和选择，将安全和政治等非经济问题作为评价受援助国家的标准，日本政府开发援助已经从"三位一体的开发援助型"向"政治援助领先的战略援助型"转变。②在海湾战争中，日本将政府开发援助政策作为调整其中东政策的工具，日本提供了共计 130 亿美元的援助。

1993 年，日本首次明确表达"入常"愿望，为此日本政府多方面调整原来的对外政策，其中重要的一条就是将是否支持日本"入常"作为政府开发援助的标准。在推行这一政策时，由于日本在历史问题上的态度，导致亚洲国家对其抵制，为了争取其他国家的支持，日本将援助的战略重点转移到了非洲和拉美等地区。为此，日本改变过去对非洲援助偏少的情况，采取一系列外交措施：日本首相等高层加强对非洲的访问，了解非洲国家的诉求，扩

---

① 《中国联合国会费大增仅次美日　日本忧存在感降低》，http://news.sina.com.cn/o/2015-12-25/doc-ifxmxxsp6902437.shtml。

② 金熙德：《日本政府开发援助》，社会科学文献出版社 2000 年版，第 86 页。

大日本在非洲的影响力；进一步加强与非洲在政治、经济和文化等方面的交流与合作，等等。日本援非的比重不断上升，1993 年为 10％，1995 年上升至 12.6％。另外日本在其他地区如中南美地区也增加了援助力度，提高援助金额，以谋求这些国家对其成为安理会常任理事国的支持。

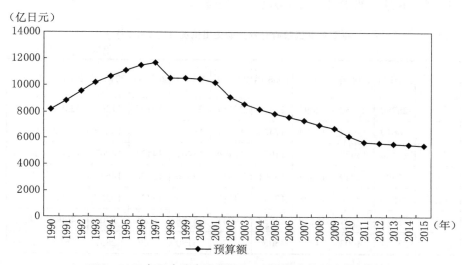

（亿日元）

1990—2015 年日本政府开发援助一般预算变化（政府全体）

资料来源：日本外务省网站，http://www.mofa.go.jp/mofaj/gaiko/oda/shiryo/yosan.html。

可以看出，这一阶段日本政府开发援助的中心实现了理念上的更新。1992 年宫泽喜一内阁制定了《政府开发援助大纲》提出了"政府开发援助四原则"，主要目的是为了打消受援国的顾虑，其主要内容包括四点：其一，对外援助要兼顾援助国的环境和发展问题；其二，对外援助要避免用于军事用途；其三，对外援助要密切关注发展中国家的武器进出口等情况；其四，对外援助要对发展中国家的民主化、努力发展市场经济体制以及在基本人权和自由的保障等方面给予关注。①

由于日本泡沫经济的崩溃，进入 90 年代之后，日本经济实力的衰退对政府开发援助政策带来了不利影响。到 20 世纪 90 年代末期，日本进一步减少

---

① 张光：《日本对外援助政策研究》，天津人民出版社 1996 年版，第 99—114 页。

了政府开发援助预算总额，推出削减支出的财政重建政策，将政府开发援助预算每年减少 1％。进入 21 世纪以后，日本政府开发援助预算数进一步降低。到 2006 年，日本政府开发援助总额已经减少至 111.9 亿美元，处于世界第三位，低于美国和英国；同 2005 年相比，日本的政府开发援助总额下降 14.9％，并且有被法国、德国等赶超的趋势。

主要援助国政府开发援助支出情况（纯支出额）

单位：百万美元

年份\国家	2005 年	2006 年	2007 年	2008 年	2009 年	2010 年	2011 年	2012 年	2013 年	2014 年
美国	28750	24532	22691	27414	29659	31159	32128	31263	32385	33617
日本	18619	17064	13584	17475	16451	18865	20247	18662	22527	15630
英国	11168	13075	11626	11977	11490	13401	14174	14267	18286	20093
德国	11595	12049	13687	15961	13342	14386	15596	14570	16221	18911
法国	11530	12764	11498	12540	14113	14375	14436	13557	12880	12315
加拿大	3777	3729	4119	4834	4041	5258	5506	5703	4990	4242
意大利	5264	4003	4290	5097	3476	3180	4626	2837	3510	3405

进入 21 世纪之后，日本政府开发援助政策进入了一个新的发展阶段，由于日本经济长期处于低迷状态，在全球和地区范围内日本的影响力都有所下降，日本对政府开发援助政策进行了反思和调整，对自身的实际能力重新做了评估和检讨。为了谋求大国地位，日本过去采取的是"自主争取"型，在认识到日本仅仅依靠自身实力很难成为世界大国之后，将其调整为"联盟共进"型，将大国战略与美国的全球战略结合起来，战略目标也由过去的"独立自主"国际主导权调整为"合作分享"国际主导权。从战略的转变过程和结果来看，日本这一阶段政府开发援助外交的典型特征是实行"收缩遏制"，日本此举的主要目的是为了进一步调整其外交目标，与美国分享国际主导权。

2001 年，日本政府将每年发表的《我国政府的政府开发援助》报告与《政府开发援助年度报告》综合起来，发表了《政府开发援助（ODA）白皮书 2001 年版》，并在此后每年发表一次。2003 年，新版的《政府开发援助大纲》出台，在这部大纲里，日本提出为了更好地谋求自身利益的发展，日本要对政府开发援助加以"战略利用",提高其成效;对于政府开发援助的申请方式,由原来的受援国提出申请之后交由日本研究审议,调整为要与受援国"加强政策协商"。此外,新版《政府开发援助大纲》还指出,日本要以更加积极、灵活的方式实行政府开发援助战略,为了加强与东盟的关系,日本将援助的重点放在亚洲国家中,特别是东亚地区。

日本政府开发援助前 10 国家(2013 年)

单位:百万美元

顺序	国　名	实际援助额
1	缅　甸	2528.32
2	越　南	1306.89
3	阿富汗	831.03
4	伊拉克	700.46
5	印　度	662.34
6	孟加拉国	327.27
7	肯尼亚	270.34
8	坦桑尼亚	196.87
9	巴基斯坦	172.97
10	蒙古国	165.16

资料来源:日本外务省网站,http://www.mofa.go.jp/mofaj/gaiko/oda/shiryo/jisseki.html。

从 2013 年日本对外援助对象来看,前十位绝大多数是亚洲国家,显示出日本格外重视亚洲地区。日本之所以重视对亚洲地区的援助,是有其战略上的考虑的。对日本来说,从地理位置上其属于亚洲国家,但是历史上日本"脱亚入欧"的倾向严重,引起亚洲一些国家对日本的不信任。随着亚洲地区在全球政治经济中战略地位的进一步增强,日本意识到必须重视处理同亚洲国家的关系,提高日本在亚洲地区的影响力。进入 21 世纪之后,日本为了进一步增强其影响力,提出自由贸易战略,为了建立"东亚共同体",日本通过实施政府开发援助政策加大对东南亚国家的支持。

由于受到发达国家援助潮流和争取支持外交的双重驱动,近年来,日本还不断加大对非洲的援助力度,日本高级官员频频访问非洲,以提高在非洲的政治影响力。由于日本政府的高度重视,日本对非洲的援助比率在其对外援助中所占比率越来越大。日本之所以重视对非洲的援助,主要是基于以下三个方面的战略考量。首先，非洲在国际上的影响力和作用越来越大，非洲国家数量众多，占世界的四分之一还要多，由非洲国家组成的非洲联盟已经成为国际社会中已经有重要影响力的发展中国家组织，在世界政治中发挥越来越大的作用。日本要想成为安理会常任理事国，必须得到非洲国家的支持。其次，非洲地区矿产资源丰富。近年来，根据探测到的储量，非洲地区被誉为"第二个海湾地区"，由于中东地区局势复杂多变，战争不断，对日本的石油供应不稳定，日本为了寻求多元化的能源进口战略，必须重视同非洲国家的关系。最后，日本扩大自身影响力的需要。进入 21 世纪以来，各主要发达国家都加大了对国际援助的支持力度，发展中国家已经成为全球可持续发展的一个重要源泉和动力，日本为了扩大自身在国际上的影响力，提高本国的国际地位，客观上也要求增加自身对非洲的援助，争取更多的国际话语权。

2006 年 1 月 19 日，日本进一步阐明对外援助的意义，外相麻生太郎在其演讲"同情并非仅仅是为他人着想"中，对日本的政府开发援助有精彩的表述，他说："关于政府开发援助，近来有倾向谈论它的新目的和新含义，简要说来，仅仅因为接受国贫穷的事实而提供政府开发援助这样的政策已经过时，换句话说，我再次指明政府开发援助应被理解为一个政治策略手段，设计出来的目的是为建立一种有利的国际环境，以最终建立一个更好的国际社会。"[①]可以看出，日本政府开发援助有其自身明确的战略定位和考量，是日本为了实现自身国家战略的一个重要途径和手段。2008 年 5 月，日本计划在横滨召开第四届非洲开发会议，为了提高非洲国家对其外交上的支持，日本自民党在年初制定的对非洲援助的预算中表示，将通过五年时间的努力，把对非政府开发援助增加两倍。

在对中国的政府开发援助方面，冷战结束以后特别是 21 世纪以来，日本认为中国的崛起已经成为日本的障碍，此外，中国在日本"入常"问题上对日本不支持，因此日本不断减少对中国的援助。可以说，这一阶段日本对华政府开发援助政策是同日本的军事大国战略和日美安全同盟战略相配合的。

---

① 　陈彩云：《略论日本 ODA 改革中的政治倾向》，《长春师范学院学报》2006 年第 11 期。

日本在不断减少对华援助的同时，将大部分的援助用于环境保护等领域。

冷战结束以后，日本经济长期陷入停滞状态，被称为"失去的二十年"。进入21世纪以来，日本政府开发援助支出比率不断下降，1999年日本政府开发援助金额为153.23亿美元，到了2001年下降为98.47亿美元，下降35.7％，退居世界第二位，被美国超越。21世纪以来，日本政府开发援助预算额连续下降，2001—2005年分别下降3.5％、8.9％、5.9％、4.9％和1.1％。2005年，日本的政府开发援助预算额只相当于日本1997年度政府开发援助额20147亿日元的72.76％。2014年，日本政府开发援助纯支出额已经从世界第二位降至第四位。

（单位：百万美元）

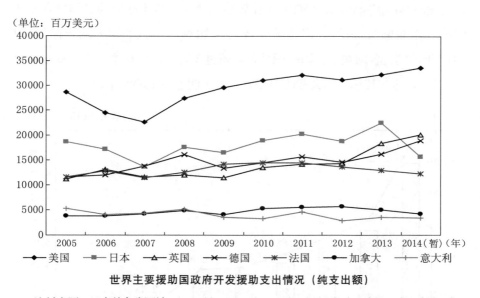

世界主要援助国政府开发援助支出情况（纯支出额）

资料来源：日本外务省网站，http://www.mofa.go.jp/mofaj/gaiko/oda/shiryo/jisseki.html。

纵观战后日本政府开发援助政策可以看出，它是日本外交政策的一个重要组成部分，始终服务于其国家发展战略。不同的历史时期，日本国家战略的侧重点不同，政府开发援助政策也随之得到调整。进入21世纪以来，日本跟随国际援助新潮流，正在对政府开发援助政策进行新的调整。日本作为一个政府开发援助大国，有着丰富的援外经验，但同时也面临诸多新的问题，今后日本如何借助政府开发援助进一步实现其政治目的，有待日本从援助战略和国际形势等问题上深入研究，并需要日本进一步打消其他国家对其政府开发援助的顾虑。

（3）重视对联合国"人的贡献"

1974年，日本为培养能够应对国际性行政课题的人才，建立了"行政官短期在外研究员制度"。在这一制度下，由人事院审查日本各政府部门所推荐人员的研究计划，最终向国外政府机构等派遣半年或一年。近年来，每年约选拔25人赴海外学习。被选拔人员多为30—35岁的年轻职员，回国后主要从事国际性业务。

虽然日本缴纳的会费比率在所有会员国中位居第二，但是日本的联合国职员数与其他国家相比，仍然处于比较少的水平。日本政府为了增加在联合国的"存在感"，采取许多措施，努力增加对联合国的"人的贡献"。以2013年为例，各国在联合国的职员总数超过3万人，但日本仅有790人，只占2.5%，这与其承担的会费比率相比，处于明显较低的水平。

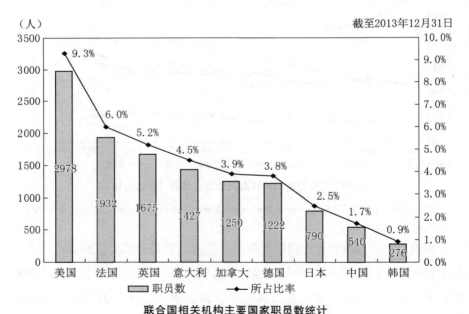

联合国相关机构主要国家职员数统计

注：（1）本表含任期一年以上的专门职位职员以及技术协助专家的职员数。
（2）职员总人数为32011人。
资料来源：《日本外交蓝皮书》（2015年版），日本外务省网站，http://www.mofa.go.jp/mofaj/gaiko/bluebook/2015/html/chapter4_01_02.html#fg4_003。

此外，日本还十分注重在国际机构中高级干部的使用和输送，以谋求在联合国相关机构中发出日本的声音，扩大日本的影响力。以 2004 年为例，日本在重要国际机构中的官员就有数十人之多。2018 年伊始，为增加在国际组织工作的日本籍高级别人员人数，日本政府计划从私营部门中招募包括中年和老年员工在内的相关资深人选，并为他们提供交通和薪金补助。与此前从 35 岁及以下的初级专业者中筛选人员不同，新招聘计划未设定年龄限制。日本希望通过更多日本人参与国际组织，强化在国际上的存在感。在第一轮招募中，日本政府寻找能在联合国难民署高级专员办事处和国际移民组织工作的候选人。根据外务省数据，截至 2016 年底，有 820 名日本人在联合国有关组织担任国际公务员，其中 77 人任高级职务。①

主要国际组织中担任重要职务的日本人一览

截至 2004 年底

姓　名	担　任　职　位
青木修博	联合国世界粮食计划署（WFP）管理规划部长
赤坂清隆	经济合作与发展组织（OECD）副秘书长
秋山一郎	禁止化学武器秘书处（禁化武组织-TS）监察室主任
阿部信泰	联合国（UN）裁军委员会秘书长
内海善雄	国际电信联盟（ITU）秘书长
远藤弘良	世界卫生组织（WHO）传染病控制和预防部长
奥田千惠子	联合国秘书处（UN）职员年金投资管理服务中心主任
尾崎久仁子	联合国业务犯罪事务所（UNODC）条约局长
尾身茂	世界卫生组织（WHO）西太平洋地区秘书长
胜茂夫	世界银行欧洲和中亚地区副总裁
加藤隆俊	国际货币基金组织（IMF）副总裁
桑原幸子	联合国环境计划署（UNEP）巴塞尔公约秘书长
古知新	世界卫生组织（WHO）秘书长顾问
小林健二	国际能源机构（IEA）紧急措施署署长

---

① 《日本着急培养国际组织高级官员　日媒：是在强化国际存在感》，环球网，https://baijiahao.baidu.com/s?id=1588413036780452642&wfr=spider&for=pc，2018 年 1 月 2 日。

战后日本的联合国外交研究

姓　名	担 任 职 位
涩谷弘延	联合国儿童基金（UNICEF）执行董事特别顾问
关水康司	国际海事组织（IMO）海上安全部长
高木善幸	世界知识产权组织（WIPO）战略规划和政策发展部主任
泷泽三郎	联合国难民署（UNHCR）财政部长
田中伸男	经合组织（OECD）科学技术和工业部长
谷口富裕	国际原子能总署（IAEA）副秘书长
丹羽敏之	联合国儿童基金（UNICEF）副秘书长
野村一郎	联合国粮农组织（FAO）渔业总干事
望月友美子	世界保健机关（WHO）对策部长
安井至	联合国大学（UNU）副校长
广濑晴子	联合国工业发展组织（UNIDO）副秘书长
松浦晃一郎	联合国教科文组织（UNESCO）秘书长
弓削昭子	联合国发展计划署（UNDP）驻日代表
吉永健治	联合国粮农组织（FAO）农业土地水发展总监部长
吉村幸雄	世界银行副总裁兼特别代表
和气邦夫	联合国人口基金（UNFPA）副秘书长

资料来源：《日本外交蓝皮书》（2005 年版），外务省网站，http://www.mofa.go.jp/mofaj/gaiko/bluebook/2005/index1.html。

在和平年代，一个国家在国际上为本国争取利益，不仅要依凭自身的政治经济军事实力，有效利用国际法和国际通行规则，还需要积极向国际机构输送人才，构建自身在国际机构的人脉关系。可以说，国际机构中的人脉关系，是一个国家达成自身行动目标的不可或缺的要素。虽然日本在国际组织中员工数量不断增加，但在联合国秘书处发布的"希望日本的工作人员数"（2013 年中位数 213 人，见下表）和实际人数（2013 年 88 人）相比，仍然没有达到期望数，甚至没有达到下限数（181 人）。而其他几个主要发达国家，都超过了下限数。英国、法国、意大利等国甚至超过了上限数。

联合国事务局希望职员数及实际职员数统计（2023 年）

序号	国　家	实际职员数	女职员数	女职员比率（％）	希望职员数 下限—（中位）—上限
1	美　国	363	189	52.1	362—（426）—490
2	英　国	135	51	37.8	90—（106）—121
3	法　国	132	67	50.8	96—（113）—130
4	德　国	128	62	48.4	121—（143）—164
5	意大利	128	62	48.4	78—（92）—105
6	加拿大	90	49	54.4	54—（64）—73
7	**日　本**	**88**	**55**	**62.5**	**181—（213）—245**
8	中　国	74	36	48.6	116—（137）—157
9	西班牙	60	24	40.0	54—（64）—73
其　他		1653	672	53.9	
合　计		2907	1291	44.4	

注：本表中的职员数，指的是按照地理原则分配的职员数，非全部职员数。

资料来源：日本外务省网站，http://www.mofa.go.jp/mofaj/fp/unp_a/page22_001263. html。

日本政府认识到，与日本承担的经费相比，在国际组织中要更积极地增加"人的贡献"是日本努力的方向。为此，日本也做了种种努力，力图增加更多在国际机构中的日本人职员数。具体来说：主要采取了以下几种手段：（1）实行初级专业官员（JPO）派遣制度；（2）将录用的日本职员向国际机构输送；（3）举行研究和活动，挖掘优秀人才增加入选者数量。日本通过努力，其在联合国机构中的人数较之前有了一定程度的增加，但是与日本期望值仍有不小空间，对日本来说，"人的贡献"是增加其发言权，从而进一步扩大影响力的重要途径。通过在国际机构中发出日本的声音，可以增强日本对国际事务的影响力，从而为实现成为安理会常任理事国这一目标做好铺垫和准备。

为了不断培养能在国际社会各领域发挥作用的日本人，日本外务省专门成立了"和平构筑领域相关专家恳谈会"。2005 年 12 月，第 60 届联大及安理会决定成立建设和平委员会，2006 年 6 月，该委员会开始在世界各地开展和平构建与维和活动。作为这一活动的成员之一，日本一直积极参与。为了培养能在国家重建方面发挥重要作用的专门人才，以充分提高日本在联合国维持和平行动的参与度，日本前驻联合国代表波多野敬雄向日本外相岸田文雄提议，日本要成立"和平构筑支援中心"，培养专业人才。波多野敬雄还建议，日本要加大与国际培训机构的合作力度，将培养的重点领域放在防灾和医疗领域等方面，并加强与和平构筑相关支援国家和组织的合作。在提议中，他还建议新成立的组织要多接纳来自非洲和中东等地区的研修生，以及民间专家和外务省以外的人员参加，在对这些人进行统一培训之后，派往各地的国际组织工作，以发挥日本的作用，扩大日本的影响力。

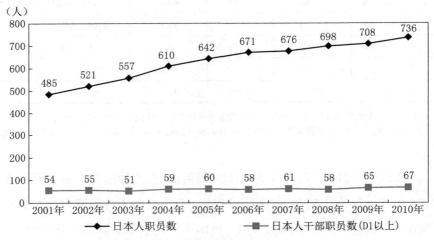

国际机构的日本职员数统计

资料来源：《日本外交蓝皮书》（2013 年版），外务省网站，http://www.mofa.go.jp/mofaj/gaiko/bluebook/2013/html/chapter3/chapter3_01_04.html#zu01。

2015 年，日本决定成立"和平构筑支援中心"，每年招募 15 名在非政府组织中拥有两年以上工作经验的日本人，学习如何开展选举监督、帮助内战结束后的士兵回归社会。同时，"和平构筑支援中心"还将提供各国际机构需要人才和录用情况的数据库，设立咨询窗口提供就业建议。另外，该组织还将从亚洲各国接纳 15 名有意向的人员进行培训，以体现日本对亚洲的重视。新设组织的意义在于"希望其成为向世界输送日本人的据点"。[①]通过种

---

① 《日本主动帮国际组织"储备人才"》，《环球时报》2014 年 8 月 25 日。

种努力，日本在联合国各机构的职员数有所增长，但是仍有较大的空间。

截至 2018 年，日本已与 43 个国际组织签署 JPO 派遣协议，在 35 个签署国中名列前茅。不仅如此，由于每年派遣人数不断增加，现今每年的 JPO 派遣人数占当年录用总数的比例已与德、法等国不相上下，在日本外务省开设的电子系统中登记的有志成为国际公务员的适龄人员超过 1500 名。日本政府还积极建立与国际组织的对话沟通机制，每年与接收 JPO 的主要国际组织之间进行局长级别战略对话，就 JPO 以及日本人职员的增员问题进行协商。通过多年派遣 JPO 以及各类专业职员、形成稳定的人才输送机制，日本在国际组织的人员数量不断增加，人员结构也愈加合理。日本政府计划今后在不断加强该制度力度的同时，采取各种综合性措施，挖掘更多的潜在人才，到 2025 年将国际组织中日本人职员总人数由目前的 800 余人提升至 1000 人左右。[①]

第二节 日本三次"入常"之路

从 20 世纪 70 年代开始，日本就在努力争取安理会常任理事国身份。日本联合国外交的一个重要方面就是"争取成为常任理事国"。紧紧抓住联合国改革的大好时机，积极推进联合国改革，借非常任理事国进一步谋求常任理事国地位，争取成为政治大国，是这一阶段日本联合国外交的核心目标。90 年代中期，恰逢第二次世界大战结束 50 周年，也是联合国成立 50 周年，日本为争取"入常"曾发动猛烈攻势，但未能如愿；至 2005 年，日本再一次发动更为凶猛的"入常"攻势，在周边国家的强烈反对下又一次以失败告终。2015 年，日本又在联合国成立 70 周年之际，向"入常"发起新一轮冲击，在可预见的未来，日本"入常"可能性并不大。

一、争当安理会非常任理事国

战后日本对联合国外交十分重视，虽然每一个阶段日本在联合国外交方

---

① 丁红卫：《日本的国际组织人才战略》，《国际论坛》2020 年第 4 期。

面欲达到的诉求和目标不同，但是日本的主要目的都是为了借助联合国的平台，摆脱"战败国"的地位，通过经济手段，借助联合国平台实现政治大国的梦想。对日本来说，联合国是一个发挥国际影响的重要舞台。在联合国外交行为中，日本先从担任非常任理事国入手，争取在国际社会中发声，提高其影响力。

1. 联合国安理会的制度空间

联合国现有 193 个会员国，在联合国的六大主要机构中，安全理事会可以说是最重要的。按照《联合国宪章》规定的宗旨和原则，安理会负有维持国际和平与安全的责任，并且是唯一一个有权采取行动的联合国机构。安理会有五大常任理事国①，并且只有常任理事国拥有否决权；此外还有 10 个非常任理事国②，由世界各地区提名国家投票产生，需获得大会三分之二多数票赞同，任期为 2 年。非常任理事国每年有 5 个国家进行改选，非常任理事国享有安理会决定事项相关的投票权，但无安理会常任理事国的否决权。

联合国非常任理事国席位数及改选情况

地区	国家总数	非常任理事国席位分配	备注
亚太	54	2	每年改选 1 个席位
非洲	54	3	奇数年改选 2 个席位，偶数年改选 1 个席位
拉美	33	2	每年改选 1 个席位
西欧	29	2	偶数年改选 2 个席位
东欧	23	1	奇数年改选 1 个席位
合计	193	10	

在表决原则方面，联大实行简单多数原则，即同意的国家数过半就表示通过，同时联大的议案虽然有一定的影响力但不能强制执行，因此缺乏约束

---

① 5 个常任理事国是中国、法国、俄罗斯（1991 年 12 月苏联解体后席位由俄罗斯联邦接替）、英国、美国。

② 最初为 6 个，1965 年开始增加到 10 个。

力。安理会的议案同联合国大会不同，所有议案都必须得到安理会 15 个会员国中的 9 个同意，且五大常任理事国必须一致同意，不能有反对票，该议案才能获得通过。更重要的是，安理会的议案具有强制性，相关国家必须接受并执行，否则安理会有权采取制裁措施，包括经济制裁、武器禁运等，甚至还可以直接派出维和部队执行决议。安理会可以带给成员国以下三个方面的制度空间：

首先，理事国可以通过参与决议提高自身的影响力。安理会由 15 个国家组成，每个国家在安理会发表的意见建议，都有可能成为安理会最终的决议，在国际上产生影响。《联合国宪章》第 25 条规定："联合国会员国同意依宪章之规定接受并履行安全理事会之决议。"可以看出，联合国会员国要根据宪章规定，接受安理会作出的决议，从这个意义上来说，这是根据第 24 条安理会授权的直接结果。因此，安理会理事国的外交决策和外交偏好，有可能通过安理会决议的形式，对整个国际社会的成员施加影响。而且会员国因为《联合国宪章》的规定，接受安理会作为整个国际社会维持和平与安全的"主要责任"的实施者，要从法律上接受安理会达成的决议形成的约束力。此外，安理会一般探讨的都是与国际"安全"相关的议题，因此作为安理会理事国，有权对其进行辩论和解释。

其次，理事国可以通过参与相关机构发挥作用。《联合国宪章》第 29 条规定"安全理事会须设立其认为于行使职务所必须之辅助机关"。作为联合国的主要机构之一，安理会为有效发挥作用，建立了各种各样的辅助机构以及专门的委员会，对国际上的议题进行执行和审议。这些机构主要有经常性问题的委员会、现场处理问题的专门委员会和单独处理问题的起草委员会、特设委员会和小组委员会三大类。按照相关规定，这些委员会要针对安理会所研究的具体议题进行研究和探讨，同时安理会还必须针对这些议题召开定期会议，听取这些委员会的工作报告。这样，一旦一个国家参与到这些相关委员会的议题讨论的话，就可能对安理会的最终决议和议程产生一定的影响。

最后，理事会的成员国有资格担任安理会重要职务。作为联合国安理会的召集人，安理会主席一职对相关国家来说非常重要。按照《联合国宪章》的规定，安理会主席实行每月轮换一次的制度，其顺序根据各个成员国的英文字母顺序排列。一旦成为安理会主席，就有一定的自由裁量权，主要有：根据会员国的提请召开会议，根据相关工作和议题召开定期会议，应联合国秘书长的要求召开会议等，此外，安理会主席还可以"依据形势的需求"，在其认为"有必要召开会议"的时候，召集安理会成员国就某些具体问题召开会议。从这个意义上来说，安理会主席的身份对安理会议程的设置可以说有非常大的影响。此外，主席在会议的召开上可以引领会议的讨论，并在会后通过发表主席声明的形式对问题进行总结性陈述，这些都会促使相关国家加大对探讨议题施加影响。①

2. 谋求安理会非常任理事国的努力

按照规定，联合国安理会根据地域分配原则，每次新选出的 5 个非常任理事国中应包括 3 个亚洲和非洲的国家、1 个东欧国家和 1 个拉美或加勒比地区国家。

日本历次非常任理事国投票情况

序号	年份	是否当选	竞争国家	得票数
1	1957	当选	巴拿马，加拿大，捷克斯洛伐克 ※与现在席位分配不同	55
2	1965	当选	无	98
3	1970	当选	无	102
4	1974	当选	无	121
5	1978	落选	孟加拉国	注1
6	1980	当选	无	141
7	1986	当选	无	107
8	1991	当选	无	158
9	1996	当选	印度	142（注2）
10	2004	当选	无	184

① 贺炜：《"安理会非常任理事国"——日本争常的新路径》，《国际问题研究》2010 年第 5 期。

序号	年份	是否当选	竞争国家	得票数
11	2008	当选	伊朗	158（注3）
12	2015	当选	无	184
13	2022	当选	无	184

注：（1）第1轮投票日本65票，孟加拉国84票，第2轮投票日本61票，孟加拉国87票，第3轮投票开始前日本放弃候选人资格，最终孟加拉国以125票当选。（2）日本142票对印度40票。（3）日本158票对伊朗32票。

资料来源：日本外务省网站，http://www.mofa.go.jp/mofaj/files/000020589.pdf。

日本之所以想方设法要成为安理会非常任理事国，主要有两个考量，首先可以通过担任联合国安理会非常任理事国，为以后日本成为安理会常任理事国铺路，其次可以借助成为联合国安理会非常任理事国在安理会发声，增强在安理会的发言权，进而提高日本的国际影响力。日本继续担任非常任理事国，可以大大提高日本在联合国的参与度，对树立日本的国际形象大有裨益。所以从日本加入联合国之后，日本就积极谋求成为联合国安理会非常任理事国，至今日本已经12次当选安理会非常任理事国，成为当选次数最多的国家。

2017年12月15日下午，日本外相河野太郎在美国纽约的联合国总部召开记者会，表示日本将参加2022年的联合国安理会非常任理事国竞选。他称："将尽可能频繁地作为理事国，持续为维护国际社会的和平与安全作出贡献。"①

下面以2015年日本当选成为安理会非常任理事国为例，分析日本的主要做法及意图。2010年，日本第10次当选安理会非常任理事国任期即将期满，为了宣扬安倍政权的"积极和平主义"，再次当选非常任理事，继续日本在国际社会的影响力和发言权，日本采取了一系列外交措施，争取成为2016年至2017年非常任理事国。

首先，通过增加预算加大国际援助力度。为了使日本能够顺利当选，

---

① 《日外相：日本2022年将竞选安理会非常任理事国》，环球网，http://baijiahao.baidu.com/s?id=15869207035485583168&wfr=spider&for=pc，2017年12月16日。

2013 年 12 月底，日本内阁会议通过 2014 年度预算案，其中列入 1.4 亿日元（约合人民币 817 万元）作为日本加入安理会非常任理事国的拉票费用，打算邀请 64 个国家驻联合国的大使访日，游说这些国家在联合国投票给日本。①在此之前，日本邀请了坦桑尼亚和津巴布韦等国家驻联合国大使访问日本广岛和京都，这些国家对日本的态度尚不明朗，日本通过拉这些国家的大使访日，想方设法向这些国家说明日本将在安理会发挥重要作用和意义，以使这些国家坚定立场，投票给日本。2014 年 4 月 2 日，安倍晋三在首相官邸与联合国大会主席约翰·阿什举行了会谈，安倍在会谈中表示："日本向来重视联合国外交，今后也将和联合国一起共同致力于世界和平与繁荣。"对日本计划竞选安理会非常任理事国，约翰·阿什回应称："感谢日本在推动安理会改革方面作出的积极贡献。"②

其次，游说非洲国家对其支持。2013 年 11 月，受日本外务省邀请，尼日利亚驻联合国大使应邀访问日本广岛，日本欲以"核爆受害国"作为招牌，游说尼日利亚支持日本的立场，并希望借此活动"渗透"非洲其他国家。③日本希望对方能够理解日本作为遭受原子弹轰炸的唯一一个受害国，发挥其在联合国裁军问题上的特殊作用，尼日利亚大使表示赞同，日本的努力收到成效。

最后，排除竞争对手障碍。在此次日本竞选中，孟加拉国表示将参加此次选举，并与日本展开对决，孟加拉国从 10 多年前就开始为取得各国支持努力至今。日本自加入联合国之后，曾经 13 次参选非常任理事国，其中有 12 次取得成功，只有 1978 年的改选中败给了孟加拉国，这也是唯一的一次。对此，日本外务省分析其原因是因为"得票预期过于乐观"，日本外务省官员说，孟加拉国是日本"宿命的对手"，日本必须高度重视，唤起危机意识。④为了应对

---

① 《日本或于 2015 年重新成为安理会非常任理事国》，环球网，http://world.huanqiu.com/exclusive/2013-11/4596512.html，2013 年 11 月 25 日。

② 《安倍会见联大主席　计划竞选安理会非常任理事国》，环球网，http://world.huanqiu.com/exclusive/2014-04/4950664.html，2014 年 4 月 3 日。

③ 《日本为进安理会采取行动提前拉票　游说 64 国》，环球网，http://world.huanqiu.com/exclusive/2013-11/4595924.html，2013 年 11 月 25 日。

④ 《日欲当选联合国非常任理事国　拟邀 64 国代表访日》，环球网，http://world.huanqiu.com/exclusive/2013-12/4693733.html，2013 年 12 月 24 日。

孟加拉国的参选，日本专门成立了对策本部，并由日本外相岸田文雄担任总负责人，对策本部将对得票的预期进行详细分析，并针对具体问题采取进一步的行动，确保在这次选举中获胜。

为了说服孟加拉国放弃与日本竞争，2014年5月孟加拉国总理哈西娜访问日本时，日本首相安倍晋三提出日本将对孟加拉国提供6000亿日元的政府开发援助，以此作为要求孟加拉国放弃同日本参加竞争新一届联合国安理会非常任理事的条件。哈西娜总理表示理解日本的立场，并将把日本的要求带回国内商讨。为了进一步打消孟加拉国的顾虑，安倍携夫人于2014年9月访问孟加拉国，并与哈西娜举行了会谈。在会谈中，哈西娜正式向日本表示，将放弃参与2015年联合国安理会非常任理事国的竞选。对此安倍首相表示感谢，并将对孟加拉国展开一系列的援助，包括参与孟加拉国基础设施、火力发电站建设，帮助孟加拉国促进都市开发，以及帮助国内民间企业的发展壮大等。①

经过一系列的努力，2015年10月15日，在联合国大会第70届会议上，日本与埃及、塞内加尔、乌克兰、乌拉圭一起当选为2016—2017年度安理会非常任理事国。这是日本自1956年加入联合国以来，第11次当选非常任理事国。

日本当选安理会非常任理事国后，在叙利亚危机等方面提出议案，并参与联合国秘书长的推荐工作，因为联合国秘书长潘基文任期将于2016年结束，由于安理会拥有建议权，所以日本可以争取在推荐人选问题上的发言权。此外，日本还可以借机进一步推动联合国改革。日本从20世纪90年代起，就一直力促安理会改革，以成为安理会常任理事国，这次可以说是实现联合国改革"最后的机会"。日本新闻网称，此次当选对日本来说是其能够成为联合国安理会常任理事国做的"最大的外交铺垫"②。

① 《日本意欲当选安理会非常任理事国　他国退选让路》，福州新闻网，http://m.fznews.com.cn/fuzhou/20150130/54caff39688d8.shtml，2015年1月30日。

② 《日本当选安理会非常任理事国意欲何为？且看专家怎么说》，新浪网，https://news.sina.com.cn/w/2015-10-16/doc-ifxivsee8373008.shtml，2015年10月16日。

2022 年 6 月 9 日，日本作为亚太地区改选 1 席的唯一候选国第 12 次当选安理会非常任理事国。本次投票以交替秘密投票方式进行，日本获得 193 票中的 184 票，创造了日本在非常任理事国当选次数中的历史新高。其他 4 个新当选的非常任理事国分别为瑞士、莫桑比克、马耳他和厄瓜多尔。

由于日本是亚太地区的唯一候选国，等于没有竞争对手。按照规定需要 193 个成员国三分之二以上的投票支持，由于是秘密投票，所以当选国家并不清楚哪个国家没有投支持票。虽然日本媒体高调宣传当选的消息，但日本却是此次改选的 5 个当选国家中票数最低的——非洲席位的莫桑比克获得 192 票，中南美席位的厄瓜多尔获得 190 票，西欧席位的瑞士获得 187 票，其他席位的马耳他获得 185 票。日本的此次非常任理事国任期为 2 年，从 2023 年 1 月 1 日至 2024 年 12 月 31 日。

出席投票大会的日本外务副大臣小田原洁称，日本需要发挥以往的经验，展开更加积极的外交，将把能源、粮食等安全保障作为最优先课题。松野博一官房长官在 10 日上午的记者会上指出："这显示了各国对日本为联合国所做贡献的信任。日本要向世人展示出对维持国际社会和平与安全做出贡献的能力和意愿，通过积累实际成果，促进包括日本成为常任理事国在内的安理会改革。"①

从长远来讲，日本目标不仅限于非常任理事国。日本驻联合国大使吉川元伟表示，"在安理会的活动将成为表明日本能胜任常任理事国的机会"。②为了实现其"入常"梦想，日本一方面大打"经济牌"，另一方面也认识到其在外交上的实质性贡献并没有达到成为安理会常任理事国的程度，从制度上来说，日本"入常"尚缺乏合法性。日本之所以热衷于非常任理事国的当选，就是为了实现"曲线救国"，借非常任理事国的阶梯，努力做出自己的国际贡献，以获得世界其他国家对其外交目标的支持。可以说，日本的这一

---

① 笪志刚：《日本以 12 次当选成为安理会 "非常任理事国" 当选历史上次数最多的国家》，腾讯新闻，https://view.inews.qq.com/a/20220611A0504900?refer＝wx_hot，2022 年 6 月 11 日。

② 《日本第 11 次当选安理会 "非常任理事国"》，华商报，http://news.ifeng.com/a/20151017/45318202_0.shtml，2015 年 10 月 17 日。

曲折的"入常"努力能否取得最终的成功还有待时间的检验，日本也是在不断总结和吸取之前失败的教训，以最终实现"入常"的目标。

二、日本第一次"入常"之路

1. 第一次"入常"的背景

首先，日本经济实力的增长。20 世纪 80 年代，日本取得飞跃性发展，到 1987 年，其 GNP 仅次于美国。到 1991 年，其人均国民生产总值在西方发达国家中排名第一。同时日本的贸易顺差和外汇储备数额庞大，成为超级经济大国。同期，日本在科技领域也获得长足发展，成为世界科技大国，在诸多重要领域跃居世界前列。在军事方面，得力于庞大的军费支撑，军事装备升级至世界先进水平，总体军力一跃为亚洲领先地位。

其次，"政治大国"目标的提出。80 年代随着经济实力的增强，中曾根首相提出"政治大国"战略，要求积极参与讨论国际重大问题。中曾根首相于 1982 年 7 月在其故乡群马县发表讲话说："日本若增强了在世界政治中的发言权，则其大国地位——包括经济地位和政治地位均可得到增强。"争当联合国安理会常任理事国则是其中最为具体和重要的一步。

再次，联合国地位和作用的提高。冷战期间，联合国的作用没有得到充分发挥，这主要是因为受到美苏对抗的影响。冷战结束以后，联合国结束了被边缘化的状态，移至国际关系的中心，其作用和地位得到了提高。此时，联合国不仅出面干预解决了之前遗留的诸如地区冲突和局部战争等历史问题，而且一些新的问题——如环境恶化、恐怖主义袭击等全球性问题也需要联合国施加影响。因此，日本更加深刻地认识到，强化联合国外交对日本既重要又紧迫。只有强化联合国外交，日本才能更顺利步入"政治大国"的目标。

最后，美国国际影响力的下降。随着苏联的解体，美国登上唯一的超级大国的宝座，但并未提高其在面对国际事务时的影响力，而常常需要得到盟国的协助。迫于这种形势，美国要求进一步强化与日本在联合国的合作，希望日本在国际事务中承担起更多的责任，发挥在联合国的作用和影响力。对日本来说，这正是其增强国际社会影响力的有利契机。为此，日本利用自身的有利条件，积极开展联合国外交。

2. 第一次"入常"的过程

在海湾战争中，日本采取的是"资金合作"行为，提供了130亿美元国际军事援助，但是由于日本不是安理会常任理事国，无法参与安理会的决策过程，这种"只能出钱不能出力"的状态，有"一国和平主义"之嫌，因而受到部分国家的批评，这使日本认识到成为安理会常任理事国的重要性。日本在外交蓝皮书中表示，日本由于不是安理会常任理事国而不能充分表达自身的意见，因此必须高度重视研究如何成为安理会常任理事这一课题。日本的主要考量是，借助联合国成立50周年的契机，删除《联合国宪章》中的"敌国条款"，成为安理会常任理事国，以使日本位于世界政治大国行列。为此，日本积极推动安理会的改革。

1991年12月，日本驻联合国大使波多野敬雄接受《朝日新闻》记者采访时表示，日本争取在1995年联合国成立50周年之际实现"入常"目标。1992年1月，日本首相宫泽喜一在首届联合国安理会首脑大会上表示，必须紧跟时代步伐，对安理会进行改革，以使其更加有利于维护国际和平与安全。1994年4月，新任日本驻联合国大使的小和田恒在上任不久，发表了备受国际关注的演说，这次演说被认为是日本首次"将成为常任理事国的愿望公之于世"。日本认为，一个国家必须可以"在整个世界范围对政治和经济领域施加影响"，才具备成为安理会新成员的资格。冷战后，日本认为其"入常"具备一些有利条件，如联合国改革是大势所趋，日本在联合国的贡献比较大、在一些重要机构担任领导职务等，此外日本还大力强调其无核化原则和立场。日本认为，这一系列有利条件是其他国家不具备的，因此日本应该能够顺利实现"入常"目标。

日本不仅积极推动联合国安理会改革，增加援助联合国财政，同时通过维持和平行动法案积极参加联合国维和行动，1992年9月日本自卫队赴柬埔寨参与维和行动，标志着其迈出了海外派兵的第一步。不仅如此，对于各种全球性问题，日本也以联合国为平台积极发表其政策主张；此外，日本还不断扩大政府开发援助的层次和范围，以上行为进一步扩大了日本的国际影响力。

1993 年 8 月，日本多党联合政府再次提出，要努力加强与联合国的合作，推进联合国改革，并将一份关于安理会改革的建议提交给联合国秘书长。建议指出，随着世界形势的变化，安理会也应作出相应改革——比如扩大安理会的席位，从而提高安理会的可信性和实效性。其所谓的"联合国改革"实际就是指让日本成为常任理事国。日本站在"财力分配权力"的立场上，认为应按一国的经济实力及其对联合国及国际社会的财政贡献程度，来分配其在联合国安理会的权力和地位。①

羽田内阁成立后，采取更加积极的"入常"姿态，在安理会改革工作小组会议上，日本驻联合国大使小和田明确表示："日本将作为安理会常任理事国为世界和平与稳定尽到最大责任"，这是日本首次明确以"常任理事国"的说法在联合国表态。此后，日本政府一直持续为此付出努力，日本首相只要一有机会，就在联合国大会提出请求，要求将日本加入安理会常任理事国。因为对日本来说，实现"入常"目标，"就等于日本被承认为世界政治大国"。而这正是日本自 80 年代以来外交上努力奋斗的目标。因此，为了达到这个目标，日本在冷战后不时强调"联合国中心外交"，在推进联合国改革的过程中积极表现，努力争取成为安理会常任理事国，并计划分两个步骤实现其成为常任理事国的愿望——首先从《联合国宪章》中删除"敌国条款"，然后成为常任理事国。

1995 年 12 月 11 日，联大就修改《联合国宪章》、删除"敌国条款"提案进行投票，最终以 155 票赞成，3 票弃权获得通过。为了实现成为常任理事国的目标，日本加紧争取各国的支持。虽然还没有真正取消"敌国条款"，但这已是解决这一问题的非常关键的一步。这在日本实现成为常任理事国愿望的道路上扫除了一个重大障碍。

3. 第一次"入常"失败原因

冷战后，国际局势发生巨变，联合国在国际事务中的作用越来越积极和明显。但是老布什政府在日本"入常"态度上不是特别积极，当时美国政府

①　刘江永：《彷徨中的日本》，天津人民出版社 2000 年版，第 224 页。

对日本"入常"不愿公开表示支持。克林顿当选总统之后，美国政府的态度发生180度转变，对日本担任常任理事国问题多次公开表示支持，一是希望日本承担更多的国际责任，二是希望日本增加在联合国的财政支出。1992年4月1日，克林顿在纽约外交评议会上以竞选总统的身份明确提出，支持日本和德国担任常任理事国。1993年1月，美国国务卿克里斯托弗正式向联合国提议，支持日本和德国成为常任理事国。4月，克林顿正式表明支持日本担任常任理事国。6月，在纽约外交政策协会的讲话中，美国驻联合国大使奥尔布赖特也提出支持日本担任常任理事国。9月，克林顿在联合国大会上陈述了支持日本"入常"的理由。1994年3月，美国在安理会改革工作小组会议上再次表示支持日德两国成为安理会常任理事国的立场。

但是，这次日本借联合国成立50周年之际发起的"入常"冲击以失败告终。日本"入常"虽然也取得一些国家的支持，但是最终遭受重大挫折，失败的原因是多方面的，主要有以下几点：（1）东亚各国未积极支持日本"入常"；（2）日本的国际贡献主要体现在政府开发援助等经济援助上，但在外交上却不是根据是非曲直判断和处理国际事务，而是唯美国马首是瞻，不符合常任理事国的标准；（3）在日本的国内舆论上未获得足够的支持；（4）现有的常任理事国不愿改变已有的权力格局；同时，日本还要面对一些地区性强国在"入常"道路上的竞争。这次"入常"的失败，使日本对联合国感到不满：一是未能删除《联合国宪章》中的"敌国条款"，二是日本在联合国缴纳的会费比率过高。在其后的联合国大会上，针对安理会改革的问题，虽然各成员国提出过多种方案，最终均被否决。在这种形势下，1998年以后，日本争取"入常"的热情一度有所下降。

三、日本第二次"入常"之路

进入21世纪以来，对联合国改革的呼声更加强烈。2003年11月，联合国秘书长安南任命一个联合国改革问题16人"名人小组"。次年11月，该小组向安南提交了一份关于联合国改革的报告，对安理会改革拟定了两套方案①。按

---

① A方案是新增6个常任理事国和3个非常任理事国，B方案是新增8个可连选连任常任理事国和1个非常任理事国。

照其中任一方案，安理会成员数量均是从现有的 15 个扩大到 24 个，但是新成员均没有否决权。2005 年 3 月，安南正式提交有关联合国改革的全面报告，报告要求各成员国须于同年 9 月的联合国首脑会议之前对此两套方案作出决定，即使成员国难以达成一致，安理会的扩大也不可拖延。日本认为"入常"的时机再次来临。

1. 第二次"入常"的过程

形势的发展对日本来说是一个实现"入常"愿望的难得的机会。于是，从 2004 年起，日本再次发起猛烈的"入常"攻势，这次的目标是，在联合国成立 60 周年之际实现"入常"梦想。为了有利于推进日本的"入常"步伐，日本外务省专门成立"联合国改革对策本部"，作为一个专门向联合国提出改革建议的部门。2004 年 9 月，小泉首相在第 59 届联大上发表演讲，再次宣布其"入常"愿望，"联合国的设立是为了实现世界的和平、繁荣和公正"，"我国一贯坚持以联合国为中心的国际协调"，"根据日本的国际地位和作用，担任安理会常任理事国当之无愧"。他还列举了日本自卫队执行维和任务的事例，标榜日本在维护世界和平的活动中发挥了积极作用。小泉还许诺："我国担任常任理事国后将加倍努力，在全球贡献的基础上，在安理会发挥建设性、创造性的作用。"①

2004 年 12 月 1 日，日本联合德国、巴西、印度组成"四国联盟"，谋求共同加入常任理事国，并对名人小组提出的 A 方案进行表决。12 月 3 日，日本外务省召开"联合国改革对策本部"会议，决定在国际社会开展"拉票"活动。日本这次拉票主要针对非洲、拉美等发展中国家，主要是因为这些国家与日本没有历史和现实冲突，又从日本获得了政府开发援助，因而多数支持日本"入常"。同时，日本与美国继续加强联络，以便获得支持。此时日本政府对"入常"前景非常乐观。然而日本对包括中国在内的东亚邻国的态度截然相反。日本的这种"远交近攻"的行为相当于在其"入常"之路上人为设置障碍，终于自食其果：2005 年 4 月以后，在亚洲各国的强烈反对声

---

① 参见日本外务省网站。

中，日本"入常"的大好形势急剧下降。与此同时，美国态度暧昧，不再明确支持；日本一向看好的非洲国家也迟迟未达成共识；"咖啡俱乐部"作为最大的反对势力却日渐壮大，最终发展成"团结谋共识"集团。迫于这种形势，日本于 2005 年 9 月承认其"入常"努力失败。第二年初日本对外宣称将脱离"四国联盟"，此举主要是欲图借助美国的支持实现单独"入常"目标。但由于美国态度消极，日本政府于 3 月 27 日被迫宣布放弃"入常"目标，日本的第二次"入常"努力以失败告终。

2. 国际社会对日本"入常"的态度

中国在日本"入常"问题上始终保持低调。2004 年 9 月外交部发言人孔泉首次就日本"入常"问题表态："理解日本期待在国际事务中发挥更大作用的愿望。"①孔泉的发言对日本此举既没有表示支持，也没有加以明确反对。但 21 日孔泉在记者会上指出，"联合国安理会的运行规则与公司董事会不同，不是根据所缴纳的会费确定其组成"，"一个国家若希望在国际事务中负责任，必须清醒认识自己的历史问题"。②中国政府虽未明确表态，但对日本"入常"问题的态度可见一斑，即日本若想"入常"，首先要正确对待历史。与官方的态度低调谨慎相对应，中国民间则公开表示反对日本"入常"，在网站上中国网民发起了强大的签名活动——"全球华人大签名反对日本成为常任理事国"，公开反对日本"入常"，最终统计约有 4200 万人签名。此外，国内的一些媒体也表态反对日本的"入常"行为。由于中国是安理会五大常任理事国之一，因此日本清楚地知道，安理会改革和日本"入常"必须得到中国的支持。但是日本不愿直接向中国低头，而是打算采用迂回战术，先努力争取获得世界其他国家和地区的广泛支持，用国际舆论使中国在日本"入常"问题上做出让步。

朝鲜和韩国一直公开反对日本"入常"。2005 年 5 月，韩国总统卢武铉

---

① 《日本的"常任梦"考验中国外交智慧》，中青在线网，http://zqb.cyol.com/content/2004-09/17/content_952002.htm，2004 年 9 月 17 日。

② 《外交部：安理会不是董事会 日本须面对历史》，搜狐网，http://news.sohu.com/20040921/n222163848.shtml，2004 年 9 月 21 日。

与联合国秘书长安南会晤时明确表示，韩国反对日本"入常"。卢武铉指出，日本"入常"缺乏"道义上的合法性"，如果日本代表亚洲国家的话，那就"必须得到亚洲的支持"。①中国民间以及朝韩两国政府和人民之所以对日本"入常"问题强烈反对，其根源均在于日本过去的侵略历史和当前拒绝深刻反省与道歉的态度。尤其是小泉纯一郎首相上任后连年参拜靖国神社，亚洲各国对此提出强烈抗议，使日本在亚洲失去广泛支持。

在日本"入常"问题上，英国与日本之间不存在冲突，且互相之间为盟友关系，因此英国与美国态度相似，不明确表示反对，但是也不支持；法国在此问题上与英国不同，比英美态度积极支持日本"入常"。法国是"四国联盟"提案国之一，因此在日本"入常"问题上始终采取支持态度。法国支持的原因还与德国有关，两国都主张加强欧洲势力，反对美国独霸世界，德国"入常"成功可以增加欧洲整体在安理会的分量，以制衡美国。俄罗斯在日本"入常"问题上，由于希望得到其经济援助，因此也采取支持态度。但是，双方在北方四岛（俄称南千岛群岛）问题上存在领土争议，日本想要收回北方四岛中两个岛屿的主权，俄罗斯希望通过对日本成为常任理事国的支持与此做个交换。

四、日本第三次"入常"之路

1. 安理会改革的必要性

联合国是在二战后，因特殊的时代背景而成立的国际组织，随着国际形势的变化，安理会成员国增加数倍，但是常任理事国数却几十年没有增加。国际社会普遍认为，安理会应该进行改革，以顺应时代发展的潮流。关于安理会改革，世界各国出于本身的战略思考和国家利益，在这个问题上一直很难达成共识。根据《联合国宪章》的规定，安理会作为联合国的重要机构，也是唯一有权采取强制行为的机构，因此，对其改革需要格外慎重，作出任何变动都需要修改《联合国宪章》的程序，而且意味着对全球权力的重组和再分配，因此需要国际社会给予格外重视，并从长计议。

---

① 《卢武铉当面向安南表示韩国反对日本"入常"》，新浪网，https://news.sina.com.cn/w/2005-05-11/10155856936s.shtml，2005 年 5 月 11 日。

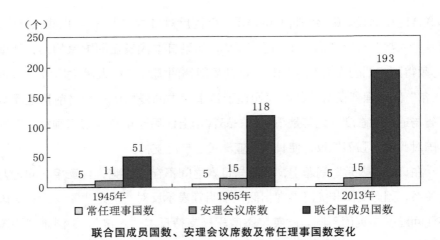

联合国成员国数、安理会议席数及常任理事国数变化

资料来源：日本外务省网站，http://www.mofa.go.jp/mofaj/gaiko/un_kaikaku/j_rijikoku/kaikaku.html。

关于联合国安理会的改革，许多国家早已提出不同的方案，中国也持有自己的立场，但美国对此不仅态度消极，而且其主张与其他各国也有所不同。对安理会改革最为积极的是由日本、德国、印度和巴西组成的"四国联盟"。在 2005 年联合国成立 60 周年时，它们提出了自己的主张，要求新增包括上述 4 个国家和 2 个非洲国家在内的 6 个安理会常任理事国，另外新增 4 个非常任理事国。在席位分配方面，"四国联盟"主张，亚非两洲各增加 2 个常任理事国，拉美和西欧各增加 1 个常任理事国；亚洲、非洲、东欧和加勒比海地区各增加 1 个非常任理事国。关于否决权，"四国联盟"表示新增常任理事国在 15 年内将不拥有否决权，之后再进行审议。"四国联盟"的主张不仅没得到非洲联盟的支持，而且遭到以意大利、巴基斯坦、韩国、墨西哥和阿根廷等为代表的"团结谋共识"集团的反对。

由 53 个国家组成的非洲联盟希望安理会的改革能够尽可能增加非洲的代表性，所以它要求常任理事国中至少包括 2 个非洲国家，非常任理事国中至少包括 5 个非洲国家。按照非洲联盟的建议，安理会的否决权应逐步取消，在否决权存在的期间，新增的常任理事国应该被赋予否决权。"团结谋共识"集团是由在安理会改革问题上与"四国联盟"立场相对立的一些国家

围绕安理会改革的决议国际社会不同的改革方案

成员类别		常任理事国增减	区域席位分配	否决权
四国联盟		1. 新增 6 个常任理事国（四国＋两非）； 2. 新增 4 个非常任理事国	1. 亚（2）、非（2）、拉美（1）、西欧（1），即四国加两非； 2. 亚（1）、非（1）、东欧（1）、拉美和加勒比国家（1）	在扩大后 15 年内新常任理事国将不适用否决权，之后进行审议
团结谋共识集团		1. 新增 10 个非常任理事国； 2. 建议增加 7 个准常任理事国	亚（3）、非（3）、拉美和加勒比国家（2）、拉美（1）和东欧（1）	否决权只适用于《联合国宪章》第七章，即威胁和平、破坏和平和侵略行为问题
非洲联盟		1. 增加两类成员； 2. 常任：非洲≥2 席，非常任：非洲≥5 席	常任中，分配给非洲的不能少于 2 席；非常任中，分配给非洲的不少于 5 席	逐渐取消否决权，在否决权存在期间，新常任理事国应享有否决权
常任理事国	美	持开放态度	根据《联合国宪章》第二十三条确定新常任理事国	基本一致，反对改变现有否决权机制
	俄	未明确表态，但不支持四国联盟方案	未明确表态	
	英	增加两类成员、支持四国联盟和非洲国家入常	支持四国联盟和非洲国家成为新常任理事国	
	法	同英国，并建议常任理事国包含阿富汗		
	中	无明确表态	增加发展中国家的代表性，让中小国家有更多的机会轮流进入安理会	

组成。该集团反对增加安理会常任理事国，提出要增加 10 个非常任理事国以及 7 个准常任理事国，非常任理事国可连选连任，此外对于非常任理事国的席位分配，应该亚洲和非洲各 3 个，拉美 2 个，西欧和东欧各 1 个。

2. 努力过程和方向

2012 年 11 月 16 日，在第 67 届联大全体会议上，有关国家就安理会改革问题进行讨论，日本常驻联合国副代表儿玉和夫在会议上再次提出，要进行安理会改革，增加常任理事国和非常任理事国的席位，他还呼吁 2013 年举行"安理会改革高级别会议",以进一步推动对安理会改革的谈判。①针对"入常"一事,在 2013 年 6 月召开的"非洲开发会议"上,日本政府与非洲国家就联合提出安理会改革方案的方针达成共识。

同年 7 月 25 日到 8 月 4 日,日本首相安倍晋三在 11 天时间里,密集访问了拉美五国,安倍此行的一个重要目的就是为了给日本"入常"拉票。7 月 28 日,安倍晋三在出席日本和加勒比共同体国家的首脑会议时,表示将在防灾、环保等领域,与共同体国家共同商讨新的支援计划。安倍谈及联合国安全保障理事会改革,指出"日本同加勒比共同体国家立场上有诸多共同点",并呼吁在 2015 年联合国建立 70 周年上,希望共同体国家"助一臂之力"。②

安倍首相在第二次上台之后,实行"地球仪外交",加大对世界各国的访问频度,在仅 1 年零 9 个月的时间里,他就走访了五大洲的 49 个国家,安倍此举的一个主要目的就是为了给日本"入常"铺路。此外,安倍为了吸取上一次安理会改革中"四国提案"失败的经验教训,此次日本的"入常"以"积极和平主义"为口号。③"积极和平主义"口号是安倍于 2013 年 9 月 12 日首先提出来的,他在首次制定"国家安全战略"的专家座谈会上,要求从"基于国际协调的积极和平主义"立场出发,讨论这一将成为日本外交和国家安全综合性指导方针的战略。④2014 年 9 月 21 日,安倍首相就联合国大会一般演讲讨论发表讲话并接受了日本 NHK 电视台的访问,他说:"希望向全世界传递日本此后将大力推进的'积极和平主义'。"此外针对联合国成立 70 周年的契机,安倍称:"成员国的数量已经大大增加,世界局势也发生了重大的变化。联合国应该向一个符合 21 世纪的方向改变。"⑤

① 《日本再次要求扩大常任和非常任理事国席位》,环球网,http://world.huanqiu.com/regions/ 2012-11/3282638.html,2012 年 11 月 16 日。
② 《安倍出席加勒比共同体首脑会议 吁为日本入常助力》,环球网,http://world.huanqiu. com/exclusive/2014-07/5088881.html,2014 年 7 月 29 日。
③ 《安倍赴联合国展开"入常"攻势 密集会见各国元首》,环球网,http://world.huanqiu. com/exclusive/2014-09/5149422.html,2014 年 9 月 25 日。
④ 《安倍要求从"积极和平主义"出发讨论安全战略》,中国新闻网,http://www.chinanews. com/gj/2013/09-13/5279983.shtml,2013 年 9 月 13 日。
⑤ 《安倍为入常动作频频 日媒称考验地球仪外交成果》,环球网,http://world.huanqiu.com/ exclusive/2014-09/5145566.html,2014 年 9 月 22 日。

9 月 22 日，安倍首相赴纽约参加联合国气候峰会及联大其他会议，国际社会认为，安倍参加此次会议，就是为了能够进一步推动安理会改革，为日本将来实现"入常"铺平道路。从安倍在羽田机场接受媒体采访时的话语就可以清楚看出日本参加此次会议的目的，他表示"将切实宣传日本今后要走的道路，在积极和平主义的理念下为全球的诸多挑战作出更大贡献"。①9 月 24 日，安倍首相在纽约联合国总部与联合国秘书长潘基文举行会谈，表达日本希望积极参与和推动联合国改革的想法，他表示："2015 年联合国将迎来成立 70 周年，为了使联合国更加符合 21 世纪的国际社会，日本愿意发挥领导作用。"②

25 日下午，安倍在联合国大会上进行了发言演讲，安倍在演说上表示，2015 年是联合国成立 70 周年，国际社会应该借此机会，积极推进联合国的改革。安倍在演讲中再次强调，日本将努力实现成为安理会常任理事国的目标，并明确将与拥有相同目标的巴西、德国、印度共同推进 2015 年秋联合国大会具体进展，号召其他联合国加盟国积极促进安理会改革的方针。安倍在演说中还表示，"联合国应面向 21 世纪的现状进行改革，日本也应该担任一个更加适合日本的角色"，日本的努力也离不开各国对日本加入常任理事国的理解。安倍在演说中反复强调，战后日本走的是和平发展国家的道路。此外，针对中韩两国强烈反对安倍政府解禁集体自卫权、积极推进日本安保法制修订一事，安倍在演说中表示，"这正是日本战后为了实现新的和平誓言而迈出的步伐。日本为联合国事业的发展会以舍己献身的觉悟克尽己责"，并一一展示了日本至今为止在和平主义旗帜下为国际社会所作出的贡献。③

此外，安倍在演讲中还针对非洲等国家提出了具体主张。针对"伊斯兰国"问题，他表示日本将提供 5000 万美元捐款，作为处理该问题的紧急援助资金。此前，安倍首相还表示将为非洲应对埃博拉病毒投入 4000 万美元

① 日本共同社，2014 年 9 月 22 日。
② 《安倍演讲：联合国需要改革 日本希望"入常"》，环球网，http://world.huanqiu.com/exclusive/2014-09/5152125.html，2014 年 9 月 26 日。
③ 《日媒称安倍在联大巧避慰安妇问题 为入常言词积极》，环球网，http://world.huanqiu.com/exclusive/2014-09/5152287.html，2014 年 9 月 26 日。

的援助。安倍之所以在这个时候表示将加大对非洲地区的资金援助力度，一个重要的原因就是争取非洲国家对其成为安理会常任理事国的支持，因为非洲国家毕竟掌握着占联合国席位三成的投票数。此外，安倍首相在与巴拿马总统会谈时表示，日本将为巴拿马运河事业提供援助资金。日本能否为推进安理会改革与54个国家组成的非洲联盟提交联合决议案将成为备受瞩目的焦点。安倍曾在2013年宣布日本官民将向非洲最多提供约3.2万亿日元（约合人民币1692.8亿元）的援助，为争取合作打下经济基础。①2016年1月28日，日本决定向联合国工业发展组织（UNIDO）拨款3亿日元（约合人民币1665万元），在非洲普及可再生能源。②

日本首相安倍晋三将2015年和2016年定位为"具体行动年"，希望日本能进入安理会常任理事国，主导联合国改革。2015年2月27日"四国联盟"局长级会议在柏林举行，德国、印度、巴西的外务局长级官员及日本常驻联合国代表吉川元伟出席会议，确认将与支持安理会改革的各国加强合作。除非洲之外，"四国联盟"还将争取加勒比国家及中亚各国的支持，希望联合非洲联盟的力量形成总数中的多数派，同时针对在联合国改革问题上持慎重态度的国家，将采取措施软化之，这样就可以确保联合国大会通过安理会改革决议所需的三分之二以上成员国（129国）的赞成票。③

3月16日，日本首相安倍晋三在位于东京的联合国大学总部出席纪念联合国成立70周年活动，发表演讲。他说，在联合国成立70周年这一值得庆贺之年，安理会改革的相关大动作已经开始，相关人士与各国的真诚努力大大深化了对安理会改革的讨论，并将以这份热情以及对日本所应发挥的作用的确信，不断努力协助主席以及各国实现安理会改革，使日本成为安理会常任理事国，并作出相应的贡献。

---

① 《日媒：安倍为日本"入常"拉票　前景不容乐观》，环球网，http://world.huanqiu.com/exclusive/2015-09/7656904.html，2015年9月28日。
② 《日本拨巨款助联合国在非洲普及可再生能源》，环球网，http://finance.huanqiu.com/cjrd/2016-01/8465391.html，2016年1月28日。
③ 《日德等4国欲拉拢非盟拟定安理会改革联合决议案》，环球网，http://world.huanqiu.com/exclusive/2015-03/5956252.html，2015年3月19日。

安倍还列举了日本的三点理由：第一，日本战后70年，始终坚持作为爱好和平的国家，为了世界和平与繁荣而不断努力。日本在外交斡旋、参与联合国维和行动以及之后的长期援助中竭尽全力，"日本作为在任何层次上都对言行负责的主体，能够作出积极的贡献"，日本还"为了在将来能够更广泛地为联合国维和行动作出贡献而在最近完善了法律"。第二，日本重视"自主权"与"合作关系"。日本始终主张当事方的意愿与国际合作两者都很重要，"所有人都获得自主决定自己人生的自主权是我们的终极目标"。从强调这一点出发，产生重视"人类安全保障"的构想。第三，日本将努力成为随时倾听当事方声音的国家。日本为了推进非洲开发，一直举办非洲开发会议（TICAD），这一会议已经持续20年；日本首次成为安理会的非常任理事国是在1958年，加入联合国后的2年后。今秋如果获得支持当选，就是第11次当选，"日本是最频繁地被同僚们评审的国家"。①

安倍最后表示，高举"基于国际协调主义的积极和平主义"，日本"为了使联合国与21世纪相称，决心开展安理会改革，并作为安理会常任理事国，发挥作用，为世界和平与繁荣进一步作出贡献"。

此外，日本还通过对外援助等手段争取推进安理会改革。5月22日至23日，在福岛县磐城市举办"太平洋岛国峰会"并通过首脑宣言，主要内容包括合作推进过去大战战殁者的遗骨收容工作及联合国安理会改革等内容，根据计划，日本此后3年期间对峰会参加国的资助金额将超过上一次2012年的5亿美元。②9月10日，安倍与乌干达总统穆塞韦尼举行会谈，就加强双边关系促进乌干达基础设施建设达成一致，并就此发表联合声明。会谈结束后，两国政府就日本向乌干达首都坎帕拉的立交桥建设等项目提供约200亿日元（约合人民币11亿元）贷款交换文件。③

2015年3月30日，日本常驻联合国代表吉川元伟在谈到安理会改革问

① 《安倍总理大臣在第70届联合国大会上的一般性辩论演说》，日本外务省网站，http://www.mofa.go.jp/mofaj/files/000105315.pdf。
② 《太平洋岛国峰会宣言草案出炉 日拟撒钱推进安理会改革》，环球网，http://world.huanqiu.com/exclusive/2015-05/6482375.html，2015年5月20日。
③ 日本《产经新闻》，2015年9月10日。

题时表示，安理会改革的重点就是增设常任理事国，由于 2015 年是联合国成立 70 周年，因此也是事关安理会改革"能否实现从单纯商讨进入实质性交涉"的重要一年。针对日本争当安理会常任理事国一事，他表示这"与其说是愿望倒不如说是一种责任"，再次强调日本"入常"的必要性。①

据日本《读卖新闻》5 月 8 日报道，有关联合国安理会改革的政府间谈判，"四国联盟"已经就改革的内容和方向向谈判秘书处提交新的方案。在这份新方案中，"四国联盟"对之前提出的废弃方案进行修订，新方案针对常任理事国的数量，提出将常任理事国从 5 国增至 11 国、非常任理事国从 10 国增至 14 或 15 国。新方案最大的变化是将原提案中固定为 14 国的非常任理事国改为"增至 14 或 15 国"，增加的席位将面对非洲国家，"四国联盟"的方案意在争取非洲国家对其方案的支持。非洲地区成员国共54 个，成为拉票的关键所在。然而，对于是否赋予新常任理事国否决权问题，非盟要求立即赋予否决权，与要求暂不赋予的"四国联盟"方案也存在着分歧。②

9 月 8 日，日本首相安倍晋三在与联合国大会候任主席吕克托夫特举行会谈时表示，2015 年恰逢联合国成立 70 周年，对日本来说也是关键的一年，希望吕克托夫如当选联大主席能够积极推进安理会改革。他称："希望您作为下届主席发挥领导力，通过改革打造出与 21 世纪相符的联合国。"③

9 月 30 日，安倍首相出席联合国大会并发表一般性辩论演说。安倍在演说中除了表达推进联合国安全保障理事会改革的决心之外，还表现出将积极为联合国维和行动做出贡献的姿态。另外，安倍还明确 2015 年加大对叙利亚和伊拉克难民支援的方针，预计总额将达到 8.1 亿美元（约合 51.53 亿人

---

① 《日常驻联合国代表称日本任常任理事国具有必要性》，新浪网，http://mil.news.sina.com.cn/2015-04-01/0734826434.html，2015 年 4 月 1 日。

② 《日德巴印提交安理会改革修正案　扩容非常任理事国》，环球网，http://world.huanqiu.com/exclusive/2015-05/6382169.html，2015 年 5 月 8 日。

③ 《安倍会见候任联大主席　就"入常"呼吁安理会改革》，环球网，http://world.huanqiu.com/exclusive/2015-09/7444881.html，2015 年 9 月 9 日。

民币）。安倍就安保理事会改革表示，"为了让联合国更加适应 21 世纪的发展，我们需要对安全理事会进行改革。日本已作好了成为安理会常任理事国的准备，希望能够履行为世界和平和繁荣贡献力量的责任"。此次，日本整理的改革方案核心是将联合国常任理事国由 5 国扩充到 11 国。新增国家除日本之外，还包括德国、印度、巴西等。日本希望该方案能够获得其他联合国成员的支持。

10 月 15 日，联合国大会举行会议，这次主要针对 5 个任期即将结束的非常任理事国进行改选。在亚洲国家中，由于孟加拉国提前放弃，日本成为唯一的候选国并顺利当选。这是日本自 1956 年加入联合国以来第 11 次当选为安理会非常任理事国。不过，有学者认为，2015 年可以说是安理会改革的"最后的机会"，对日本来说，联合国外交处于"关键时期"，然而日本"入常"的夙愿却似乎仍然看不到具体前景。[①]

日本媒体认为：日本"入常"意志备受考验，经济实力无说服力。[②]在日本入常的有利因素中，日本对联合国的经济贡献是其经常提及的，但是近年来，其承担的联合国常规预算分摊率不断下降，已经从 2000 年超过 20％下降到如今的不足 10％。如果按照经济实力作为能否实现入常"资格"的标准的话，日本将在这一方面逐步丧失说服力。[③]

菅义伟任首相后，也亮出了一种不愿意拘束于现有国际秩序的雄心，他表示将会寻求在日美同盟之外开展平等外交，并且主张在中日韩之间建立稳固的外交关系。在联合国成立 75 周年时，菅义伟领导下的日本政府又作出一项重要决定。2021 年 9 月 22 日，在联合国成立 75 周年纪念峰会上，日本外务大臣茂木敏充提请安理会改革，强调 75 年前建立的联合国制度已经不能够完全合乎要求，为了使联合国变得更强安理会应该扩大席位。同时他也表示日本已经做好充分准备，能够履行作为安理会常任理事国的责任。9 月

① 《日媒：日本联合国外交迎来关键时期 入常依旧前景渺茫》，环球网，http://world.huanqiu.com/exclusive/2015-10/7772326.html，2015 年 10 月 16 日。
② 日本共同社，2015 年 9 月 30 日。
③ 《日媒：日本入常意志备受考验 经济实力无说服力》，环球网，http://world.huanqiu.com/exclusive/2015-09/7673554.html，2015 年 9 月 30 日。

25 日，菅义伟在第 76 届联合国大会上发表一般性辩论演讲，表示日本将在以联合国为首的多边协商中发挥建设性作用，并希望在 2022 年的安理会非常任理事国选举中获得成员国的支持。①

2021 年 10 月 4 日，岸田文雄当选为日本第 100 任首相。从岸田文雄上台之后的日本外交动向看，岸田外交有沿袭安倍政权外交政策的一面，也有具备其个人特色的外交政策调整。为摆脱安倍政权的影子，突出"岸田色彩"，岸田政府外交理念或许不再沿用"俯瞰地球仪外交"这一说法，但寻求全球全域外交仍将是日本政府追求的目标。同时，岸田文雄也尝试在打造"岸田特色外交"上下功夫，主动谋求变化。在 2022 年 10 月 3 日的临时国会开幕演说中，岸田使用"新时代现实主义外交"一词来概括其外交理念，强调今后将推进"现实的外交政策"。

俄乌冲突爆发后，日本打着"制裁俄罗斯"的旗号，向乌克兰出口武器装备，以帮助后者对抗俄军，火速修改自卫队法，岸田文雄还表示，在他的任期内还要完成所谓的"修宪大业"，也即修改日本的宪法，特别是要改写日本宪法第 9 条。他还表示，冲突必须得到制止，但由于俄罗斯是联合国安理会的常任理事国，拥有"一票否决权"，这也导致联合国在这一问题上无所作为，因此呼吁联合国对安理会进行改革，并暗示要将俄罗斯从安理会五大常任理事国中清除出去。很显然，日本这是想趁着俄乌冲突，加速扩军备战，毫不掩盖地想要摆脱二战的战败国地位，从而成为一个所谓的"正常国家"，为再次获取对外战争权做准备。

3. 各方反应和评价

在日本国内，支持日本"入常"的呼声此起彼伏。日本《世界日报》网站就刊登社论，对中国和俄罗斯担任常任理事国忿忿不平。日本大阪大学星野俊副校长在《产经新闻》发表文章称，2015 年是联合国成立 70 周年，安倍内阁因此有了推动安理会改革的劲头，发起新一轮"争常"外交。在外交成绩上，日本不仅获得孟加拉国退出安理会非常任理事国的支持，而且还与

---

① 《日本总理大臣菅义伟在第 76 届联合国大会上的一般性辩论演讲》，日本首相官邸网，https://www.kantei.go.jp/cn/99_suga/statement/202109/_00003.html。

印度就安理会改革问题达成合作协议，取得一系列外交成果。星野指出，安理会常任理事国的成员国是由战胜国以及"拥核国"构成的，"如果加上日本则象征着安理会发生了质变"。①

日本国内也有媒体对"入常"形势没那么乐观。《东京新闻》发文称，日本政府把联合国创立 70 周年作为安理会改革的"决胜之年"，但 2015 年也是中国人民抗日战争胜利 70 周年，日本推动联合国改革的目标"有遭遇历史问题逆风"的风险。报道称，中国对安倍推动安理会改革的举动"绷紧了神经"，必将加强在国际上的宣传力度，对日本没有深刻反省过去的侵略进行批评。②

国际方面，联合国前副秘书长明石康指出，日本在处理战后问题的态度上同德国有着非常大的差异。他指出，德国在接纳叙利亚难民等方面，"正在不断做出新的举动，做得十分漂亮"。③明石康作为一个在联合国担任过高级官员的日本人，此话的言外之意是说日本应该在这方面向德国学习，正确面对历史问题，争取对国际"和平与安全"作出积极贡献。

韩国反对单纯"增常"方案。韩国认为，日本既不能与过去一刀两断，也无法赢得邻国的人心，"入常"现在无疑是痴人说梦。2014 年 9 月 23 日，针对日本在"入常"问题上的外交行动，韩国外交通商部发言人鲁光镒指出，韩国将表示明确反对。韩国在此问题上与日本唱反调，表明韩国将与有关国家加强合作，将安理会改革的方向调整为增加非常任理事国的数量。他进一步指出，"日本想要在尚未赢得邻国人心的同时成为一名世界的领导者，这是对我们理解的挑衅。东京首先应该做的就是解决好同首尔与北京的冲突"。④针对安理会改革，韩国总统朴槿惠在 2014 年 1 月 15 日访问印度时，在谈到对新增安理会常任理事国一事的看法时表示："与其增加通过一次选

①② 《日本金钱开道寻"入常"支持　对中俄地位忿忿不平》，环球网，http://world.huanqiu.com/exclusive/2014-09/5147709.html，2014 年 9 月 24 日。

③ 《日媒：日本入常意志备受考验　经济实力无说服力》，环球网，http://world.huanqiu.com/exclusive/2015-09/7673554.html?referer＝huanqiu，2015 年 9 月 30 日。

④ 《韩媒：日欲重返军国主义却谋求入常系痴人说梦》，环球网，http://world.huanqiu.com/exclusive/2014-09/5155841.html，2014 年 9 月 30 日。

举永久保持地位的常任理事国，不如增加通过定期选举选出的非常任理事国，这样可以灵活应对不断变化的国际环境"。这次表态是韩国总统在国际上首次公开就安理会改革发表看法。朴槿惠的表态有深刻的指向性含义，有媒体认为她的本意是反对日本"入常"。她在接受采访之时还借机引用了印度著名诗人泰戈尔的诗《东方的灯火》，称其"曾为生活在日本帝国主义统治下的朝鲜人民带去希望和勇气"。①

中国在对日本成为联合国安理会常任理事国的诉求上也持不支持态度。2014 年 9 月，中国外交部在联合国大会中，提交了将"纪念二战胜利 70 周年"作为一项议程列入联大会议的方案。中国此时提出该方案无疑是针对安倍的外交动机，希望联合国各成员国再次确认二战时期同盟国之间的历史认识。此外，中国还将每年的 12 月 13 日定为南京大屠杀死难者国家公祭日，在反对日本对历史问题上的看法方面，中国还有与韩国进一步加强合作的倾向。有中国学者认为，中国应该借抗战胜利 70 周年的契机，唤醒国际社会对二战的历史意识。针对日本没有清醒认识到过去历史中所犯的战争罪行，中国有责任与在战争中遭到日本侵略的其他国家一起，共同反对日本对历史和战争的态度。日本内阁官房长官菅义伟在记者会上声称："战后 70 年我国所走过的历程在对外方面也受到了肯定。今后也将毫不改变地继续推进。"②

美国方面对日本"入常"的态度不明朗，一方面希望日本发挥更大的国际影响力，分担其"国际责任"，另一方面又不希望扩大安理会成员国，分享否决权。针对日本不断扩大的维和行动和承担的"国际贡献"，《时代》周刊网站 12 月 23 日发文称，日本自卫队近年来在积极防卫方面变得非常主动，且规模不断扩大。根据《时代》周刊的说法，日本在外交战略上采取的积极主动措施，是安倍内阁为了争取能够实现"入常"梦想，扩大自身影响力的重要举措，目的都是让日本能够成为一个"正常国家"。③2022 年 5 月 23 日，

① 《朴槿惠不赞成增常任理事国　暗示反对日本"入常"》，环球网，http://world.huanqiu.com/exclusive/2014-01/4763369.html，2014 年 1 月 17 日。

②③ 《安倍赴联合国展开"入常"攻势　密集会见各国元首》，环球网，http://world.huanqiu.com/exclusive/2014-09/5149422.html，2014 年 9 月 25 日。

美国总统拜登访日并会晤岸田文雄，表示在会谈中就联合国有必要进行改革达成一致。他还称，如果改革得以实现，将支持日本成为联合国安全理事会常任理事国。拜登的许诺等于是给了岸田文雄一颗定心丸。对于拜登的表态，日本媒体感到非常激动，虽然日本能否成为常任理事国还没有定论，但这至少表明了美国的态度。

针对"入常"问题，德国和印度也希望积极参与，能够在"入常"席位上有自己的位置。印度认为，如果印度和日本能够"入常"，将有利于联合国充分发挥作用，使其更具有代表性、有效性和正当性。德国也希望能够"入常"，主张对安理会进行改革，以扩大联合国的影响力，为此德国还提出了增加常任理事国和非常任理事国的方案。

4. 第三次"入常"前景分析

可以说，安倍政府总结了过去小泉内阁在入常问题上的经验和教训，对其外交思路进行一系列调整。日本蓄力十年再谋"入常"，安倍为了使日本成为"政治大国"，提出"积极和平主义"口号，这个口号是安倍政权根据日本面临的国内外形势提出的，也是一个具有较强迷惑性和欺骗性的口号。如果说二战结束之后日本出台的和平宪法是在当时的世界形势下被迫做出的妥协姿态的话，其导致的后果是日本成了一个"被动的和平大国"，日本的形象对国际上其他国家来说也具有迷惑性，这也给"积极和平主义"蛊惑人心的空间。[①]

目前，日本第三次"入常"努力仍在继续，在连续当选安理会非常任理事国之后，日本必将在推动联合国改革以成为常任理事国方面不遗余力。2015 年 9 月 26 日，日本、印度、德国和巴西四国举行首脑会谈，主要针对"入常"问题进行深入讨论。会谈结束以后"四国联盟"还发表了声明，强调各国要联手争取安理会改革在 2016 年 9 月前取得具体成效，为此必须充分动员国际力量。但是不仅国际社会，"四国联盟"内部在"入常"问题上也不是铁板一块。

---

① 《安倍赴联合国展开"入常"攻势　密集会见各国元首》，环球网，http://world.huanqiu.com/exclusive/2014-09/5149422.html，2014 年 9 月 25 日。

在这次四国首脑会晤中，日本对"入常"的态度最为积极，虽然这次会议是由印度主持的。近年来，围绕着"入常"问题，日印两国都投入了大量的精力和努力，日本政府为了实现此梦想，频频访问非洲、东南亚、拉美等地，通过经济外交和经济援助，谋求这些国家支持日本的想法。日本首相安倍晋三在联大期间为了争取非洲国家的支持和拉选票，专门会见了部分非洲国家的元首，承诺将在对外援助方面偏向非洲国家的基础设施建设。印度也做了积极努力，印度总理莫迪在印度—太平洋岛国论坛上，向出席的有关太平洋岛国寻求对其"入常"政策的支持。印度议员阿南德·夏尔马曾经对媒体表示，莫迪政府在印度加入联合国安理会常任理事国问题的预期上，制造了一种"错误的幸福感"，他表示印度积极谋求"入常"，将导致盟友信任的缺失，从而也会失去这些国家的支持。德国绿党学者柯尼希斯认为，对德国来说联合国安理会常任理事国席位并不是如此重要的，因为德国可以利用欧盟这个整体来推行统一的外交策略。①

美国曾经表示支持日本"入常"，但是美国的意图在于借助日本的力量联手牵制中俄力量，实质上美国并不愿意其他国家分享安理会常任理事国的否决权。曾经受到过日本侵略的亚洲国家在日本"入常"问题上，基本持反对态度，日本如果不对过去的侵略事实进行反省和深刻道歉，很难取得这些国家的信任和支持。日本有媒体认为，针对四国的"入常"努力，五个常任理事国都非常关注。对"四国联盟"来说，安理会改革的主张能否取得广泛支持还有待时间的检验，"四国联盟"为此还必须加倍努力。

但是通过分析不难发现，"四国联盟"的"入常"梦想很不现实。其实包括安理会常任理事国在内的世界许多国家，在联合国改革问题上，都希望能够维持现状。对"四国联盟"来说，应该改变原来的策略，通过更多地参与国际事务扩大自身的影响力，而不是一味地盯着常任理事国的位子。②当

---

① 《韩媒：日本欲入常获美国力挺　可联美牵制中俄》，http://www.tdcm.cn/news/jsxw/501696.shtml。
② 《四国谋求"入常"不被看好　欲在明年9月以前取得具体成果》，环球网，http://world.huanqiu.com/exclusive/2015-09/7656212.html，2015年9月28日。

前，对于安理会的否决权问题，五大常任理事国都不希望其自身的利益被更多国家分享，放弃否决权对五大常任理事国也是不能接受的。在日本"入常"问题上，美国表面持支持态度也是有原因的，因为美国明白即使支持日本"入常"也会有其他国家反对，不如做个顺水人情；中国由于历史和现实的原因，对日本"入常"不会表示支持，由于中日关系的特殊性，中国应该比较偏向其他国家。对印度来说，巴基斯坦是其"入常"之路上最大的拦路虎，巴西最大的障碍来自墨西哥等国。对德国来说，"入常"的希望也比较渺茫，因为在欧洲现在有英法俄三个常任理事国，再增加的可能性不大。南非、埃及等国也积极谋求"入常"，要求增加非洲国家的影响力。

综上可以看出，联合国改革的前景尚不明确，在可预见的将来，围绕联合国安理会的改革仍将继续，日本的"入常"之路注定不会一帆风顺。

第三节 非洲外交——日本联合国外交的一个案例分析

近年来，日本对非洲的外交已成为日本"入常"战略中的一个重要环节，因此，为了发现日本"入常"战略中的规律性因素，有必要对此进行分析和整理。在日本对非洲外交的早期，主要考虑的是经济因素，且日本并未将非洲纳入重要外交对象。这种状态一直持续到1973年的石油危机。这次危机使日本认识到非洲的能源对日本的重要性，显著提高了非洲在其能源战略中的地位。至20世纪80年代，随着日本"政治大国"目标的提出，日本的对非外交已不再局限于能源、市场等经济因素，而是将其进一步纳入了"政治大国"战略的外交框架。冷战后，日本借助"非洲发展国际会议"的平台，开始重视并全面参与非洲事务，展开了价值理念和实用主义相结合的全方位外交，以助其实现"政治大国"的战略目标。

日本对非外交的这一发展进程，归根结底源于本国经济利益及政治目标的驱动。未来日本仍将持续推进政治大国的目标，这个目标仍将是日本外交的重要关注点，因此日本的对非外交政策将着眼于长远利益而更具战略性。虽然其自身的地理、历史因素以及日本在国际社会的印象均会对其外交产生不可忽略的影响，因而其对非外交的实际效果也将受到一定的局限，但这种外交仍会在一定程度上影响到日非关系的发展。

一、日本非洲外交的发展阶段

日本的对非外交是在二战结束后开始建立并逐步发展起来的，而且不同时期有着不同的内容与要求。之所以具备一些阶段性的特点，主要是由于日本国内外环境因素的影响。尤其在日美关系方面，既要追求自身利益，又要追随美国的战略需要。日本的对非外交政策之所以日益加强，目的性非常明显，其中包括资源、市场、政治等方面因素的考虑：日本既要从非洲获取石油等能源，又要在非洲开拓国际市场，还希望获得非洲的支持以助其实现加入安理会常任理事国的政治目的，并最终实现其政治大国的战略目标。

1. 初创时期：20 世纪 50 年代至 1973 年

二战以后，由于美苏冷战的影响，日本外交以日美同盟为基本取向，主要关注在亚太地区发展经济外交，与非洲之间基本无外交往来。这种状况一直持续到 1955 年万隆亚非会议之前。万隆亚非会议为日本提供了一个契机，得以与非洲国家开始外交接触。当时东西方两大阵营出于各自利益的考虑，争相与非洲国家发展关系。日本作为西方阵营的重要一员，为了更好发展与西方国家的关系，因而也在努力同非洲的一些亲西方国家以及中立国家开展外交往来。不过，在日非外交的早期，日本主要考虑在非洲获取资源和开拓市场，谋得经济利益，扩大其在非洲的经济影响。

20 世纪 60 年代初，日本为了应对非洲形势的变化，将外务省的"中东和非洲司"拆分为两个部门，其中之一为独立的"非洲司"，在非洲积极开展外交，建立更多的外交对象，着重开展经济贸易。其对南非的出口最为迅猛，一度占到日本年出口额的 10%。除了经贸往来，日本同时在非洲投入经济援助。由于坦桑尼亚、尼日利亚、乌干达等国较有市场潜力，因此日本从 1966 年起，开始对这些国家提供援助，这些援助既有政府的投入，也有民间团体的参与。到 70 年代初，其对非出口额已位居世界前列，仅次于法国。可以说，日本的对非外交具有天然优势：他既是西方发达国家成员，又没有殖民主义历史；不但能够理解发展中国家的各种需求，甚至通过鼓吹反殖民主义而获取同理心。但总体来讲日本在这一阶段仍未真正重视对非关系，其对非外交仍然非常有限。比如相对于亚洲外交，日本与非洲的经贸关系并不密切（非洲援助额占日本政府开发援助不足3％）；政治方面也仅停留在对话层面。这种状况一直持续到1973年中东战争。

2. 快速发展时期：1973年至1989年

1973年石油危机爆发，日本以此为契机加强同非洲的外交。此前日本的经济已取得突飞猛进的发展，国际地位显著提高，在诸多重要的国际事务中有日本积极参与的身影。在日本的观念中，以经济大国地位带动其政治影响力的愿望日益增强。有鉴于此，日本加速发展对非外交，更加重视从非洲进口自然资源以保证国内能源供应，不断提高非洲在其国际关系中的地位，打出"能源外交""资源外交"口号，努力调整外交政策，试图扭转对美一边倒的格局，在国际社会中争取更多的发言权。石油危机使得日本更加认识到能源的重要性，因此更加重视并强化同非洲的外交。为了获得更多更稳定的能源供给，日本从数量和质量上均大力提升对非洲的援助力度。至此，日本的对非援助理念在官方政策上得到明确，并在战略层面得到强化。70年代末，国际经济新自由主义兴起，使日本的政府开发援助（ODA）政策找到新的途径。与此同时，国际货币基金组织（IMF）与世界银行提出了结构调整政策。

到80年代末，日本国内经济及国际地位进一步提高，但是在国际事务中日益受到经济政治发展不平衡的限制，中曾根于1983年提出"政治大国"的口号，并将其定为日本发展外交的重点目标。日本的外交活动范围更加扩大，进而以大国外交的形象努力争取安理会常任理事国身份，希望在国际上得到既是经济强国、又是政治大国的认同。一旦确立了政治大国的目标，日本在非洲外交上体现出明显的政治诉求。日本将加强非洲外交作为其扩大国际影响的重要步骤，频繁派出官员访问非洲，1981年以后达到每年一次的频率。20世纪80年代整个10年间，日本对非洲的政府援助比上个10年增加了10倍。1989年日本对非援助额约占其国际援助总额的15％，位居世界第三，仅次于法国和伊朗。80年代，日本同非洲加强外交不仅出于保证海外资源供给以维持经济安全的考虑，同时，非洲国家在联合国中占三分之一席位，是一股强大的国际力量，日本对非洲加强外交，扩大其在非洲的政治影响，更可以借助非洲这股力量来提高自己的国际地位。1989 年，日本成为世界上最大的双边援助国，其政府开发援助总额已超过美国。总之，80 年代的日本非洲外交以经济和政治并重为特点，并日益表现出向政治利益倾斜的趋势。

日本对亚洲和非洲政府援助的比重（1970—2005 年）

地区	1970 年	1980 年	1990 年	2000 年	2002 年	2003 年	2004 年	2005 年
亚洲	94.12％	70.15％	59.13％	54.18％	60.17％	53.16％	42.17％	36.17％
非洲	2.12％	11.19％	12.10％	10.11％	8.17％	8.18％	10.19％	10.19％

资料来源：外务省，《政府开发援助（ODA）白皮书》（2012 年版）。

70 年代后期至 80 年代末，日本对发展非洲经贸关系尤为重视，在非洲全面发展贸易、投资和经济援助并积累了丰富的外交经验，外务省更是将1979 年定为"非洲年"。80 年代中期以后，日非经贸往来突飞猛进，至1989 年发展成为外务省所定义的"日本与非洲关系升级的一年"。这主要体现在，日本大幅增加对非洲的经济援助，并取得较好效益；且捐赠款项占比较高，很受非洲国家欢迎。虽然相较于日本的整体对外援助额，在非洲的投入占比仍然不高，但是进入 80 年代中期以后，其对非援助有超常规发展的趋势。比如：1970 年日本对非援助仅 800 万美元；1985 年，日本光是对撒哈拉以南的非洲国家就投入了 2.52 亿美元的政府援助；到了 1987 年和1989 年，其对非援助额则分别增加至 5.16 亿美元和 10.42 亿美元。同时，日本对非洲国家投入的经济援助在其国际援助总额中的比重也大幅提高。比如：1970 年至 1973 年间，日本对非援助占其政府援助总额的 2.3％；1980 年至 1983 年间这一比率增长至 10.7％；1987 年日本政府对撒哈拉以南非洲国家投入国际援助仅占其援助总额的 4.1％，1988 年增长至 8.7％，1989 年至 1990 年间则升至 13.3％。所有这些均说明非洲在日本开展外交关系中地位的上升。且这一阶段日本的援助给非洲国家带来良好的印象，一定程度上满足了日本想要提高国际形象、增强国际影响力的初衷。

可以看出，虽然这一阶段日本的对外援助重点仍放在亚洲地区，但其对非援助的增长不容小觑，这不但体现了日本日益将对非外交放在服务长远战略需求及保障国家经济安全之地位，同时也是为了应对美国的"责任分担"要求，并回应西方其他国家对其提出的提高政府开发援助数量和质量的要求。尤其是80年代后期，日美之间因为贸易顺差增大而发生经济摩擦，日本不得不提高政府开发援助的力度。总之，日本试图借助政府开发援助扩大政治影响，实现本国发展战略。至此，日本的政府开发援助已不再局限于出口贸易及市场投资等经济援助，而且包含了明显的政治意图及战略意图，已发展成为具有综合安全保障作用的综合对外援助。①

3. 调整时期：1990年至2000年

冷战结束后，日本借助欧美国家对非洲态度冷淡的时机，大力发展与非洲国家的外交，将非洲作为外交的重要目标之一，以扩大其国际影响。日本认为，非洲是其"外交的资产"，因为在联合国的所有成员国中，非洲国家数量不容忽视，而且当时的多种世界性难题，诸如南北问题、地区争端问题、贫困问题等均集中在非洲，日本希望在非洲外交的过程中对这些问题有所作为，这样就可以在非洲国家乃至全世界面前提升自己的形象。在这种情况下，日本对非洲外交进行了重新评估与定位，在之前经济外交的基础上增加了"大国外交"的政治意味。不仅如此，日本还主办了"非洲发展东京国际会议"（TICAD），与非洲国家在农业、医疗卫生、教育科技等众多领域开展合作，扩大援助的规模。至此，日本的非洲外交进入一个全新的阶段。

这一时期，在国家利益的驱动下，日本为了得到非洲国家的支持，逐年增加在非洲经济援助。1991年日本对非洲的政府开发援助已达到6.61亿美元。同时，日本在非洲的经济援助在其对外援助总额中的比率也在大幅度提高。例如，1987年日本对撒哈拉以南非洲国家的经济援助仅其全部援助额的

---

① 林晓光：《日本政府开发援助与中日关系》，世界知识出版社2003年版，第137页。

4.1％，1988 年则增长至 8.7％。1990 年日本对整个非洲的经济援助达到其总援助额的 13.3％。进入 90 年代以后，在日本的所有政府开发援助中，其对非援助的比率基本保持在 10％左右。如 1994 年对非洲的援助额占总额的 11.8％，为 11.44 亿美元。

日本对非洲政府开发援助实绩（纯支付额）（20 世纪 80 年代上半期及 90 年代上半期）

单位：百万美元

援助类别	1985 年	1990 年	1994 年	1994 年累计
无偿援助	135.28 (21.3)*	702.27 (30.8)	702.27 (29.2)	4958.27 (26.8)
技术合作	44.86 (8.2)	124.89 (7.6)	210.34 (7.0)	1520.35 (7.7)
日元贷款	72.08 (5.3)	243.63 (6.2)	231.60 (5.4)	3012.74 (6.1)
日本官方发展援助合作	235.22 (11.4)	791.75 (11.4)	1144.22 (11.8)	9491.77 (10.8)

注：＊括号内数值为占日本政府开发援助总额中的百分比。

资料来源：日本外务省，《政府开发援助白皮书》（1995 年版）下卷，第 410 页。转引自金熙德，《日本政府开发援助》，社会科学文献出版社 2000 年版，第 242 页。

日本不仅大幅增加对非洲的官方发展援助，而且通过制定相关政策，双管齐下发展日非关系。日本于 1991 年的联大会议中提出关于举办非洲发展会议的意向，并表明了四条宗旨：（1）在总体方针上积极支持非洲发展；（2）帮助非洲国家提高认识，发展经济；（3）在国际上唤起对非洲发展的重视；（4）提供机会让非洲和国际社会取得共识。经协商，确定会议每五年举办一次，举办方为日本、联合国、世界银行和非洲联盟。

第一届"非洲发展国际会议"（TICAD）于 1993 年 10 月在东京召开，约 1000 名代表出席会议，分别来自 48 个非洲国家、13 个援助国以及 10 个国际组织。会议最终形成《非洲发展的东京宣言》，该文件提出五项主要目标，并强调非洲持续发展的前提是稳定与安全。《宣言》倡导非洲国家"自主权"（Ownership），提出非洲国家与国际社会为"伙伴关系"（Partnership），这些理念为后续非洲发展国际会议进程提供了指导原则。日本在会上还提出了非洲发展"南南合作"的主张，在非洲国家中引起共鸣，获得非洲国家的广泛支持，提高了日本在非洲事务中的发言权。

日本对非政府开发援助实绩纯支出额（1998—2003 年）

单位：百万美元

援助类别			1998 年	1999 年	2000 年	2001 年	2002 年	2003 年
政府开发援助	赠与	无偿援助	636.38 (25.8)	693.08 (29.62)	664.89 (31.53)	614.42 (32.23)	416.63 (24.3)	425.77 (25.1)
		技术援助	193.97 (6.97)	221.20 (6.91)	248.72 (6.71)	223.34 (7.69)	203.76 (7.4)	199.69 (7.0)
		赠与总额	830.35 (16.78)	914.27 (16.51)	913.62 (15.72)	837.76 (17.28)	620.39 (13.9)	625.46 (13.8)
	政府贷款		119.93 (3.28)	80.35 (1.62)	55.37 (1.45)	13.57 (0.52)	−36.64 (—)	−95.48 (—)
政府开发援助总额			950.29 (11.04)	994.63 (9.5)	968.98 (10.05)	851.33 (11.42)	583.75 (8.7)	529.98 (8.8)

注：括号里的数值表示支出额占日本援助总额的百分比。
资料来源：日本外务省，《政府开发援助白皮书》（2002 年版、2004 年版）下卷。

1998 年 10 月召开"第二届非洲发展国际会议"，有 51 个非洲国家、18 个欧美国家、11 个亚洲国家及 44 个国际组织派代表（其中包括 13 个国家的首脑）出席会议。会议通过《面向 21 世纪非洲开发的东京行动计划》，计划主题为：通过促进经济增长，在非洲减少贫困；通过促进非洲可持续发展，将其融入全球经济一体化进程。该《计划》形成三百七十多个发展项目与计划，构建了与非洲国家的合作框架，在非洲国家发展区域合作和一体化，加强协调，加强南南合作，以期最终打破贫困、长期动乱等恶性循环。以该计划为导向，还带动其他领域的发展目标数值的设定，包括社会领域（如教育、医疗、环境等领域）、经济领域（如工农业、私营业的投资、债务问题等领域）以及地区冲突的预防、治理和冲突后重建领域等。

4. 21 世纪以来日本对非外交

进入 21 世纪以来，世界格局多极化发展，经济全球化趋势明显，非洲国家政治日益稳定，经济快速增长，国际地位显著提高。2002 年 7 月非洲联盟

（AU）成立，其前身为非洲统一组织（OAU）。非洲联盟借助其国际影响力，对发达援助国提出请求，要求增加经济援助，推动非洲地区经济增长、消除该地区的贫困现象。日本重视非洲大陆在其国际战略中的作用，调整对非策略，争夺外交资源。日本对非政策的调整主要是通过增加投入经济援助以加强对非洲国家的影响，进而参与非洲政治，从中获取国家利益。

1996—2005 年日本政府开发援助的地区分配比率变化表

单位：%

地区	1996 年	1997 年	1998 年	1999 年	2000 年	2001 年	2002 年	2003 年	2004 年	2005 年
亚洲	49.6	46.5	62.4	63.2	54.8	56.6	60.7	53.6	42.7	36.6
非洲	12.8	12.1	11.0	9.5	10.1	11.4	8.7	8.8	10.9	10.8
拉美	11.8	10.8	6.4	7.8	8.3	9.9	8.8	7.7	5.2	4.0

资料来源：日本外务省，《日本政府开发援助白皮书》（2007 年版），第 227 页。

在经济层面，日本对非援助的形式主要包括无偿援助、日元贷款、派遣海外合作志愿者等。通过国际援助，日本在非洲经济、环境、人才培养等各方面施加影响。2005 年八国峰会召开，小泉首相在会上公开承诺日本政府将实现未来三年内对非援助额度翻一番。同年日本对非启动日元贷款项目，次年便向坦桑尼亚、莫桑比克、纳米比亚等非洲国家提供总额约 394 亿日元的 6 笔贷款。2007 年 11 月，日本更是决定向肯尼亚蒙巴萨新港湾物流中心建设项目投入约 267 亿日元贷款。日本在撒哈拉以南的非洲地区投入如此巨额贷款，这在近 30 年来尚属首次。

日本对非政府开发援助纯支出额（2003—2008 年）

单位：百万美元

援助类别			2003 年	2004 年	2005 年	2006 年	2007 年
政府开发援助	赠与	无偿援助	425.77	1826.28	1223.64	2781.73	1547.67
		技术援助	199.69	179.69	235.25	223.53	237.39
		赠与总额	625.46	2005.97	1458.89	3015.26	1785.06
	政府贷款		− 95.48	− 1358.99	− 321.54	− 457.07	− 84.53
政府开发援助总额			529.98	646.97	1137.34	2558.19	1700.53

资料来源：日本外务省，《政府开发援助白皮书》下卷（2004 年版—2008 年版）。

在政治领域，日本主要是通过首脑外交加强政治联系。外务省为了创造专门的非洲外交窗口，于 2001 年 5 月增设"非洲审议官"一职，专门负责对非外交。同年 1 月，首相森喜朗 21 世纪的首次国际访问即是非洲，同时还是日本首相第一次出访撒哈拉以南地区，其访问目标为南非、尼日利亚和肯尼亚。日本对非洲的战略地位如此重视，被外务省官员称为日本外交的"新开端"。日本从此开启了 21 世纪的"争常"之路。2006 年 4 月底至 5 月初，首相小泉纯一郎访问埃塞俄比亚、加纳，借此提高日本在非洲的国际影响力，进而提升全球影响力及国际地位，是其"争常"之路上的重要一步。此后，小泉还访问非盟总部，宣扬日本在解决非洲贫困问题上的决心，加强同非洲国家的感情联络。日本又向非洲派出选举监督员，出资选举管理费，介入非洲民主化进程，积极参与联合国维和行动。

2003 年 9 月，"第三届非洲发展国际会议"召开。与会者包含来自 89 个国家的 1000 多名代表。其中包括 24 名非洲政府首脑和 20 名国际机构的负责人。小泉首相在会上发表演讲，定义了非洲发展国际会议援助新战略和国际援助三项支柱，即"以人为中心""发展经济减少贫困"及"巩固和平"。会议总结了自开展非洲发展国际进程以来的 10 年间对非洲援助的经验和成果，通过了《非洲发展国际会议 10 周年宣言》，展望了非洲发展国际会议的前景，形成《非洲发展国际会议概要》。此次会议认为，国际社会通过非洲发展国际会议增加了对非洲困境的关注，并表示在今后的援非活动继续坚持平等自主原则，保持与非洲国家的伙伴关系；将在行动上支持非洲联盟的区域发展工作，支持和鼓励非洲国家通过积极的"自助努力"取得发展成果。

2008 年 5 月底，在日本横滨召开了"第四届非洲发展国际会议"，会议主题为"为了振兴的非洲——希望与机遇的大陆"。非洲有 52 个国家派代表出席会议，其中包括 40 余位政府首脑和十几个国际组织负责人。日本首相福田康夫发表演讲，题为《21 世纪将是非洲成长的世纪》。福田承诺：日本将对非洲的政府开发援助实施倍增计划，到 2012 年将增加至每年 2000 亿日元；在今后五年内，即 2008 年至 2012 年，将向非洲提供 40 亿美元贷款用于基础设施建设，提供 25 亿美元金融援助用于民间投资。会议重申对非援助的"尊重非洲发展自主权"和"平等伙伴关系"的两大原则，提出通过促进经济发展及开展有效治理帮助非洲走出困境，实现地区和平。会议期间，日本首相与非盟委员长及非洲国家领导人充分对话，除了涉及非洲发展和区域稳定外，还涉及安理会改革问题。鉴于此前日本外务省曾指出，中国在非洲的影响力持续提高，将有可能降低非洲发展国际会议在非洲国家心目中的地位，①针对这种担忧，日本政府在会上承诺加大在非洲的政府开发援助力度，希望以此在非洲获取更多的信任，增强其国际影响力。

2013 年 6 月初，在横滨举行了第五届非洲发展国际会议。这次会议恰逢非洲发展国际会议进程 20 周年，又是非洲联盟（AU）成立 50 周年。约 4500 名代表出席会议，分别来自 51 个非洲国家、31 个亚洲国家、72 个国际和地区组织、私营机构和民间团体，是日本举办的规模最大的国际会议。与会各方对此次会议的期望值都很高。

会议主题为"与更具活力的非洲携手"，议题包含三项内容：一是推动经济发展要保证健全与可持续原则，二是构建有活力的、平等包容的社会，三是国际环境实现和平及稳定。据此提出七项具体措施，体现在两个成果性文件中，一个是《横滨宣言 2013》，另一个是《横滨行动计划 2013—2017》。会上日本承诺将在未来五年内投入 140 亿美元用于对非洲国家的援助，其中用于水电、交通等基础设施建设的为 65 亿美元，用于贸易与投资的为 65 亿美元。日本宣布将改善非洲投资环境，扩大在非洲的贸易领域，在农业、能源、制造旅游业等更广泛领域扩大投资；同时注重人员培训，成立非洲发展国际会议产业人才培养中心，在非洲国家开展广泛的培训工作，完成 5 年内培训 3 万人的计划；另外对非洲民主化、地区安全及治理措施等方面也有所涉及。

为了获得非洲的资源与市场，更为了利用非洲国家支持日本实现联合国"入常"梦想，从 2013 年起，日本开始仿效中非合作论坛，将原本五年一届的非洲发展国际会议改为三年一届，并在日本和非洲轮流举办。

---

① MOFA, *Comprehensive Report of the Joint Missions for Promoting Trade and Investment to Africa*, 2008, p.12.

三年后的 2016 年 8 月，第六届非洲发展国际会议在东非国家肯尼亚首都内罗毕召开，34 个非洲国家元首或政府领导人出席这一会议，这也是该会议首次在非洲举办。安倍晋三赴内罗毕出席会议，并宣布日本政府和民间未来三年将向非洲投资 300 亿美元，其中 100 亿美元将投向与非盟合作的基础设施项目。他表示，这一投资是对非洲未来的信心，会议期间日非签署 70 多项合作协议。

　　会议期间，首相安倍晋三在讲话中提到，希望日非达成联合国安理会改革目标、确保连接日非的海洋之路航行自由，以及在非洲建设高质量基础设施等。此次非洲发展国际会议主要围绕三个方面展开：通过推动经济多元化、工业化，促进经济结构转变；发展医疗卫生系统，提高生活质量；促进社会稳定，实现发展成果共享。日本希望非洲各国摆脱结构单一的增长方式，发展农业、矿业、海洋经济、制造业和旅游业。另外，需要加大教育和职业培训发展力度。而对优质经济基础设施的投资将促进就业，加快知识技术转移，提高非洲的发展能力。

　　安倍表示："联合国安理会改革是日本与非洲的共同目标。"非洲国家在联合国会员中的比例超过四分之一，2002 年非洲联盟成立后，非洲国家参与国际事务的影响力与日俱增。日本显然是想通过赢得非洲支持，塑造"政治大国"形象，进而推销日本价值观与发展模式，为其成为联合国常任理事国拉拢人心。非洲国家希望"入常"是自身求和平、谋发展的合理诉求，但这与日本的"入常梦"有本质区别。在 2016 年 8 月 27 日的主旨演讲中，安倍还提出要与非洲在海洋安全问题上合作。以反海盗为由，日本海上自卫队在吉布提建立了海外首个据点。安倍政府打着"积极和平主义"的幌子，本质上就是要摆脱战后体制束缚，谋求成为政治军事大国。

　　2019 年 8 月 28 日，第七届非洲发展国际会议在日本横滨举行，会议主题为"通过人力、技术和创新推动非洲发展"。非洲国家、各伙伴国和嘉宾国元首和首脑以及地区和国际组织、企业代表等 4500 人与会。会议期间日本政府和非洲发展银行宣布为非洲提供 3000 亿日元援助资金，支援非洲基础设施建设和民营企业发展。会议通过《横滨宣言》，日方提倡的"自由开放的印度洋—太平洋"构想首次以文件形式，作为非洲发展国际会议的成果提及。

2022 年 8 月，第八届非洲发展国际会议在突尼斯开幕。会议对于首相岸田文雄具有较大意义。自 2016 年肯尼亚主办第六届日非会议以来，这是会议第二次由非洲国家主办，也是岸田拜相后双方首次共同召开大规模、高规格合作会议。开幕式上，岸田高调宣示将援助非洲 300 亿美元，涵盖多个援助与合作项目，并由政府和企业共同出资。其中，岸田启动"日本与非洲绿色增长倡议"，誓言投资 40 亿美元助推非洲脱碳。不难发现，上述项目几乎全部对标新冠疫情和俄乌冲突叠加下非洲国家的关键诉求。对此，日本把"以人为本"理念作为抓手，开展相关行动。2022 年恰逢日本参与联合国维和行动 20 周年、第 12 次当选安理会非常任理事国。俄乌冲突爆发后，国际社会关于安理会改革的呼声不断。基于此，自 3 月以来，岸田多次在国际场合表示"要推动安理会改革"。为拉拢非洲国家，岸田在会上主动提出"将纠正非洲在安理会常任理事国中没有代表的历史不公"。

至此，非洲发展国际会议历经 20 余年的发展，共举办 8 次，取得多方面的成效，形成对非援助的长效机制，在日本的外交战略中意义重大。日本通过非洲发展国际会议让世界关注非洲发展，形成日本特色的国际政府开发援助范式，使得对非洲国家的国际援助摆脱了"华盛顿共识"形成的以贷款为条件促进经济结构调整的模式。①同时，日本外务省在《国际合作大纲》（2015 年 2 月颁布）和多期外交蓝皮书中强调，日本会继续把非洲地区作为国际援助的重点地区，会继续把非洲发展国际会议作为非洲发展最高级别国际论坛加以推进，在此基础上与非洲国家积极开展外交活动。②

二、日本对非外交调整的原因

冷战后，日本由于多方面的原因，加强与非洲的外交力度。总结起来既是受到国内政治因素制约，又是受国际环境的影响；既是出于帮助非洲发展

---

① Lancaster, C., *Foreign Aid: Diplomacy, Development, Domestic Politics*, Chicago: The University of Chicago Press, 2007, p.125.

② MOFA, *Cabinet decision on the Development Cooperation Charter*, 2005, p.8.

的人道主义考虑，同时又有获取能源和市场的利己主义因素；既是配合西方国家的要求而加强对非外交，又是出于自身与中国、印度等国争夺外交资源的需要。纵观日本对非外交政策的发展历程，无不体现经济实力的决定性影响。根据塞缪尔·亨廷顿的理论："政治权利实际上很可能是经济实力所赋予的。在和平年代，大国间不再倾向于以军事冲突解决国际问题，则国家的国际地位的高低将在更大程度上取决于该国的经济实力的强弱。"①

1. "政治大国"权欲的膨胀

日本力求通过加强非洲外交，摆脱其战败国地位的制约，在国际上获取更多的话语权，为实现其"普通国家化"和"政治大国"的目标添砖加瓦。日本在冷战时期大力发展经济，其经济实力达到了可与欧美齐头并进的地位，但其国际影响力相对较弱。80年代起，日本在外交策略上便加入了增强政治力量的目的性；但冷战时期由于受制于特定的国际环境，如东西方对峙、美苏争霸等，日本很难将这一诉求付诸实践。

冷战后，日本经济地位更加巩固，国际局势也发生了巨大改变，日本加强政治力量的欲望随之膨胀，更强烈地希望获得与经济实力相匹配的"政治大国"形象。日本外务次官粟山孝和早在90年代初就发表了关于日本进一步外交战略的言论："今天的日本，应该以自身的经济实力在建立世界新秩序的过程中发挥积极作用，为自己的繁荣和安全提供保护力量。鉴于此，日本的外交应向大国外交转变，而不是局限于中小国的身份。"②冷战后，日本的外交便不再受制于冷战期间的外交框架，而是试图实施"大国外交"战略，为其实现"政治大国"的目标服务，对非外交便是其中的重要部分。

2. 非洲自身外交政策的调整

非洲人口众多，有相当大的市场潜力。尤其20世纪90年代以来，非洲政局趋于稳定，经济状况趋于好转，非洲国家逐渐意识到要加强自身的稳定

---

① 自如纯、吕耀东：《日本对非洲政策的演变与发展——以"非洲发展国际会议"为视点》，《日本学刊》2008年第5期。

② Deinhard Drifte, *Japan's Foreign Policy for the 21st Century: Form Economic Superpower to What Power?*, Macmillan Press LTD, 1998, p.114.

和发展。这些都预示着，21世纪来临之后非洲经济的增长有可能进入一个全新状态。冷战结束后，围绕非洲的国际形势较为复杂。首先，苏联解体后不再参与非洲事务，美英法等大国对非洲也较为冷落，日本抓住这一时机加强对非洲的外交，增强其在非洲的影响力。其次，当时日本身为西方联盟成员，美国希望它在国际社会中能够承担更多的责任。尤其是冷战结束后的初期，美国不再有热情关注非洲政治，特别是1993年美国干预索马里内战失败后更是如此。因此美国希望日本能够对非洲国家在政治及经济上予以关注和支持。最后，非洲国家也希望与日本建立外交往来，加强双边关系，日本对非洲外交政策的调整，也是作为对这一要求的回应。

非洲国家对日本的期望包含如下三个方面：（1）希望日本对其施以国际援助。日本在实行国际援助方面与欧美国家不同，欧美国家在实行对非洲的援助时，在政治和意识形态方面均会有较为苛刻的附加条件，而日本在这方面则较为温和。（2）争取日本的投资。当时非洲的债务压力较大，经济发展力不从心，非洲国家普遍希望通过吸引外国投资来刺激本国经济的发展，日本是其所要争取的目标之一。（3）与日本加强贸易往来，扩大贸易规模，尤其是增加对日本的出口。此前非洲贸易出口的主要市场方向是欧盟和美国，随着这一市场日趋饱和，非洲国家需要开拓更多的国际市场，因此日本等亚洲国家就被纳入非洲贸易策略的范畴。

3. 日本"入常"需要争取非洲国家的支持

日本加强非洲外交的原因是多方面的，其中最重要的是其内在的政治、经济动因。经济方面，日本一是希望从非洲获取丰富的自然资源，二是希望在非洲开拓国际市场；政治方面，非洲在联合国中的成员国数量众多，如若获得这股力量的支持，则日本加入联合国常任理事国的愿望将更容易实现。这也是现阶段日本与非洲加强外交的最主要的驱动力。日本希望成为安理会常任理事国的愿望由来已久，早在1993年，日本就首次明确表达这一愿望，之后便将此作为最主要的，也是非常明确的外交政策目标之一。

为实现这一目标，日本必须获得非洲国家的广泛支持。日本于1991年顺利当选联合国非常任理事国，1992年即对42个非洲国家进行援助。在加纳、肯尼亚、尼日利亚等非洲国家进行经济结构调整的过程中，日本是它们最大的援助国。1994年日本申请入常，有41个国家持支持态度，这其中亚非拉发展中国家占26个，都是当时日本施以国际援助的对象。非洲是代表发展中国家的一股重要政治力量，在联合国成员数量超过四分之一，因而各大国在外交策略上均非常重视非洲力量的支持，是它们争夺的重要对象。

日本前首相桥本龙太郎在1997年4月的内阁会议上指出，在日本实施国际援助的对象选择上，是否支持日本入常须列入重要参考条件，并指出非洲和拉美地区是这项工作的重点。日本外相河野洋平也曾对媒体公开表示："一个国家若想政治稳定、经济健康发展，离不开其他国家的支持，这是当今世界越来越重要的依存关系。非洲的发展与日本的安全和繁荣关系尤其密切，因此日本应在非洲的发展过程中以大国身份发挥作用，以承担其大国的责任。"[1]日本外务副大臣逢泽一郎以及三位政务官于2004年对非洲近10个国家相继进行外交访问；2004年底，外务省召开"联合国改革对策本部"会议，决定通过"拉选票"的攻势获取更多的国际支持；2005年初日本驻联合国大使大岛贤三展开对非洲国家的拉拢工作。可以看出，日本为了实现"入常"目标，不遗余力，大有志在必得的冲刺之势。

日本在联合国的地位和话语权在很大程度上受日非关系的影响，日非关系成为日本能否成功"入常"的重要因素，在日本"入常"之路上的作用重大。因此，将是否支持日本"入常"作为在选取非洲援助对象的参考条件。日本希望通过在非洲国家加强经济援助，在联合国大会上得到他们的支持，以达到加入常任理事国的目的，为实现政治、军事大国的战略目标铺平道路。非洲对日本来说拥有潜在的政治价值，而日本尚未实现其政治大国的目标，因而非常重视非洲的价值。当时日本的许多重大国际行动，如两次举办东京国际会议、2001年首相森喜朗访问非洲等，固然有表面上的经济动机的因素，但其中包含的政治图谋也是显而易见的。[2]

① 曾强、余文胜：《冷战后日本对非洲政策的调整变化》，《国际资料信息》2000年第8期。
② 钟伟云：《日本对非援助的战略图谋》，《西亚非洲》2001年第6期。

4. 在非洲推销其价值观念

冷战结束后，日本开始将意识形态因素和政治民主化思想加入对非援助的内容。1997 年，日本列出四个基本条件，以此作为是否批准援非项目的标准，一是有利于环保，二是发展市场经济，三是经济援助不用作军费，四是实现政治民主。不过，与欧美国家相比较，日本这种在意识形态方面的要求表现出一定的心理矛盾性和手段的两面性，即其态度相对温和且手段并不强硬，这表明日本在拉拢非洲国家支持其战略目标的过程中，既有强烈的愿望，又因担心得罪非洲国家而表现得小心翼翼。

日本颁布的《政府开发援助大纲》，提出政府开发援助的四原则，明确规定在国际援助的实施过程中应注意在发展中国家引入市场导向型经济，助其促进民主化进程，并关注其在自由和基本人权保障方面的状况。①因而日本对非洲并不是单纯进行经济援助类的交往，而是经常有意识地向非洲国家宣扬其价值观，从意识形态层面增强其国际影响。日本当局认为，非洲的落后问题根深蒂固，不可能仅依靠经济援助来解决。若要使非洲摆脱长期落后的状况，必须在政治制度、经济政策两个方面作出根本改变：政治上须实行民主化建设，建设良好的社会制度和文化规范；经济上则须以市场为导向，建立市场导向型经济政策。如此才是解决非洲国家贫困落后问题的关键所在。

此外，由于当时日本国内市场已经处于饱和状态，现有的国际市场也几无发展空间，而非洲拥有巨大的市场潜力，这对日本来说有着无法抵挡的诱惑力，理所当然地成为日本显示经济实力、发展贸易、扩大经济影响力的重要目标。另外日本国内自然资源匮乏，主要靠从中东进口石油，这种单一供给及过高的依赖度，使得能源供给的稳定性存在很大风险；非洲拥有丰富的自然资源，对日本无疑意义重大。总之，在非洲开拓广阔的对外贸易市场，攫取丰富的自然资源，以维护其经济利益，是日本调整对非外交政策、加强对非经济援助的极其重要的动力。

---

① 金熙德：《日本政府开发援助》，社会科学文献出版社 2000 年版，第 263 页。

三、中日对非政策

中国与非洲已经有很长一段历史的友好外交关系，而且中国向非洲提供援助时不捆绑政治条件。自从中非合作论坛成功举办以来，中国在非洲的影响力空前提高。日本鉴于此希望与中国合作开展非洲外交，借助中国的影响力提高自己在非洲国家心目中的地位。但是日本在对非援助过程中过于强调其价值观和意识形态方面的输入，在援助中捆绑政治条件，实用主义色彩较为强烈。而中国的对非援助则以平等互助为前提，尊重非洲国家已有的价值理念和现实需要，并且不附加政治条件。因此，日本与中国的对非援助，无论在理念、原则上，还是表现方式上，都存在着根本差别，如此一来，中日合作开展非洲援助的发展空间非常有限。

1. 中日对非外交理念的差异

日本的对非援助有着自身的政治目的，援助只是为了服务于自己的国家战略，是实现本国经济政治利益的工具，其在援助对象的选择上是经过甄别的，倾向于选择非洲当地经济状况相对较好的国家。这些国家一般在政治上也和西方资本主义国家具有一定程度的相似性，同这些国家交往，日本更容易获得更大的经济、政治效益。而且在援助的过程中，日本对对方的政治发展有着倾向性要求，若对方遭遇政治选择的岔路口，日本要求其选择方向符合日本的利益。

中国则与之不同。如前所述，中国与援助对象保持平等关系，援助过程中一直坚持不干涉主权和内政的原则，帮助援助对象按照自身的意愿发展，保护援助对象的国家利益，更加强调互惠互利，实现共同发展。中国倾向于根据需求紧迫程度选择援助对象，根据对方的经济发展需要提供援助物资。中国对非洲的援助不是出于自身利益考虑，而是愿意投资于那些西方国家不愿投资的无利可图的建设项目，如投资于国家基础建设方面，帮助对方实现社会经济的全面、可持续发展。

日本发表的涉非方针都极具针对性。在第四届非洲发展国际会议上，日本表明要向非洲提供贸易、援助、债务减免和基础设施，这些内容与中国提供给非洲的大致相同。在2006年中非论坛上，中国明确表示2009年对非政府开发援助翻倍、向非洲提供 30 亿美元优惠贷款和 20 亿美元的出口信贷；为鼓励和支持中国企业到非洲投资，设立中非发展基金，基金总额逐步达到 50 亿美元等。日本在援助翻倍上向中国看齐，在促进日本企业对非贸易、投资方面建立"非洲投资倍增援助基金"，试图在五年内达到 25 亿美元的规模，向非洲提供 40 亿美元的日元贷款。虽然日本对非洲的援助总额不如中国，但相比之下也可算是一个飞跃。

2012 年中非合作论坛上，中国提出未来三年将向非洲提供 200 亿美元贷款，重点支持非洲基础设施、农业、制造业和中小企业发展。2013 年的非洲发展国际会议上，日本提出未来五年援助非洲的金额总计约 320 亿美元。320 亿美元中政府开发援助为 140 亿美元，包括相当于 65 亿美元的日元贷款用于非洲的基础设施建设。

2018 年 9 月，中非合作论坛北京峰会成功召开，中国提出未来三年和今后一段时间将重点实施产业促进、设施联通、贸易便利、绿色发展、能力建设、健康卫生、人文交流、和平安全"八大行动"，并表示将拿出 600 亿美元作为合作资金篮子，这些新举措将在新形势下推动建立更紧密的、互利共赢的中非关系，也必将推动中非合作取得更加丰硕的成果，创造出更多亮点。

2021 年 11 月，中非合作论坛第八届部长级会议在塞内加尔举行，会议主题是"深化中非伙伴合作，促进可持续发展，构建新时代中非命运共同体"，会议评估了 2018 年论坛北京峰会后续成果落实和中非团结抗疫情况，规划未来三年及更长一段时间中非关系发展方向。中非双方还共同发布《中非合作 2035 年愿景》，做好中非合作的中长期规划，奠定双方未来 15 年合作的主体框架，进一步增强论坛新举措的前瞻性、系统性和延续性。

2. 中日在非洲的交往

中国与非洲国家交往已久，在非洲的影响既深且广，所以日本要发展对非外交，很多时候涉及中国的利益。总结起来，中国在非洲的影响主要表现在如下两个方面：经济方面。2006 年中非贸易在非洲当年的经济增长中的贡献率高达 20％。非洲经济的发展很大程度上依赖于当地资源的出口贸易，而中国则对拉动资源价格的上涨起到非常重要的作用。2008 年出现全球金融危机，能源价格普遍大幅下降，仅半年期间，原油、铜等重要商品迅速降价，价格由最高点降至最低点。进入 2009 年，能源价格暴跌至最低点之后出现回升，其中非常重要的原因是当时以中国为代表的广大发展中国家、新兴市场国家保持了良好的经济发展趋势，在金融危机中稳定了资源需求。其次在政治方面，由于中国长期与非洲发展友好往来，且在对非经济援助中不附加政治条件，取得非洲国家的普遍信任，因而中国在非洲一直保持良好的政治影响力。2006 年中非合作论坛北京峰会召开，会议共邀请了 48 个非洲国家，其中有 42 国是国家最高领导人前来参加，中国在非洲的政治影响力得以凸显。

冷战结束以后，中国与非洲加强往来，经济、政治活动均有增加，这个现象被西方学者描述为非洲大陆当时最具影响力的事情。[1]当时西方大国等世界主要国家的对非政策迅速从战略忽视转变为战略关注，其中中国因素起到重要促进作用：这些国家认为中国将会侵占其在非洲已有的势力范围而将中国视为具有重大威胁的竞争对手。对于中国在非洲的影响力，美国更是表现出高度的警惕。

日本是"西方大国"、美国的盟友，从"集团"的视角出发，理所当然地视中国为其在非洲开展外交的竞争对手。2005 年日本争当安理会常任理事国，没有获得非洲国家的支持，这其中中国对非洲的影响是很大的因素。即便从地区和历史原因，日本也有理由视中国为竞争对手。由于特殊的地缘关系，加上较强的经济实力，日本将中国视作对手在全球范围展开竞争。日本面对中国的崛起提出了"普通国家化"的目标，调整了对非外交政策，均是这一深层原因的体现。

日本试图通过对非援助来推动其基础设施设备在非洲的出口，以助其实现国内经济的增长。中国在非洲也存在同样的利益诉求。如此形成天然的竞争关系。因此即使从最基本的经济利益考虑，日本调整对非外交策略也必须

---

[1]　张宏明主编：《非洲黄皮书 2012 非洲发展报告 No.14（2011—2012）》，《新世纪中非合作关系的回顾与展望》，社会科学文献出版社 2012 年版，第 22 页。

考虑中国对非政策的影响。

3. 日本对非外交的"入常"动机

冷战后，非洲发展国际会议成为日本展开非洲外交的最重要平台。日本有意通过此项活动获得在非洲发展过程中的主导地位，因此十分强调非洲发展国际会议的重要性与权威性。然而在日本所领导的援非体系内并不包含中国。中国对非援助有着自身的特点，即以基础建设为中心，根据对方经济发展的需要提供援助，无政治方面的附加条件，因此在广大非洲地区很受欢迎；日本则希望通过援助获得对非洲的主动权，这条路显然走不通。这对日本非洲发展国际会议权威性无疑是严重的打击。而日本连续 13 年削减政府开发援助金额，减少了经济援助方面的"国际贡献"，因此又希望在国际社会多做"人员贡献"来弥补这一不足，提升其逐渐减弱的国际存在感。

2005 年日本"入常"努力以失败告终，外交重心开始转移，关注联合国在非洲的维和行动，坚持参与并不断加强参与力度。这就是日本强调的"人员贡献"。日本的核心意图已不局限于加入常任理事国，而是希望借助"入常"实现其"普通国家化"目标。派遣自卫队参与联合国维和行动，也是为这一战略目标服务的。"日本的执政者谋求常任理事国的目的，是进一步达到'普通国家'的目标"。也就是说，日本"入常"只是手段和途径，最终目的是达成"普通国家化"的目标。此次入常失败后，日本强化了作为"手段"的"入常"运动，为其实现"普通国家化"目标准备条件。

日本之所以有如此强烈和迫切的愿望想要成为"普通国家"，还是和中国有关。日本要想应对中国的崛起，与中国实现平等竞争，成为"普通国家"是最基本的条件之一。自小泉纯一郎之后日本政治、经济均出现严重问题：政局经历了"六年六相"的连续动荡；由于受到世界金融危机的冲击和紧接着的"3·11 大地震"的打击，已经停滞不前的日本经济更是遭受重创，使得日本陷入挫折与迷茫之中。同样在这一历史时间段，与之相邻的中国却日渐强大。更让其强烈不安的是，中国在 2010 年超过日本，成为世界上仅次于美国的第二大经济体。这极大打击了日本的自信心。因此日本更紧迫地感觉到，必须增强自身军事实力。这也是日本在非洲不断派出维和部队加强参与地区安全事务的根本原因和动力。

在对非政策上，日本可以说本来就不占优势。首先欧美各国在非洲历来拥有传统渊源，再者参与欧洲竞争的国家数量众多，其中不少国家在非洲的影响力不输日本。日本外交"中国意识"过强，针对中国有过度的警戒心和保护意识。当然，中国在非洲具有压倒性优势，这也是日本无法绕开的因素。冷战后，日本对非外交方面由于直接或间接受到中国的影响而遭遇多次挫折。中国的对非外交与日本的对非外交不可同日而语，其间存在着"历史厚度上的差距"。即使抛开与非洲的历史渊源不说，单从贸易额来看，就不在同一数量级：比如2012年中国与日本的非洲贸易额分别为1663亿美元和300亿美元左右。为了摆脱贫穷，摆脱"边缘化"困境，非洲在发展经济方面有着紧迫的需求，将经贸关系看得非常重要，甚至摆在外交的首要位置，对日本的援助或投资自然非常欢迎。正是由于"中国因素"的存在，消减了西方大国，特别是欧美各国对非洲的控制力，促使非洲国家的国际地位有所提升，非洲国家在开展对外关系时有了一定的底气。

四、日本对非外交政策与"入常"前景分析

冷战结束时，处于当时世界第二经济大国地位的日本自信满满，有意构筑"美、日、欧三极体制"的国际新秩序。日本意欲借助联合国为跳板，通过成为安理会常任理事国以提升自己的国际地位，并进一步实现其政治大国的战略目标。而当时非洲国家由于在联合国中占据的席位数量众多，日本需要非洲的选票支持才能成为联合国安理会常任理事国。由于这种功利目的，非洲开始备受日本的关注，日本开始通过增加援助、加强维和等积极参与非洲事务。同时，非洲和欧美国家之间有着历史悠久的文化交往，加强非洲外交更能得到欧美的关注。在日本"入常"的所有条件中，欧美的认可是必不可少的。因此可以说，日本之所以积极展示自身的国际贡献，很大程度是为了取悦欧美，日本对非洲的"热度"同样也是跟着欧美转的。从以上分析可以看出，日本对非洲的关注具有短时期的功利性，并无源自自身、发自内心的长期持续关注的动力。

同时，日本为本国取得的经济成就感到自豪，希望借助非洲平台推广

"日本发展模式"。"日本发展模式"不仅是日本提高经济水平、增强经济实力的基础，也给日本带来很大的自信，甚至可以说是其国家自信的根源。在欧美的长期援助下，非洲国家并未获得多大发展，日本从这里看到了推广日本模式的机会，有意将非洲发展为"日本发展模式"的成功案例。一旦这个目标得以实现，则日本就为世界各国提供了一个发展经济的普遍可行的模式，这在一心想要塑造一个"负责任的大国"形象的日本看来可谓机会难得。在"入常"的诉求下，日本急于展示其在联合国的人员贡献，应欧美的要求派遣人员参与联合国维和行动。然而由于和平宪法的限制，同时和平主义在日本社会根深蒂固，因此日本不可能在短期内通过派遣自卫队参与国际维和来作出巨大贡献，人员贡献在一定程度上只是辅助手段，相对来说"援助"手段则更为擅长，日本仍需要借助经济援助来参与和推行非洲事务。在实践上，非洲发展国际会议是日本推行非洲国际事务的主要平台。但日本在非洲投入的援助从金额上来看与20世纪80年代相比并无质的提高，而是将"日本发展模式"的正确有效性当成重点而加以大力宣传。其在非洲的投资力度和贸易规模也没有提高。一向以"援助、投资、贸易三位一体"为特色的日式援助在非洲并无体现。日本在非洲发展的贡献主要体现在非洲推行"南南合作"，宣传"日本发展模式"，鼓励非洲学习亚洲的发展经验。

此外，日本与非洲国家的外交在人员往来方面非常薄弱，表现在高层互访上也不积极。政局的不断变化，使得日本在客观上也难以将官方出访非洲形成惯例。进入21世纪以来，日本相继有十几个首相就任，但目前尚只有森喜朗、小泉和安倍首相去非洲进行过国事访问。另外日本与非洲国家之间在政治上互相不信任，高层领导之间没有形成个人友谊，在这个层面，日本与其他主要国家相比具有明显的弱势。在2005年"入常"失败后，日本不再坚持以"争取担任常任理事国"作为其大国路线，而是就势进行了一次调整，从此以后，日本将实现"普通国家"作为其政治大国化的路线，而"入常"也成了"普通国家化"的手段之一。这次调整对此后日本的对非外交也必然产生影响。比如，日本积极参与联合国在非洲的维和行动，试图让"向海外派遣自卫队"成为一种"常态"，从而在国内外形成自卫队行动的"普通"化的印象，以达到推动修改国内和平宪法的目的。

在可预见的将来，日本将会进一步加强非洲外交，与非洲国家加强协调与合作，其对非政策将会继续保持积极状态。首先从经济和政治两个方面分析。经济方面，非洲的能源、原材料的供应对日本工业的发展来说不可或缺；政治方面，日本要想实现其普通国家、政治大国目标，也必须得到非洲国家的理解与支持。其次，非洲人口数量众多，拥有着潜力巨大的国际市场，是日本发展对外贸易的重要目标之一。日本希望通过加强非洲外交保障本国利益，增加在国际上的话语权和国际地位，实现国家发展目标。近年来日本在外交上并不顺利，其在俄罗斯、朝鲜、中国的外交进展均难尽人意，加上本国经济持续低迷，因此日本日益要求寻找新的外交对象并从中得到外交成功的突破口，以打破此僵局，从而形成对其内政外交的有力补充。其在非洲外交政策的调整在一定程度上改善了日本同非洲的双边关系。展望未来，日本在非洲仍会继续保持这种积极的外交政策，加强与非洲国家的协调与合作。

第四节　小　结

国际关系现实主义理论认为，国家利益是决定一个国家外交政策和战略最重要的影响因素。冷战结束之后，日本之所以重提加入联合国之初时提出的"以联合国为中心"的外交战略，以及此后积极谋求"入常"，正是出于日本的国家利益的直接驱动。因为日本认识到，要想参与构筑新的国际关系框架，发挥更大的国际影响，成为一个"普通国家"并实现"政治大国"梦想，必须借助在冷战之后作用日趋增大的联合国的舞台才能实现。正如日本学者神余隆博指出的，冷战后日本"入常"努力实质上是新的联合国中心主义，是日本谋求多国协调的重要手段，对日本来说可以提高在联合国的影响力，"更大限度地实现国家利益"①。

同时也要看到，日本对政治大国地位的追求也是其大国意识不断增长的

① ［日］神余隆博：《日本的外交机构与对联合国政策》，《国际问题》1994 年第 3 期。

反映。战后日本随着经济实力的上升，政客再度鼓吹日本人的民族优越感，在日本国内新国家主义、新民族主义、新保守主义等思潮泛滥，追求政治大国地位成为日本领导层和国民的一种迫切心理需求。无论是中曾根内阁的"战后政治总决算"、小泽的"普通国家化"、石原慎太郎等人的"日本国家发展战略"，以及安倍晋三的"积极和平主义"，都显示了日本迫切希望成为政治大国的愿望，这些思潮反映在联合国外交上，就是争取成为安理会常任理事国，发挥更大的政治影响力。

在"入常"的道路上，日本作出了种种努力，但是却难以实现。既有日本主客观的原因，包括日本没有正视历史问题以及外交缺乏独立自主性两个方面，也有安理会改革复杂性的问题，以及其他国家对日本的态度问题，都使日本的"入常"愿望变得遥不可及。日本政府近期的目标是利用成为新一届非常任理事国的有利时机，通过发挥自身的影响力，重新推动安理会的改革。日本要想成为安理会常任理事国，需要对其内外政策进行调整才有可能。在可以预见的将来，日本的"入常"梦想似乎很难实现。

结　语

日本联合国外交的评价与展望

　　1956 年日本加入联合国，标志着日本开始重新融入国际社会。随着日本经济在 20 世纪六七十年代高速发展，日本的政治野心不断膨胀，越来越不满足于过去只在联合国中扮演成员国的现状，开始谋求发挥更大的国际影响力，争当世界政治大国。日本也通过联合国这个重要舞台展示自身形象。特别是冷战结束以后，日本提出要成为一个"普通国家"，将谋求"入常"作为冷战后联合国外交的核心目标，分别在 1995 年、2005 年和 2015 年三次向"入常"发起冲击，但是其前景似乎并不乐观。纵观战后日本的联合国外交，可以从脉络梳理中发现一些规律。

一、日本联合国外交的政治文化背景

　　首先，日本战后联合国外交的转变很大程度上是由其大国意识作祟引起的。战后，随着日本经济实力的增强和国际政治局势的变化，日本不再满足于过去的经济大国地位，追求政治大国的决心不断强化，从而开始追求大国梦想的征程。可以说，日本追求政治大国目标从 20 世纪 60 年代就已初露端倪。当时日本经济相继超过英法等发达国家，在国际社会中的地位和作用逐步上升，在国际事务中的影响力也逐步扩大，因此日本提出要利用当时的有利契机，迈向政治大国目标。到了 80 年代，日本首相中曾根康弘首次将追求政治大国作为一项国策提出，此后，历届日本政府均以此作为对外政策的中心目标和中心任务。可以说，日本联合国外交的开展，都是想通过日本强大的经济实力，积极参与国际事务和国际规则的制定，逐步提高日本在国际事务中的发言权和国际影响力，从而实现"政治大国"的最终目标。

其次，日本联合国外交的实施基础是日美同盟。日本文化中的集团意识和等级观念，也影响到日本政府的对外政策，与强者为伍、谋求本国利益的最大化是日本外交最显著的特点之一，表现在联合国外交中，都是以不断强化日美同盟为基石的。日本政府在制定外交政策和决策时候，往往强调日美同盟关系，并将之作为日本外交政策的出发点和基石，可以说日美关系的稳定是日本追求的首要战略目标，是其首要维护的根本利益之一。日本在加入联合国之后提出的"外交三原则"，虽然首先提出"以联合国为中心"，但是在日本的外交战略中，日美同盟始终是第一位的。此后在联合国外交中日本继续采取追随美国的立场，对日本来说由于战后和平宪法的约束，在安全上主要依赖美国提供的安全机制以及同盟关系提供战后的安全保障。从国家发展战略上来说，这既符合当时日本的国家利益需求，也具有一定的现实可行性。冷战结束以后，日本继续强化日美同盟关系，在全球配合美国的军事战略，同时积极谋求通过海外派兵解禁集体自卫权。可以说，无论是过去还是当前，强化日美同盟始终是日本国家战略的核心内容。

最后，日本外交政策保守化集中体现在日本修改宪法和《联合国宪章》上。日本保守主义的一个重要方面就是主张日本要不断加强防卫力量，成为一个军事大国。日本为了实现政治大国的梦想，必须打破和平宪法和《联合国宪章》中的"敌国条款"的限制，消除这个最大的障碍。新保守主义者认为，导致日本"经济巨人、政治侏儒"现状的最根本原因是日本的军事能力不足，没有一个强大的军事力量作为发展的后盾。日本政府认为，如果要发挥自身影响力，强大的军事实力是必要条件，在此基础上才有可能成为政治大国。由于战后和平宪法的约束，日本不能随心所欲海外派兵，对其在世界上发挥军事影响力来说是最大的障碍，因此日本想方设法突破和平宪法的限制。冷战结束之后，日本通过出台一系列新法律，不断突破和平宪法的限制，试图架空对日本军力限制的"和平宪法"第九条。不断突破海外派兵的限制，使日本完成了从经济大国迈向军事大国的实质性转变。特别是安倍政府积极谋求解禁集体自卫权，并想方设法修改和平宪法，日本在军国主义的危险之路上又向前迈进了一步。

二、国家利益：日本联合国外交的根本动因

在当代国际关系中，主权国家仍然是国际政治中最重要的行为体。国家利益是制约、影响国家在国际关系中的行为的根本因素。①列宁也指出，统治阶级的经济利益和经济地位决定内外政策，"这一原理是马克思主义者整个世界观的基础"。②政治现实主义认为，一国的国家利益是对外政策的基础。日本采取何种联合国外交行为，主要是基于国家利益的考量。但是，因为国际形势的变化和国家利益处于不断变化之中，因此围绕国家利益的联合国外交行为的侧重点也会有所不同，同一个国家在不同的历史时期对联合国外交的表现形式也会有所不同。

从日本战败到20世纪60年代中期，日本联合国外交的主要目标是借加入联合国，重返国际社会，恢复国家的独立自主；同时借助日美同盟，为自身发展谋求一个比较稳定的国际环境。表现在日美关系上，日本力求在《联合国宪章》的框架内，修改日美安保条约。这一阶段，日本制定了"以联合国为中心"的外交三原则。

从20世纪60年代中期到80年代末，随着日本经济实力的增长和国际局势的变化，日本从追求经济大国向政治大国目标转变。这一阶段，日本加强了联合国外交，通过联合国谋求在国际事务中发挥更大的作用和影响力，并利用自身强大的经济实力，谋求在联合国及其机构中增加发言权，直至明确提出要成为联合国安理会常任理事国的目标。这一阶段可以说是日本联合国外交不断成熟的阶段。

冷战结束以后，随着联合国作用的不断增强和日本实力的进一步崛起，日本不再满足于过去，积极谋求通过联合国在维护和平、推动国际合作等方面发挥更大的影响力，并借助联合国成为一个"普通国家"。在这一阶段，日本为了实现其政治大国的目标，制定了更加积极的联合国外交，并开始重视在军事上扩大日本在国际事务中的作用。日本这一阶段联合国外交的突出表现就是积极参与联合国改革，并先后三次向联合国安理会常任理事国席位

---

① 张季良主编：《国际关系学概论》，世界知识出版社1989年版，第54页。

② 《列宁全集》第27卷，人民出版社1972年版，第339页。

发起冲击。

可见，日本战后每个阶段开展的联合国外交，都是为了实现其大国梦想和国家利益服务的。从某些方面来说，日本的联合国外交是成功的，日本利用联合国这个舞台，不断发挥自身的影响力，成为联合国的重要一员。如日本曾经 12 次当选安理会非常任理事国，是担任次数最多的国家；日本在联合国有关机构中出钱又出人，在国际社会中能够听到日本人的声音；在"入常"问题上，尽管过程不顺利，但是也有一些国家对日本持支持态度，等等。日本以"战败国""敌国"身份，能够取得这些成果，从一定意义上来说，与其不断努力发挥作用是分不开的。

三、日本"入常"的前景分析

日本未来能否成为安理会常任理事国，学术界和政界有不同的看法和观点。

其一，日本"入常"是大势所趋。这种观点认为，日本成为常任理事国是能够实现的，只是实现的时间无法确定。目前虽然还不能推测出日本何时能够成为常任理事国，但是综合各种因素考虑，日本离"入常"之路已为时不远。①从当前的形势来看，日本"入常"是大势所趋，因为现在明确支持日本"入常"的国家有几十个。

其二，日本不可能实现"入常"梦想。这种观点认为，日本如果不改变亚洲各国对其看法，就无法加入常任理事国。美国哥伦比亚大学教授爱德华·拉克认为，对日本来说，"入常"的最大障碍不是联合国改革程序和全球力量的平衡，日本要克服的最大问题是对历史问题的看法和与亚洲邻国的关系。尤为重要的是，日本如果不能正确处理历史问题，消除亚洲国家对其不利的看法，"入常"便不可能取得成功。②日本出任常任理事国是不现实的，主要有三个原因：《联合国宪章》的制约、日本自身条件不允许、国际社会不认同。③

---

① 王杰：《评日本的联合国外交》，《国际政治研究》1994 年第 2 期。
② ［美］爱德华·拉克：《日本"争常"不切实际》，侯红育摘译，《国际政治》2005 年第 10 期。
③ 张大林：《日本的联合国外交》，《国际问题研究》1991 年第 10 期。

其三，日本"入常"需要时间的考验。这种观点认为，日本成为安理会常任理事国还存在不少困难和阻碍，因此没有那么容易。日本无论是从国内层面还是从国际层面，要成为安理会常任理事国都面临很大挑战，因此不可能在短期内得以实现。日本要实现"入常"，首先需要修改《联合国宪章》，然后还要克服别的阻碍因素，因此可能需要相当长的时间才能实现。①

其四，日本"入常"前景难以预测。这种观点认为，要准确预测日本何时能够成为安理会常任理事国，目前还比较困难。主要与以下几个因素有关：日本在履行安理会常任理事国责任方面是否做好了准备；国际社会特别是之前受到日本侵略的国家对日本的态度怎么样；国际局势的变化，大国关系进一步调整，经济全球化和世界多极化的进一步发展，等等。②

对日本能否实现"入常"的预测，是基于日本的政治现实、国际形势的综合判断以及联合国的实际情况得出的不同结论。但是需要指出的是，联合国是世界政治组织，不是经济组织，所以不能简单地用财富或者出资比率为标准来衡量贡献大小。从常任理事国的国家性质来看，发展中国家比率偏低，另外在地域范围上，中国已经是常任理事国，同为东亚国家的日本，似乎很难排得上。但是，日本自认为有充足理由成为常任理事国，从经济贡献上，日本认为自己的出资比率贡献较大。另外，日本在维和行动等方面也积极寻求突破，这也是其认为有资格成为常任理事国的筹码之一。日本还曾经威胁，如果不能成为安理会常任理事国，将降低会费缴纳的比例，假如日本真的因此减少会费，恰恰说明了日本的道德根本不足以成为常任理事国。

四、中国应对日本"入常"的策略

对中国来说，作为五大常任理事国之一，虽然手里握有否决权，但在日本"入常"态度上，2005 年之前一直比较低调。日本的联合国外交，对中国来说必将产生重大影响，也将考验我们的外交智慧和能力。对待这一问题，

① 刘世龙：《失衡的 2004 年日本外交》，《日本学刊》2005 年第 1 期。
② 孙承：《论日本争当安理会常任理事国问题》，《现代国际关系》2001 年第 8 期。

中国应该未雨绸缪，采取积极的外交行动加以应对，并将日本联合国外交的态度纳入中日关系的大局中通盘考虑。在可以预见的将来，围绕日本"入常"问题，仍将会是中国外交的一个重要课题。

近年来，中日关系由于种种原因，始终在低热度上徘徊。日本"入常"问题必将构成中日关系新的挑战。对日本来说，"入常"无法绕开中国；但是日本也非常清楚，以中日关系的现实情况来看，要得到中国的支持似乎也很难。所以日本采取了迂回战术，抛开中国，争取世界其他国家的支持，重点从外围做工作。此外日本通过经济援助等手段，在国际上也为日本拉到不少支持选票。日本采取这一策略的原因就是妄图孤立中国，逼中国就范。

日本自明治维新以来，政治大国一直是其追求的目标，二战粉碎了日本的大国梦想，经过战后几十年的努力，日本成了经济大国，日本的大国梦又被重新点燃，日本谋求"入常"的努力正是其追求政治大国目标的重要手段。特别是冷战结束以后，日本提出了"普通国家化"目标，将"入常"梦与修改和平宪法、海外派兵等联系起来，并在历史问题上采取歪曲态度，不得不引起世界其他国家的警惕。

鉴于日本过去的历史和现在的表现，对中国来说，无论从情感还是现实出发，都无法做到支持其成为常任理事国。日本曾在东亚很多国家发动侵略战争，严重危害了世界和平与安全，且在解决历史遗留问题的态度上至今未表现出诚意。中国认为，日本必须首先深刻反省和认识过去的罪行并进行诚恳道歉，否则，中国应当坚决反对其加入安理会常任理事国。日本虽然经历了两次"入常"的失败，但并未最终放弃努力，而是进一步发动了第三次冲击。2013年9月联合国大会召开之时，日本首相安倍晋三在大会上提出了日本要求"入常"的愿望。针对日本的这一要求，中国外交部发言人紧接着对媒体表示，安理会改革关系到所有会员国的切身利益和联合国长远发展，必须以民主的方式协商解决，在广泛共识的基础上进行，任何会员国，包括希望在安理会争取常任理事国地位、发挥更大作用的国家，首先应该正确认识和对待历史问题，对历史负责，不能挑战世界反法西斯战争的胜利成果。①

如果中国支持日本"入常"，日本并不会感激中国，中国也不会得到任何利益。因为在日本看来，中国并不是出于自愿，而是在国际压力下被迫做出的选择，日本不会因此而改善对中国对态度，对中日关系并无助益。但中国若支持其他国家，则情况将完全不同。若支持德国，则可推进中欧关系，并有望进一步解除欧盟对华的武器禁令；若支持印度，则中印关系有望得到实质性改善。由于印度在开展外交时实行独立自主原则，中印若实现平等友好的外交往来，则中国在国际社会中将获得更大的回旋余地；若支持巴西等发展中国家，则对中巴等国贸易将起到很大的促进作用，并进一步捍卫和提高发展中国家的发言权。

从东亚政治格局来看，日本成为安理会常任理事国将对东亚格局产生根本影响。日本"入常"之后会彻底成为一个"普通国家"，也将进一步巩固其在东亚的地区大国领导地位。此外，反对日本"入常"的更大的阻力是中国民众的反对态度。由于近年来日本在历史问题上的错误做法，不断歪曲否认侵略历史，接连刺激亚洲国家人民的敏感神经。在中国几大著名的网络论坛中，反对日本成为安理会常任理事国的声音一直占据主流。

2005年前后，中国的态度逐渐明朗化。面对日本政府冷战结束后掀起的第二次"争常"外交的高潮，2004年9月，中国外交部发言人孔泉首次就日本"入常"问题表态："中国理解日本方面期望在联合国发挥更大作用的愿望。"②中国政府的这一态度，可以说对日本"入常"既没有表示支持，也没有加以反对。此后，中国在多个场合，就日本"入常"问题表态。2005年4月1日，外交部副部长武大伟表示："一些国家希望通过改革进入安理会或者成为安理会常任理事国，这种愿望是正常的，我们表示理解。至于能不能成为安理会理事国或常任理事国，这取决于他们自己的努力，也取决于国际

① 《外交部：任何希望在安理会发挥更大作用的国家应先尊重历史》，中国新闻网，http://www.chinanews.com/gn/2013/09-27/5332425.shtml，2013年9月27日。

② 《外交部发言人孔泉在例行记者会上答记者问》，国务院新闻办公室网站，http://www.scio.gov.cn/xwfbh/gbwxwfbh/xwfbh/wjb/Document/312434/312434.htm，2004年9月9日。

社会的认可。"①外交部部长助理沈国放 4 月 21 日在纽约接受华文媒体采访时指出，联合国是在二战的硝烟中创立的，其目的就是为了不让二战惨祸重演，维护国际和平与安全。希望成为安理会常任理事国的国家，应该对战争历史有正确的认识。②

中国对日本"入常"的态度，可以称为"平衡战略"。对日本"入常"的愿望，应重申对安理会改革的原则和看法，因为这些原则是得到国际社会普遍认同的，安理会改革若遵循这些原则就相当于将日本排除在外。

对中国来说，对日本"入常"的态度也会对周边国家产生很大的影响，周边国家也在观望中国会采取何种方针。从联合国改革的现实情况和日本在历史问题上的态度来说，中国不支持日本"入常"应该是意料之中的事情。对中国来说，采取更加积极的姿态参与联合国的改革，包括中国加入联合国改革高级别研究小组就是一个积极举动。中国也可以发表对联合国改革的具体主张，这种主张不仅要包括抽象的改革原则，也要包含具体的可行的改革建议。

---

① 《外交部副部长：中国不希望联合国出现分裂局面》，新浪网，https://news.sina.com.cn/c/2005-04-01/21025531105s.shtml，2005 年 4 月 1 日。

② 《中国外交部部长助理沈国放就联合国改革问题接受纽约华文媒体采访》，中国驻联合国代表团网站，2005 年 4 月 22 日。

参考文献

一、中文文献

[1] 连会新：《日本的联合国外交研究》，天津社会科学院出版社 2007 年版。

[2] 肖刚：《冷战后的日本联合国外交研究》，世界知识出版社 2002 年版。

[3] [英] 赖因哈德·德里弗特：《日本争当联合国安理会常任理事国的历程——愿望与现实》，高增杰等译，东方出版社 2002 年版。

[4] 李东燕编著：《联合国》，社会科学文献出版社 2005 年版。

[5] 李铁城主编：《世纪之交的联合国》，人民出版社 2002 年版。

[6] 李铁城主编：《联合国的历程》，北京语言学院出版社 1993 年版。

[7] 袁士槟、钱文荣主编：《联合国机制与改革》，北京语言学院出版社 1995 年版。

[8] 杨泽伟：《联合国改革的国际法问题研究》，武汉大学出版社 2009 年版。

[9] 赵磊：《建构和平：中国对联合国外交行为的演进》，九州出版社 2007 年版。

[10] [美] 亚历山大·温特：《国际政治的社会理论》，秦亚青译，上海世纪出版集团 2000 年版。

[11] [美] 奥兰·扬：《世界事务中的治理》，陈玉刚等译，上海世纪出版集团 2007 年版。

[12] 方长平：《国家利益的建构主义分析》，当代世界出版社 2002 年版。

[13] 方连庆等：《战后国际关系史》，北京大学出版社 1999 年版。

[14] 金熙德：《日本外交 30 年——从福田赳夫到福田康夫》，青岛出版社 2008 年版。

[15] 倪世雄等：《当代西方国际关系理论》，复旦大学出版社 2006 年版。

[16] 张雅丽：《战后日本对外战略研究》，浙江人民出版社 2002 年版。

[17] 米庆余：《日本百年外交论》，中国社会科学出版社 1998 年版。

[18] 金熙德：《日美基轴与经济外交：日本外交的转型》，中国社会科学出版社 1998 年版。

[19] 吴学文等：《日本外交轨迹（1945—1989）》，时事出版社 1990 年版。

[20] [日] 吉泽清次郎主编：《战后日美关系》，上海人民出版社 1977 年版。

[21] [日] 综合研究开发机构编：《综合研究开发机构政策研究——90 年代日本的课题》，余昺鹏等译，吉林大学出版社 1990 年版。

[22] 米庆余：《日本近现代外交史》，世界知识出版社 2010 年版。

[23] 李建民：《冷战后日本的"普通国家化"与中日关系的发展》，中国社会科学出版社 2005 年版。

[24] [美] 鲁思·本尼迪克特：《菊与刀——日本文化的类型》，吕万和等译，商务印书馆 1990 年版。

[25] 胡令远：《文明的共振与发展：中日文化关系研究》，时事出版社 2003 年版。

[26] 门洪华：《和平的纬度：联合国集体安全机制研究》，上海世纪出版集团 2002 年版。

[27] 金熙德：《世纪初的日本政治与外交》，世界知识出版社 2006 年版。

[28] [日] 五百旗头真主编：《战后日本外交史：1945—2010》，吴万红译，世界知识出版社 2013 年版。

[29] 王新生：《战后日本史》，江苏人民出版社 2013 年版。

[30] 张雅意：《实用主义与日本对华政策研究》，中国经济出版社 2012 年版。

[31] 于群：《美国对日政策研究》，东北师范大学出版社 1996 年版。

[32] [日] 鸠山一郎：《鸠山一郎回忆录》，复旦大学历史系日本史组译，世界知识出版社 1978 年版。

[33] 梁云祥：《日本外交与中日关系》，世界知识出版社 2012 年版。

[34] 王杰主编：《大国手中的权杖》，当代世界出版社 1998 年版。

[35] [日] 冈本书夫：《佐藤政权》，复旦大学历史系日本史组译，世界知识出版社 1975 年版。

[36] 包霞琴等主编：《变革中的日本政治与外交》，时事出版社 2003 年版。

[37] 李寒梅等：《21 世纪日本的国家战略》，社会科学文献出版社 2000 年版。

[38] 郑启荣等主编：《为了一个共同的世界——外交学院联合国研究论文选集》，时事出版社 2012 年版。

[39] 梁云祥等：《后冷战时代的日本政治、经济与外交》，北京大学出版社 2000 年版。

[40] 金熙德等：《再生还是衰落——21 世纪日本的抉择》，社会科学文献出版社 2001 年版。

[41] 刘世萍：《日本联合国外交的演变、动因及影响因素》，山东大学硕士学位论文 2007 年。

[42] 张庆领：《日本联合国外交研究》，青岛大学硕士学位论文 2007 年。

[43] 曾星：《从日本的联合国外交看日美同盟的未来》，吉林大学硕士学位论文 2006 年。

[44] 赵志远：《李明博政府实用主义外交及其对中韩关系的影响》，延边大学硕士学位论文 2010 年。

[45] 徐守杰：《论新加坡实用主义外交——以新中和新美关系为例》，重庆师范大学硕士学位论文 2009 年。

[46] 王文学：《论李光耀时期（1965—1990）新加坡的实用主义外交》，外交学院硕士学位论文 2011 年。

[47] 王新香：《日本重返国际社会历史轨迹探析》，复旦大学硕士学位论文 2004 年。

[48] 金熙德：《日本联合国外交的定位与演变》，《世界经济与政治》2005 年第 5 期。

［49］杨晓慧：《日本联合国外交的动力机制与前景探寻》，《世界经济与政治论坛》2005 年第 1 期。

［50］于铁军：《试析战后日本外交中的实用主义——以 ODA 政策的演变为例》，《太平洋学报》1999 年第 4 期。

［51］张伊丽：《试析战后日本外交中的实用主义》，《日本问题研究》2003 年第 3 期。

［52］卞崇道：《战后日本实用主义哲学》，《日本研究》1989 年第 1 期。

［53］杨晓慧：《日本联合国外交的动力机制与前景探寻》，《世界经济与政治论坛》2005 年第 1 期。

［54］丁诗传、杨子：《从"完全追随"到"有选择追随"——试析冷战时期日本的联合国外交》，《日本学刊》1999 年第 4 期。

二、日文文献

［1］横田喜三郎、尾高朝雄：《国連と日本》，有斐閣 1956 年版。

［2］日本政治学会编：《国連と日本外交》，有斐閣 1962 年版。

［3］天羽民雄：《多国间外交论——联合国外交的实像》，PMC 出版社 1990 年版。

［4］金斗昇：《国連軍司令部体制と日米韓関係：いわゆる朝鮮半島有事に焦点を合わせて》，《立教法学》2012 年 10 月。

［5］柾本伸悦：《スポーツによる国際協力：国連機関の開発援助の歴史と意義》，広島経済大学研究論集 2012 年版。

［6］野間口陽：《国連体制と日米安全保障条約——国際貢献の意義》，学生法政論集 2012 年。

［7］浜谷英博：《わが国の国際貢献策の拡大：自衛隊の国連 PKO 参加を中心として》，法政論叢 2011 年。

［8］井上実佳：《1990 年代以降の国連平和維持活動の変遷——国連憲章第 7 章下の任務に着目して》，《修道法学》2011 年版。

［9］村上友章：《〈論説〉岸内閣と国連外交：PKO 原体験としてのレバノン危機》国際協力論集 2003 年。

［10］松本好隆：《国連と日本の外交戦略：安保理改革の現状と問題点を踏まえて》，法政論叢 2003 年。

［11］庄司真理子：《予防外交と国連の改革》，敬愛大学国際研究 2001 年。

［12］山浦公美子：《中東和平と日本：外交青書をめぐる考察》，日本中東学会年報 2000 年。

［13］大芝亮：《一九九〇年代における日本の国連外交》，一橋論叢 2000 年。

［14］小川敏子：《国連平和維持活動とアメリカの多国間協調外交：湾岸戦争からソマリア紛争介入へ》，国際研究 1998 年。

［15］庄司真理子：《国連における予防外交の概念に関する考察》，環境情報研究 1997 年。

［16］明石康：《国際連合——軌跡と展望》，岩波新書 2006 年版。

［17］佐藤誠三郎、今井隆吉、山内康英：《岐路に立つ国連と日本外交》，三田

出版会 1995 年版。

　　[18] 国連広報センター編：《回想・日本と国連の三十年》，講談社インターナショナル株式会社 1986 年版。

　　[19] 坂口明：《その原点と現実》，新日本出版社 1995 年版。

　　[20] 日本国際連合学会：《日本と国連多元的視点からの再考》，国際書院 2012 年版。

　　[21] 川口順子等：《国連の将来と日本の役割——青山学院・関西学院合同シンポジウム》，関西学院大学出版会 2005 年版。

　　[22] 田中義具、色摩力夫、渡辺昭夫：《今、国連そして日本》，自由国民社 2004 年版。

　　[23] 明石康監修、久保田有香校閲：《21 世紀の国連における日本の役割》，日本国際連合学会著，国際書院 2002 年版。

　　[24] 明石康等：《日本と国連の50 年》，ミネルヴァ書房 2008 年版。

　　[25] 河边一郎著：《国連と日本》，岩波新書 1994 年版。

三、英文文献

　　[1] Mark Hoffman, "Critical Theory and the Inter-Paradigm Debate" in Hugh Dyer and Leon Mangesation (eds.), *the Study of International Relations*, St. Martion's Press, 1989.

　　[2] James A. Wall J. R., Daniel Druckman, "Mediation in Peacekeeping Missions," *Journal of Conflict Resolution*, 2003.

　　[3] Robert Keohane and Joseph Nye, "Power and Interdependence Revisited," *International Organization*, 1987.

　　[4] Yeshi Choedon, "China's Stand on UN Peacekeeping Operations: Changing Priorities of Foreign Policy," *China Report*, 2005.

　　[5] Hirofumi Shimizu, Todd Sandler, "Peacekeeping and Burden-Sharing (1994—2000)," *Journal of Peace research*, 2002.

　　[6] Reinhard Drifte, *Japan's Security Relations with China since 1989: From Balancing to Bandwagoning*, Routledge, 2003.

　　[7] Kenneth Waltz, *Theory of International Politics*, McGrow-Hill Publishing Company, 1979.

　　[8] Kjell Skjelsbaek, "United Nations Peacekeeping and the Facilitation of Withdrawals," *China Report*, 1989.

　　[9] Robert Keohane, *Neorealism and Its Critics*, Columbia University Press, 1986.

　　[10] James E. Dougherty, Robert L. Pfaltzgraff J. R., Contending *Theories of International Relations: A Comprehensive Survey (5th Edition)*, Peking University Press, 2004.

　　[11] Katsumi Ishizuka, "Japan's Policy towards UN Peacekeeping Operations," *International Peacekeeping*, No.1, 2005.

　　[12] Mely Caballero-Anthony, *UN Peace Operations and Asian Security*,

Routledge, 2005.

[13] Kimberley Marten Zisk, "Japan's United Nations Peacekeeping Dilemma," *Asia-Pacific Review*, No.1, 2001.

[14] Anita Bagai, "At the Brink of a New Era: Japan and the United States in Asia," *China Report*, 1995.

[15] Robert Johansen, *the National Interest and the Human Interest*, NJ: Princeton University Press, 1980.

[16] Newland Kathleen, *the International Relations of Japan*, New York: St. Martin's Press, 1990.

[17] James Dougherty and Robert Pfaltzgraff, Jr., *Contending Theories of International Relations*, Longman Publishing Company, 1982.

[18] Dobson, Hugo, *Japan and United Nations Peacekeeping: New Pressures and New Responses*, Routledge, 2003.

[19] Drifte Reinhard, *Japan's Foreign Policy for the 21st Century: From Economic Superpower to What Power?*, New York: St. Martin's Press, 1998.

[20] Yomiuri Shimbun, Ann Toyko, "Japan to Relax Peacekeepers Weapons Bar," *Global News Wire-Asia Africa Intelligence Wire*, 2007.

[21] Kenneth N. Waltz, "Structural Realism after the Cold War," *International Security*," Vol.25, No.1, 2000.

[22] Jeffrey Laurenti, *Reforming the Security Council: What Anerian Interests?* (*United Nations Association of U.S.A.*), New York, 1997.

[23] Robert Immerman and Toby Trister Gati, "Japan in a Multilateral Dimension," *East Asian Institute*, New York: Columbia University, 1992.

[24] Robert Immerman, "*Japan in the United Nations*," Washington D.C.: the Woodrow Wilson Center Press, 1994.

[25] Koji Sato, "The Pursuit of the Principle of International Cooperation in the Constitution of Japan," *the Japanese Journal of International Law*, No.36, 1993.

[26] Milton Leitenberg, "The Participation of Japanese Military Forces in United Nations Peacekeeping Operation," *Asian Perspective* Vol.20, No.1, 1996.

[27] *Statement by Yasuhiro Nakasone*, *21 September 1987*, During Regular Session of General Assembly Ministry of Foreign Affairs, Tokyo, 1988.

[28] *Yearbook of the Unites Nations*, *1979*, Department of Public Information, New York: United Nations, 1980.

四、参考网站

[1] 日本外务省网站: http://www.mofa.go.jp。

[2] 联合国网站: http://www.un.org。

[3] 中国驻联合国代表团网站: http://un.china-mission.gov.cn/chn/。

后　记

本书是我博士论文的成果。

宝剑锋从磨砺出，梅花香自苦寒来。在无数个因论文而惆怅得几近失眠的夜晚，畅想着论文完稿后撰写一篇深情满怀而又激情洋溢的致谢，成为了我一个强大的精神支撑。但是却迟迟不愿下笔，因为这可能意味着我的学术生涯将画上一个句号。

又是午夜时分，已经不知是第多少个夜不能寐的寂静长夜了。透过书房的小窗，外面已是漆黑一片。遥想求学之路，这些年历经的种种，随着深夜中我键盘敲击的声音，不断地重现在我的眼前：有快乐，也有忧伤；有辛勤，也有迷茫；有拼搏，也有放弃；有收获，也有遗憾。

曾经有许多人问我为什么要读博士。记得几年前，我曾经把我的签名档改为一句话：为了寻找一个精神追求。如今在本书的结尾，我也要重新说给自己听：不要在能够吃苦的年纪选择安逸的生活。是的，或许博士学位并不会给我的生活带来太多的变化，除了周围同事朋友对我的称呼变为了"寇博士"。更多的原因，我想是为了寻求内心的慰藉，又或许因为，上辈子我欠了一个博士学位。

饮其流时思其源，成吾学时念吾师，我要感谢博士恩师胡令远教授。胡老师学术造诣深厚，数年前胡老师将我招入门下，我深感幸运。在几年的学习和生活过程中，胡老师给我的指导和帮助让我深受启发。尤其是在本书的整个创作过程中，从选题到框架设计，从资料的搜集到模型的建立，直至本书的初稿和最后定稿，无不倾注着胡老师的大量心血，而他的每次点拨也总能让我拨云见日、柳暗花明。正是在恩师的无私帮助和乐观鼓舞下，我的论文才得以顺利进展并完成。恩师不仅学识渊博、学风严谨，还待人谦和、平易近人，经常主动为学生着想。在今后的工作和生活中，我自当勤勉不怠，以求不负恩师的殷切关怀。

更多的老师需要感谢：感谢石源华教授、杜幼康研究员、包霞琴副教授在开题中给我的论文提出建议，这篇论文中的很多灵感，也都来自三位老师的点拨中；感谢高兰教授、信强教授、倪世雄教授在论文预答辩中给我提出了宝贵的修改意见和建议。

求学二十余载，感谢曾经让我成长和给予我帮助的老师们：赣榆县罗阳中心小学的宋随利、邵长春等老师；赣榆县罗阳中学的潘全运、朱文玲等老师；赣榆县中学的王新东、莫立刚、杨泗会、刘入忠等老师；南京大学日语系叶琳、雷国山、彭曦、汪平、王奕红、赵仲明等老师；北京大学国际关系学院李玉、李寒梅、尚会鹏、初晓波、李安山、王锁劳、印红标等老师。特别感谢南京大学历史系已经仙逝的高华教授，我跟高华教授偶然相识，他欣然亲笔帮我撰写了硕士面试推荐信，先生的伟大人格和魅力让我深深折服，也将使我受益终生。还有太多的老师需要感谢，请原谅我在这里不能一一列出。

感谢从小到大朝夕相处的同学，我经常怀念你们，因为有了你们的陪伴，才使我的求学生涯格外精彩和难忘。特别感谢我的好哥们、硕士舍友时光兄，在我复习备考期间，正值他博士论文写作，凌晨两三点我却不时骚扰他，调侃他"还有八年毕业"，让他抓狂不已；而在我博士论文写作之时，他也由于工作原因每每加班至深夜，虽然远在甘肃，但是我俩总是通过微信聊天互勉。他的劝慰和陪伴帮我度过了人生中许多困难的时刻。

弹指一挥间，工作十余年。感谢昆山市人社局郁大林、孙旭明、朱天舒、陈国平等领导一直以来对我的关心和支持，在繁忙的工作中，破例允许我经常请假去学校，安心完成博士课程的学习；感谢朝夕相处的同事们，你们比家人陪伴我的时间更长久，格外珍惜与你们相遇的缘分。还要感谢这份工作，让我读博期间的生活不至于捉襟见肘。

最后，特别感谢我的家人，焉得谖草，言树之背，养育之恩，无以回报。我的父母都是土生土长的农民，将我们姐弟三人含辛茹苦地培养成人，你们对我殷切的期望，你们两鬓的白发和额头的皱纹，正是我求学生涯的最大动力和源泉。感谢来自母亲的正面影响，我的母亲一生勤劳而要强，她总是为丈夫和子女默默奉献而忽略了自己，在我工作、复习备考和论文写作期间，无微不至地照顾我的饮食起居，我心中充满愧疚和感激！感谢意梦，与你相遇，是我生命中最美丽的意外，期待与你携手走过人生的每一个路口。

最后，谨以此书献给我的孩子们：文文、小米和苹果，希望你们一生幸福快乐！

寇建桥

2023 年 3 月 12 日凌晨

于和风雅颂

图书在版编目(CIP)数据

战后日本的联合国外交研究:理论与实践/寇建桥
著.—上海:上海人民出版社,2024
(冷战后的日本与中日关系研究丛书/胡令远主编)
ISBN 978 - 7 - 208 - 18802 - 0

Ⅰ.①战… Ⅱ.①寇… Ⅲ.①外交史-研究-日本-
现代 Ⅳ.①D831.39

中国国家版本馆 CIP 数据核字(2024)第 053981 号

责任编辑　罗　俊　裴文祥
封面设计　零创意文化

冷战后的日本与中日关系研究丛书
胡令远　主编

战后日本的联合国外交研究
——理论与实践

寇建桥　著

出　　版　上海人民出版社
　　　　　(201101　上海市闵行区号景路 159 弄 C 座)
发　　行　上海人民出版社发行中心
印　　刷　上海新华印刷有限公司
开　　本　720×1000　1/16
印　　张　15
插　　页　2
字　　数　233,000
版　　次　2024 年 4 月第 1 版
印　　次　2024 年 4 月第 1 次印刷
ISBN 978 - 7 - 208 - 18802 - 0/D · 4285
定　　价　68.00 元